ESG×커뮤니케이션
Communication

이유나 · 김주호 · 김덕희 · 이상우 · 윤용희 · 한상만

김수연 · 박정석 · 문병걸 · 박현섭 · 임유진 · 강함수 공저

학지사비즈

학회 활동을 하면서 대학 캠퍼스 밖의 많은 분을 만날 기회를 가졌다. 사회적 쟁점과 동향을 이해하고 문제를 발굴하며 이를 학회의 의제로 찾고자 노력하던 중 중앙과 지역, 공적 영역과 사적 영역, 다양한 조직과 기관을 가리지 않고 관찰되는 뚜렷한 현상을 발견했다. 그것은 ESG 경영에 대한 각계각층의 높은 관심이었다. 기부, 봉사활동과 같은 자선적 책임의 수단적 활동에 그치는 것이 아니라 조직 경영의 패러다임으로 우뚝 서 모두가 주목하는 이 현상에 대해 한국PR학회에서는 높은 관심을 표명하는 전문성 있는 일련의 학자, 실무자들과 함께 ESG를 다학제로 정의하고 설명하며, 나아가 우수 사례들을 제시하는 지침서를 만들고자 손을 모았다.

왜 이토록 ESG에 대한 관심이 높은 것일까? 전란의 폐허를 극복하고 선진국으로 나아가는, 세계에서 유례를 찾아보기 힘든 고속 성장을 이룬 대한민국이지만 주지하다시피 밝은 모습의 뒤에 여러 사회문제 또한 여전히 안고 있다. 특히 일상을 통해 접하고 느끼는 자연의 파괴, 이상 기후로 인한 재난, 자원의 불균형, 소득 불평등으로 인한 소외 등 다양한 문제는 각자 저마다 원래 하던 일만 충실히 잘

한다고 해결될 수 있는 문제들이 아니다. 정의롭고 공의로우며 평화로운 세상을 만들어 지속가능한 사회를 이루고 물려주어야 한다는 현명한 한국인의 본능적인 깨달음과 함께 ESG에 대한 호기심과 관심이 커지는 것이 아닌가 생각해 본다. 즉, 이제 무언가 해야 한다는 경영에 대한 성찰과 문제의식들이 모여 이러한 패러다임을 낳고 강화한다. 같은 맥락에서 이 책의 저자들은 조직과 직접 연관되지 않은 사회 문제인 제3의 범주의 책임을 기업 등 조직들이 인식하고 있고, ESG가 그 영역에 속한다고 강조하고 있다.

ESG에 대한 관심은 관련 연구와 보고서 등을 다양하게 낳고 있다. 하지만 본서는 ESG를 여러 각도, 즉 다양한 학제에서 바라보며 이를 정의하고, 그 특징을 요약하며, 필요한 전략과 프로그램을 제안한다는 점에서 분명한 차별점을 가진다. 즉, 경영, PR 커뮤니케이션, 그리고 법의 관점에서 기후와 환경, 평등과 참여, 존중과 배려의 가치에 대한 원칙, 현상, 문제점 및 해결 방안을 설명한다. 보다 구체적으로 이 책은 여러 현존하는 ESG 평가 지표를 요약하여 설명하고 있다. 이는 ESG PR 실무자들의 커뮤니케이션 기획에 중요한 기준을 제시할 것이고, ESG를 수행하는 데 필요한 다양한 법적 대비책에 대한 논의는 법무팀에게 나침반이 될 것이며, ESG 경영을 위한 조직의 지배구조에 대한 논의는 최고경영자가 경영의 밑그림을 그리는 데 유용한 참고 자료가 될 것이다. 또한 ESG 이행의 여부가 투자 판단의 기준이 되어 가는 현실 속에서 본서의 논의점은 투자자 관계관리를 책임지는 IR 부서에도 혜안을 제공할 것이다.

이 책의 활용 범위에 대해 더 생각해 보면 기업 및 여러 조직의 실무자들을 위한 자료를 넘어 미래 실무자와 전문가를 위한 대학의

교재로도 널리 활용될 수 있을 것으로 예상된다. 아마도 기업의 정체성과 경영, ESG 경영을 평가하고 그 대응의 장단점을 논하는 사례 연구 수업, ESG가 낳는 긍정적 사회 변화와 부정적 그린워싱의 폐단을 다루는 PR 윤리 또는 이미지 PR 강의 등이 그 예가 될 것이다. 아울러 창업을 염두에 둔 수많은 예비 기업인들에게도 성공적인 현대 경영을 위해 필요한 지혜를 제공할 것이다.

  지식을 정리하는 작업은 상당한 인고의 시간이 필요하다. 그렇지만 의미 있고 활용도 높은 저서가 될 것이라 함께 기대하며 흔쾌히 힘을 모아 주신 이유나 저술위원장님을 비롯한 각계의 여러 저자분에게 존경과 감사의 마음을 전하며 부족한 글을 맺고자 한다.

황성욱(한국PR학회 회장, 부산대학교)

머리말

한국PR학회에서는 PR 커뮤니케이션 영역의 지적 자산 축적을 위해 매년 전문 기획 도서를 출간해 왔다. 제24대 황성욱 회장으로부터 올해의 주제로 ESG를 다뤄 달라는 요청을 받았다. 다양한 이해관계자, 환경, 사회, 지배구조 등을 고려하며 비재무적 가치와 공동체적 지속가능성을 추구하는 ESG 패러다임이 그야말로 뜨거운 이슈라는 것은 인지하고 있는 터였다. 커뮤니케이션 영역에서도 이미 여러 권이 출간되었을 것으로 예상하고 검색에 들어갔다. 그런데 뜻밖에도 2023년 초봄까지 국내외를 막론하고 커뮤니케이션 관점에서 ESG를 다룬 책은 찾기 어려웠다. 기존 출간 서적들은 ESG 경영서나 ESG 실무 지침서들이 대부분이었고, ESG를 본격적인 주제로 삼은 커뮤니케이션 학술 연구도 희박한 상황이었다.

ESG 패러다임은 기업의 존재 이유와 방향을 재고하도록 만들고 있으며, 이러한 변화를 이해관계자 공중들에게 소통하는 것은 PR 커뮤니케이션의 핵심 역할이다. 또한 ESG 경영 성과에 대한 커뮤니케이션은 조직의 명성과 직결된다. '전략적 소통을 통한 조직-공중 관계 관리'로 규정되는 PR 커뮤니케이션은 조직의 명성과 이미지 자산을 책임져 왔다. 즉, 조직의 전략 커뮤니케이션 전문가들에게 있어서 ESG 패러다임에 대한 면밀한 이해와 적용이 필수인 시대가 된 것이다. 이 책은 ESG 시대에 기업 커뮤니케이션의 미래 방향성을 고민하는 학자, 실무자, 전공 학생, 그리고 ESG에 관심을 둔 일반 독자를 염두에 두고 기획되었다. 구체적으로 본서에서는 인접 영역인 PR 커뮤니케이션, 법, 경영의 관점들을 수렴하여 ESG가 등장하게 된 사회적 배경과 중요성에 대한 깊이 있는 이해를 도모했다. 또한 국내 대표 기업들의 생생한 사례들을 제공해 ESG 전략 커뮤니케이션을 기획하거나 연구하고자 하는 전문가들과 독자들이 좀 더 쉽게 ESG에 접근할 수 있도록 했다.

이 책은 크게 세 개의 부분으로 나뉜다. 제1장과 제2장에서는 ESG의 등장 배경과 역사, ESG 평가 등 일반적인 개념을 설명한다. 제3~5장에서는 법, 경영, PR 커뮤니케이션 관점에서의 ESG 패러다임에 대한 이론적·실무적 접근을 다룬다. 제6~8장에서는 국내 대표 기업들의 ESG 경영 전략과 다양한 커뮤니케이션 캠페인 사례를 상세하게 제시한다. 마지막으로 제9장에서는 장별 핵심 내용을 요약하고 종합해서 ESG와 PR 커뮤니케이션의 미래 방향성을 일곱 개의 키워드로 정리하고 있다. 독자들의 필요나 관심사에 따라 장을 선별해서 읽거나 순차적으로 살펴보길 바란다.

기획 도서 주제를 제시하고 출간에 이르기까지 지원을 아끼지 않은 황성욱 회장, 책의 발간을 후원해 준 프레인글로벌에 대한 고마움이 크다. 또한 한국PR학회의 기획 도서 발간에 관심을 두고 지지해 준 학지사의 김진환 대표님과 최임배 부사장님, 김순호 편집이사님께 감사의 말씀을 전하고 싶다. 특히 마지막까지 꼼꼼하게 교정과 편집을 도와주신 김준범 부장님께 각별한 사의를 표한다. 저서 기획안과 목차 구성 초안 단계부터 함께 고민하고, 저자들 간의 소통과 행정 등 크고 작은 일을 차분하게 담당해 준 김수연 교수에게도 감사하다. 무엇보다 다양한 영역에서 각자 학자, 컨설턴트, 베테랑 실무자로서 ESG를 탐색하고 실전에 적용해 온 저자들이 계셨기에 이 책의 완성이 가능했다. 초봄을 지나 기후변화를 실감케 한 사상 초유의 폭염 속에서 집필하고, 유난히 늦게 찾아온 가을까지 작업해 준 저자들께 다시금 감사드린다.

　아무쪼록 이 책이 ESG 커뮤니케이션 연구와 실무에 도움을 주고, ESG에 대한 사회적 인식과 이해도를 높이는 데 일조할 수 있기를 바라는 마음이다.

저술위원장 이유나

차례

제1장

ESG란 무엇인가

│ 김주호[한국PR협회 회장, KPR 사장]

　　ESG라는 용어가 우리 사회에서 공론화된 것은 2020년 전후라고 볼 수 있을 것 같다. 기업들이 기업 자체의 이윤 추구를 위해 활동하면서 소홀히 했던 것이 비재무적 관점인 ESG라고 할 수 있다.

　　이 장에서는 기업경영 관점에서 ESG의 개념과 역사적 맥락을 살펴보고, PR 측면에서 ESG가 가진 의미를 알아보고자 한다. 특히 ESG와 PR 간의 연결 고리와 ESG의 세 가지 핵심 요소인 환경, 사회, 지배구조 측면의 사례를 살펴보려고 한다.

　　마지막으로 ESG가 PR 측면에서 미래 우리 사회에 어떻게 작용할지, 또 PR 산업은 어떻게 대처해야 하는지 함께 살펴보려고 한다.

① ··· ESG 개념의 등장 배경

1) ESG의 개념

환경(Environment), 사회(Social), 지배구조(Governance) 등 기업경영의 세 가지 핵심 요소를 포함한 ESG는 단순히 기업의 커뮤니케이션이나 사회공헌 측면을 넘어 기업의 성장과 생존을 위한 경영의 핵심 요소가 되고 있다. 그동안 기업의 평가가 주로 재무적 성과에 치중되었다면, 점차 비재무적 성과나 지표라고 할 수 있는 ESG를 포함하는 트렌드로 바뀌고 있다. 즉, ESG는 기업이 기후변화에 대응해 지구도 살리고 사회 속에 성장하며 건실한 지배구조를 확립함으로써 기업의 지속가능 경영(Sustainable management)의 중요한 요소가 되고 있다.

환경(E)은 기후변화에 대응하기 위한 기업들의 환경 친화적 전략과 활동 등에 대한 것이다. 친환경 제품 생산, 오폐수 처리 시설 설치, 에너지 절약, 대외 환경 캠페인, 생태계 보호 등 탄소 배출을 줄이고 지구의 영속성을 위한 제반 활동이 포함된다. 이런 요소가 우수한 투자 기업을 평가하는 기준이 되고 있다. 대표적인 것이 'RE100(Renewable Energy 100%)' 선언에 참여했느냐의 여부이다. RE100은 2050년까지 기업들이 사용하는 전력의 100%를 태양광, 풍력, 수력, 수소 등 재생에너지로 대체하겠다는 국제적인 약속이다. 실제로 특정 연도를 지정해 탄소제로(Carbon Zero)를 선언하는 기업들이 늘어나고 있다. 2021년 현대자동차는 2045년 탄소중립을 선언하며, 전 세계에서 판매하는 완성차 중 전동화 모델의 비중을 2030년까지

30%, 2040년까지 80%로 끌어올린다는 목표를 세웠다. 현대자동차는 2030년까지 제네시스 전 모델을 수소·배터리 전기차로 전환하기로 했다.

사회(S)는 기업이 속해 있는 사회 속에서 기업이 사회적 책임을 다하고 사회적 이슈에 대해 어떻게 대처할지에 대한 것이다. 기업 내부적으로 보면 복지나 임금 등을 둘러싼 노사 갈등, 직장 내 괴롭힘, 성차별 등 다양한 이슈가 있을 수 있다. 대외적으로는 고객 만족, 협력사와의 상생, 소비자 단체나 지역 주민과의 관계 설정, 우리 사회의 다양한 이슈, 즉 인구절벽, 빈부격차, 교육 등 다양한 사회공동체를 이루는 데 기업의 입장은 무엇이고, 어떻게 대응하는 것이 바람직한가를 보여 주는 기준이다. 특히 코로나19를 겪으면서 백신 제공 등 사회적 불평등, 환경에 대한 재인식, 인종·여성 등 사회적 차별이 큰 이슈로 부각했고, 기업들이 이러한 사회문제 해결에 동참하는 브랜드 액티비즘(brand activism)이 나타나기도 했다. SK는 경제적 가치와 사회적 가치를 추구하는 DBL(Double Bottom Line) 경영을 추구하고 있는데, 기업이 지속가능하기 위해서는 사회적 가치 추구가 기업의 혁신 동력이 될 수 있다고 보는 것이다. SK는 2018년부터 매년 회사가 창출한 분야별 사회적 가치를 화폐로 환산하여 관리하고 있다. 2022년 한 해 동안 제품 서비스, 노동, 동반성장, 사회공헌 분야에 2조 5천억 원의 사회적 가치를 창출한 것으로 평가했다.

지배구조(G)는 기업의 경영 활동에 있어서 주주의 역할 강화, 독립적 이사회 운영, 의사결정 과정의 투명성, 윤리 및 준법 경영 등을 통해 기업의 우수성을 평가하게 된다. 일정 금액 이상의 임원의 보수를 공개한다든지, 내부고발제의 확립, 여성 임원 할당제 등이 지배구조를 투명하게 운영하는 조치들이다. 네이버의 경우에 이사회 의장과 대표이사를 분리하여 이사회의 독립성을 보장하고, 재무 및 법률 전문가를 포함해 감사위원회 전원을 외부 사외이사로 편성했다.

● 표 1-1 **ESG 구성 요소**(자료: UN PRI)

환경(Environment)	사회(Social)	지배구조(Governance)
• 기후변화 및 관련 위협 • 독소 및 폐기물 감소 • 제품 및 서비스의 환경적 책임 규제 강화 • 환경적 요소에 대한 시민 사회의 압력 강화 • 친환경 제품 서비스 관련 시장의 부상	• 안전하고 건강한 근무 환경 • 지역사회 관계 • 기업, 공급자, 계약자의 인권 문제 • 개발도상국 관련 정부 및 지역사회 관계 • 사회 문제에 대한 시민 사회의 압력 강화	• 이사회 구성 및 책임 의무 • 회계 및 관행 • 감사위원회 구성 및 감사의 독립성 • 임원 보상 • 부정부패 및 뇌물 관리

ESG는 2004년 금융, 투자 분야에서 기업의 투자 요소를 평가하는 개념으로 등장했다. 2005년 UN은 기업들에게 책임 있는 투자원칙을 제시하며 PRI(Principle for Responsible Investment) 참여를 요청했고, 2006년 뉴욕증권거래소에서 공개되었다. ESG를 기반으로 투자를 천명한 PRI 6개 원칙은 60개국의 100조 달러 이상의 투자 자금으로 모아졌고, 3천 명이 서명했다.

ESG는 지속가능발전목표(Sustainable Development Goals: SDGs)를 달성하기 위한 핵심 개념이며, 경영 활동의 비재무적 요소로 중요시되고 있다. 지속가능발전이란 용어는 1987년 유엔환경계획(UNEP)에서 채택한 '우리 공동의 미래(Our common future)'에서 처음 언급되었다. 1992년

178개국의 정상들이 서명한 '환경과 개발에 관한 리우 선언'은 기후 변화와 대응 등 ESG의 환경에 대한 가이드를 제시했다. 2015년 제70차 UN총회에서 195개국의 국가 지도자들이 2016년부터 2030년까지 SDGs를 세웠는데, 17개 목표에 169개의 세부 목표를 담고 있다. 여기에는 환경, 불평등, 고용 등 다양한 요소가 포함되어 있으며, 많은 부분이 ESG의 지향점을 담고 있다. 해외에서는 2010년 이후 ESG 개념이 본격화되었는데, G&A Institute에서는 2011년부터 2019년까지 S&P500 기업들이 지속가능보고서를 발간하는 회원사 수가 20~90%까지 늘어났다고 밝혔다(이나겸, 임수영, 2022).

환경, 사회, 지배구조 등 3개 요소로 구성된 ESG는 결국 투자자들이 기업의 주식을 매입하거나 매각하는 핵심적 근거가 되고 있다. 투자의 결정에 있어 사회로부터 비판받는 요소가 있다면 소비자에게 외면을 당할 것이고, 결국 기업의 가치는 하락하기 때문에 투자자들 역시 회피 경향을 보일 가능성이 크다. 실제로 대형 투자사인 블랙록(BlackRock)의 래리 핑크 최고경영자는 단순한 재무적 성과가 아닌 지속가능성을 기준으로 투자하고, 화석 연료 관련 매출이 25%를 넘는 기업을 투자 대상에서 제외하라고 권고했다(김상태, 2022).

2022년 대한상공회의소가 MZ세대 380명을 대상으로 진행한 조사에서 응답자 10명 중 6명 이상이 'ESG를 실천하는 착한 기업의 제품이 더 비싸더라도 구매할 의사가 있다'고 답했다. 또 경쟁사의 동일 제품과 비교했을 때, 얼마나 더 지불할 의향이 있느냐는 질문에 대해 응답자의 48%가 '2.5~5% 더 지불할 수 있다'고 대답했다. MZ세대 소비자에게도 ESG 경영은 소비의 잣대가 된 것이다. 이런 결과는 ESG는 더 이상 기업이 도외시할 수 없는 기업의 핵심 경영 요소가 되고 있다는 것을 소비자 관점에서 보여 주는 예이다.

2) ESG와 PR

과거 통신이 발달되지 않았을 때 PR의 개념은 널리 알리는 것을 의미했다. 심지어 진실을 바탕으로 하지 않아도 되었다. 예를 들어, 미국의 한 지역에서 기차가 탈선해 사상자가 많이 발생했다고 가정하면 지금의 PR 관점에서는 사고가 났다는 사실과 사망자의 수, 부상자의 수, 부상자가 이송된 병원 등 기본적인 정보를 전달하고 사후 수습 대책을 공유하는 것이 일반적이다. 그러나 1800년대 후반, 1900년대 초에는 열차 사고의 조치 과정을 알리지 않거나 알린다고 해도 사망자를 최소화해서 열차를 운영하는 회사나 정부 기관의 피해를 줄이는 것이 PR의 목적이었다. 이는 PR 4모델의 1단계인 언론 대행·퍼블리시티(press agentry·publicity) 모델이다(Grunig & Hunt, 1984).

히틀러 시대의 PR은 올바르지 않은 것을 강요하는, 진실이 아닌 것을 진실처럼 여러 사람에게 알려서 믿게 하는 일종의 선전(propaganda)에 가까웠다. 대중의 의견을 반영해서 대중에게 이익이 될 수는 있는 것을 말하는 게 아니라 정치 주체의 원하는 바를 그대로 전달하는 것이었다. 언론 대행 모델의 대표적인 사례이다.

그 당시 기업의 PR 활동은 오직 기업의 이익만을 위한 것이라고 해도 과언이 아니다. 그러나 사회가 변화하면서 차츰 여론을 수렴하려는 노력이 나타났고, 소비자의 의견을 일부 반영하지만 여전히 일방적 소통에 그쳤다. PR 4모델의 2단계인 공공정보(public information) 모델은 비교적 진실된 정보를 전달하지만 여전히 국민이나 소비자, 유권자 등 공중(public)의 여론을 수렴하지 않는다. 3단계는 쌍방향 불균형(two-way asymmetrical) 모델로, PR 주체가 여론을 들어 발신 정보에 반영하지만 커뮤니케이션의 균형이 맞지 않은 상태이다. 4단계는 PR 주체와 공중 간에 완전한 균형을 의미하는 쌍방향 균형(two-way symmetrical) 모델이다.

그루닉 교수는 이 모델을 발표하며 역사적 발전 단계로 구분한 것이라고 했지만, 4모델은 현실에서 공존하고 있다. 특히 정당이나 종교, 공산권 국가에서는 선전에 가까운 왜곡된 정보를 발신하며 1단계에 머문 경우도 많다. 기업들의 PR 활동은 대부분 3단계에 머물고 있는데, 완전한 쌍방향 균형 상태의 기업은 존재하지 않는다. 기업들은 쌍방향 불균형 상태에서 완전한 균형 단계로 가기 위해 노력한다고 보면 된다.

쌍방향 균형 모델이 우리가 지향해야 할 PR의 최종적인 가치로 보고 나온 것이 우수이론(excellence theory)이다. 조직이 쌍방향 균형 모델을 지향할 때 우수한 커뮤니케이션 활동이 가능하다는 이론이다. 나아가 우수한 PR 커뮤니케이션이 조직에 도움을 준다는 것이다(Grunig, Dozier, Ehling, Grunig, Repper, & White, 1992).

우수한 PR 커뮤니케이션 활동을 하기 위한 조건을 요약해 보면 전략적 경영의 실행, 마케팅과의 업무 분리, PR 커뮤니케이션 책임자의 최고 의사결정 과정(dominant coalition) 참여, 하나의 통합된 PR 부서의 존재, 쌍방향 균형 모델의 지향, PR 커뮤니케이션 책임자의 경영자 역할 수행, 최고경영층의 PR 커뮤니케이션에 대한 가치 인정, 평등과 참여를 장려하는 기업 문화의 존재, 사회운동(activism)에 대한 원칙적인 지지, 페미니즘과 소수그룹 관계에 대한 지지를 말한다(김영욱, 2013).

그렇다면 우수한 PR 조직의 특징 중 하나인 PR에 대한 전략적 사고와 쌍방향 균형적 커뮤니케이션은 무엇일까? 물론 기업은 좋은 물건을 만들어 소비자에게 판매하고, 수익을 얻음으로써 더 많은 직원을 고용하는 것이 존재 목적이다. 그러나 기업 활동에는 소비자는 물론이고 종업원, 공급자, 지역사회, 정부 등 다양한 이해관계자(Stakeholder)가 있고, 국가나 세계의 공존을 위해 고려해야 할 요소가 많다. 단순히 물건을 파는 것이 아니라 기업으로 소통과 책임이 필요하다. 사회공헌 활동을 의미하는 CSR(Corporate Social Responsibility)은 이런 관점에서 시작되었다. 기업이 상품을 판매하는 소비자나 지역사회, 국가에 대한 포괄적인 책임, 다시 말해 사회 구성원으로서 또는 기업시민(corporate citizen)의 역할을 해야 한다는 것이다. 여기에 기업들이 병원을 설립하거나 문화 시설, 아동 돌봄 시설 등을 건설하여 사회에 기증하거나 운영하는 것이 하나의 예가 될 수 있다. 재해 기금을 기증하거나 문화재 보호를 위한 활동, 불우이웃돕기 참여 등 사회가 건전하게 유지될 수 있도록 하는 일들이 CSR 활동의 범위에 속한다.

그러나 이런 CSR 활동이 기업이나 브랜드 이미지를 높여 온 것은 사실이지만, 보다 근본적인 관점에서 CSR이 기업의 사업이나 제품과 연계되어 사회적 가치를 창출하면 좋겠다는 생각들이 대두되었다. 즉, 단순히 상품을 판매하는 것이 아니라 사회적으로 기여를 할 수 있는 상품을 기획해 판매하면서 회사에 이익도 낼 수 있다는 CSV(Creating Shared Value) 개념이 대두되었다. CSV 개념은 하버드대학교 경영학과 마이클 유진 포터 교수가 2011년 『하버드 비즈니스 리뷰』에 처음 제시하였다(김환표, 2013).

2012년 CJ제일제당은 훼미리마트와 함께 생수 브랜드인 미네워터 바코드롭(Baecodrop) 캠페인을 전개했다. 생수병에 물방울(drop) 모양의 바코드(barcode)를 하나 더 만들어 소비자가 기부를 원하면 한 번 더 바코드를 찍음으로써 100원을 기부하게 된다. 여기에 CJ와 훼미리마트가 각 100원씩을 내 한 병당 300원을 기부해 물 부족에 시달리는 아프리카의 어린이들에게 깨끗한 물을 사용할 수 있는 물을 전달하는 것이다. 이 경우에 소비자가 동참하면 판매도 늘어나고, 소비자와 기업이 공동으로 사회적 기여를 통해 상생의 의미를 부여할 수 있다.

CSV는 사회적 가치를 창출하는 좋은 측면을 가지고 있지만, 보다 본질적인 사회적 가치 해결에는 미흡한 측면이 있다. 특히 윤리 경영을 포함한 지배구조 측면에서 CSR이나 CSV는 그 해답을 주지 못한다. 우수이론에서 언급된 우수한 조직을 구축하기 위해서는 커뮤니케이션 이상의 근본적인 기업경영의 핵심 요소를 잘 갖추어야 한다.

이처럼 국제사회와 정부, 소비자 등 다양한 이해관계자가 기업에 요구하는 가이드가 높아지면서 ESG 경영의 중요성이 대두되고 있다. 기업경영의 본질적인 측면에서 환경, 사회, 지배구조 등의 요소를 갖춘 ESG는 우수한 회사의 조직이 가질 수 있는 전략적 경영,

최고경영자의 PR에 대한 관심, PR 책임자의 의사결정 과정 참여, 평등한 조직 문화 등이 밑받침이 되어야 한다. PR이 외부적으로 보여주는 이미지는 본질이나 실체(substance)가 우수할 때 그 가치가 빛난다. 이런 관점에서 ESG는 기업의 평판을 좌우하는 근본적인 PR의 요소가 되고 있다.

3) 국내의 ESG 도입

국내에서 ESG 관련 활동이 시작된 것은 투자자 측면의 요구가 크지만, 환경 분야의 기후변화에 대한 대응, 소비자들의 기업 지배구조의 투명성에 대한 관심이 모아진 결과라고 할 수 있다.

2007년에 「지속가능발전 기본법」이 제정되었고, 2015년에 국민연금의 투자에 있어 기업의 ESG에 대한 고려가 처음으로 법에 명문화되었다.

2022년 금융위원회는 자율 공시 형태로 되어 있는 ESG 지속가능보고서 공시를 2025년부터 2조 원 이상 코스피 상장사를 대상으로 의무화하기로 발표하였다. 투자자 입장에서는 재무적인 현황뿐 아니라 기업의 ESG 활동을 보고 성장 잠재성이나 투자 가치를 판단할 수 있게 된 것이다. 특히 2030년부터는 전 상장사의 ESG 공시를 의무화하겠다고 발표하기도 했다. 그러나 기업들은 ESG 공시 제도 의무화에 부담을 느끼고 있는데, 2012년 한국상장사협의회 조사에서 90%가 공시 제도에 따른 기업의 부담감을 토로하기도 했다. 특히 15개 증권사 리서치 센터장 조사에 따르면 ESG 요소 중 60%가 환경이 가장 중요하다고 응답했고, 사회 26.7%, 지배구조 13.3%로,

아직은 환경과 사회 분야가 투자 평가의 중심이 되고 있음을 알 수 있다. 특히 ESG의 도입으로 석유제품, 석유화학, 철강 등은 타격을 입을 것으로 보았고, 반도체, 2차 전지, 자동차, 바이오산업은 수혜자가 될 것으로 응답했다. 이처럼 기업들이 느끼는 부담감에도 불구하고 ESG를 통한 기업의 건전성은 더욱 강화될 전망이다. 금융가에서는 이미 2021년 6월 기준 853종 126조 원에 달하는 환경과 사회 관련 ESG 채권이 발행되기도 했다. 그만큼 ESG가 투자의 중요한 평가 잣대가 되고 있음을 증명한 것이다.

환경과 관련해서 2020년 정부는 이미 탄소중립 전략을 수립하고, 2021년에는 탄소중립위원회도 설립했다. 또한 「기후 위기 대응을 위한 탄소중립·녹색성장 기본법」을 제정해 2022년부터 시행하고 있으며, 이를 통해 한국은 탄소중립을 법제화한 세계 14번째 국가가 되었다.

국내에서 ESG가 공론화되고 소비자의 주목을 받게 된 시기는 코로나19가 본격화된 2019년과 2020년 이후라고 할 수 있겠다. 대부분의 기업이 사회공헌위원회나 CSR 조직을 가지고 있었지만 지속가능보고서를 발행하는 기업은 소수에 그쳤다. 그러나 언론사를 중심으로 ESG에 대한 관심이 늘어나면서 본격적으로 ESG 조직 구성 등에 대한 관심이 커졌다. 2021년 『한국경제』에서는 시가총액 상위 기업 108개의 ESG 담당자를 대상으로 'ESG, 어떻게 준비하고 있습니까'라는 설문조사를 진행했다. 이 조사에 따르면, ESG 관련 목표 및 계획을 세우는 기업이 78.7%, ESG 경영 계획의 주요 목적을 '정보 공시 의무 강화'로 응답한 기업이 전체의 65.9%로 나타났다. 한편, ESG 조직을 별도로 가지고 있다고 응답한 회사가 54.7%, CSR

팀으로 활동한다는 회사가 29.6%였다. 또 ESG 위원회를 구성한 회사는 37%였다. 그러나 ESG 조직을 구성한 지가 6개월 미만이라고 응답한 회사가 37.3%로 가장 많아, 2020년을 ESG 경영의 체계화라는 측면의 원년으로 보는 것이 좋을 것 같다.

2022년 국민연금 연차보고서에 따르면, 국민연금 전체 투자자산군 가운데 책임투자를 적용한 투자자산 규모는 2021년 130조 원에서 2022년 말 384조 원으로 늘어났다. 국민연금은 2022년 기준 금융 투자자산 899조 원 가운데 약 43%를 ESG 등 기업의 지속가능성을 고려하여 책임투자 요소를 접목해 투자한 것이다.

② ··· 국내 ESG 현황과 PR 산업

1) 국내 ESG 활동 현황

국제적으로 ESG의 중요성이 대두되면서 글로벌 시장에 진출한 국내 기업이나 국내 시장에 진출한 외국 기업도 ESG를 활발히 적용하고 있다. 특히 소비자들의 기업에 대한 감시가 강화되면서 단순히 상품 판매나 기업 이미지 제고를 위한 PR 활동에서 벗어나 조직의 변화, 상품의 원자재, 인력, 상생 등 본질적인 의미의 PR 활동에 관심을 기울이고 있다. ESG는 하나의 수단(tool)이 아닌 PR의 본질인 우수한 조직의 완성이라는 측면에서 PR 전략 수립의 핵심 요소로 자리 잡고 있다. 각 측면에서 살펴보면, 첫째, 환경(environment)

보존과 탄소중립을 통한 기후변화 대처는 지구를 살리기 위한 인류 공통의 목표로 여기고 있다. 둘째, 기업은 소비자로 구성이 되는 사회(Social)의 중요성을 명확하게 인지하고 있다. 과거 판매자 중심 시대에는 소비자가 처한 사회 환경이나 경제적 이슈가 큰 문제가 아니었지만, 소비자 중심으로 변화한 지금은 소비자가 살아가고 있는 사회에 대한 관심이 절대적으로 높다. 즉, 출산, 육아, 남녀 차별, 노동자의 권리, 사회의 건강함 등 다양한 이슈에서 기업이 자유롭지 못하다. 셋째, 지배구조(Governance)의 투명성이 강화되고 있다. 과거 기업의 지배구조는 소비자나 대중의 관심에서 멀었으나 현재 소비자는 물론 특히 투자자 관점에서 보면 지배구조의 투명성이 투자를 결정하는 큰 요인이 되었다.

2) 국내 기업의 ESG PR 사례

(1) 환경 보존 및 탄소중립을 통한 기후변화 대처

🌲🌲 두산과 낙동강 페놀 유출 사건

낙동강 페놀 유출 사건은 1991년 두산전자가 방류한 공업용 폐수가 구미공장으로부터 방류되어 대구 취수원을 오염시키고, 낙동강을 따라 부산, 경남 지역까지 피해를 준 사건이다. 이로 인해 두산그룹 제품에 대한 불매운동이 일어났다. 코카콜라, OB맥주 등 두산 계열의 제품이 상당한 피해를 보았고, 프로야구단 OB베어스도 두산베어스로 이름을 바꾸기도 했다. 두산그룹으로는 창업 이래 최대의 위기를 맞았으며, 그 결과 박용곤 회장이 물러났다.

두산은 이 사건을 계기로 환경을 최우선으로 하는 기업으로 변신을 선언했다. 두산의 모든 공장이나 사업장에서 환경을 최우선으로 하는 설비를 갖추고 환경 우선 정책도 발표했다. 두산은 '환경 보전의 선도적 기업'을 경영 방침으로 정하고, 그룹 차원의 환경관리위원회를 구성했다. 환경보전 강령 채택, 환경보전 품질 보증제 및 환경교육과정을 도입했다. 또 통합환경관리시스템(Environmental management system: EMS)를 만들어 환경 일반, 수질, 대기, 폐기물 유해화학물질, 소음 진동, 안전보건 분야의 전산 점검을 통해 예방적 조치를 취하고, 생산공정에 5R(재활용: Recycle, 재사용: Reuse, 재생산: Reduce, 재공식화: Reformulation, 재디자인: Redesign) 시스템을 채택하여 생산 효율과 동시에 오염수 배출량을 최소화했다. 이런 노력으로 페놀 사태 이후 3년 만인 1994년에 26개 두산 계열사 중 16개 사가 환경 모범 기업으로 선정되기도 했다(환경보전협회, 1994).

그러나 이런 노력에도 불구하고 두산은 그룹의 상징과도 같은 OB맥주 등 소비재 계열사를 매각하고, 두산 인프라코어, 두산중공업, 두산건설 등 중장비, 건설 등의 회사로 변신을 하며 담수 사업 등도 펼치게 되었다. 이 사건은 국민의 수돗물에 대한 불신을 가져왔지만, 국민의 환경에 대한 경각심을 갖는 계기가 되었다. 정부도 1994년에 환경처를 환경부로 승격시키며 정책 차원에서 환경 정책의 중요성에 대한 인식을 강화시키는 계기가 되었다.

1991년에 일어난 두산의 낙동강 페놀 유출 사건은 ESG에 대한 관심이 높아지기 전이었지만 페놀 유출 사태가 ESG의 핵심 요소의 하나인 환경을 기업경영의 중심에 두었다는 데 의의가 있다.

🌲🌲 한화그룹의 친환경 사업

한화그룹은 에너지, 방위산업, 항공우주, 리조트 등 다양한 사업을 하고 있다. 특히 한화큐셀을 앞세워 친환경 에너지 기업 이미지를 강조하고 있는데, 한화큐셀이 친환경 태양광 사업을 하고 있기 때문이다.

그러나 방위산업도 한화그룹 주요 사업 중 큰 비중을 차지하는데, 특히 2010년 UN에 의해 금지된 분산탄을 생산하고 있어 논란이 되었다. 분산탄은 유도미사일 탑재 포탄의 일종으로, 넓은 지역에 흩뿌려지는 무기로 민간인에게 큰 피해를 입힌다. 이로 인해 ESG 경영을 도입한 선진국의 회사들과 투자사들이 사회적 책임을 도외시한 한화그룹과의 거래 관계를 철회하고 투자를 회피하는 경향을 보이기 시작했다. 특히 노르웨이 연기금은 한화를 13년간 블랙 리스트에 올리기도 했다.

환경 기업의 리더로 나아가고자 했던 한화는 국제적 압박으로 2020년에 분산탄 사업을 매각했다. 한화는 자사의 분산탄 사업 부문을 물적 분할해 자회사로 신설한 법인인 '코리아디펜스인더스트리'(KDI)의 총 보유 주식 40만 주 중 31만 2천 주를 '디펜스케이'에 78억 원에 매각한다고 공시했다.

한화는 실추된 이미지를 회복하기 위해 그룹 차원에서 다양한 친환경 정책을 경영에 반영하기 시작했다. 한화큐셀은 국내 재생에너지 기업으로는 최초로 기업 전력 에너지를 재생에너지로 충당하는 RE100을 선언했다. 한화종합화학은 사명을 한화임팩트로 변경하고, 친환경 에너지 기술을 대폭 도입했다. 한화솔루션은 1억 유로의 그린본드를 발행했고, 한화에너지는 ESG 위원회를 설치했다 (KPR, 2021. 11.).

2020년 한화그룹은 베트남 지역의 환경 개선을 위해 '클린업 메콩' 캠페인을 벌였다. 한화큐셀의 태양광 기술을 활용한 보트를 만들어 현지에 기증하여 메콩강의 쓰레기를 수거하는 프로젝트를 진행했고, 뉴욕페스티벌 광고제에서 친환경 PR 부분 금상을 수상하기도 했다.

(2) 기업의 사회문제에 대한 인식 변화

🔺🔺 현대자동차의 힐스 온 힐스

현대자동차그룹은 자동차를 생산하면서 자동차에 사용되는 다양한 기술을 활용해 사회적 소외 계층에 대한 지원을 계속해 왔다. 대표적인 것이 2023년에 실시한 학대 피해 아동의 치료를 돕는 이동형 상담 모빌리티 '아이케어카(iCAREcar)'의 개발이다. 현대자동차의 스타리아 모델에 디지털 테라피(Digital Therapeutics: DTx) 방식을 도입한 아동 학대 현장 출동 차량 '아이케어카'는 글로벌 아동 권리 전문 봉사활동을 하는 NGO 굿네이버스에 기증되었다.

차량 개발에는 현대차·기아, 현대모비스, 현대오토에버, 포티투닷(42dot) 등 5개 사가 참여했으며, 다양한 모빌리티 및 DTx 기술을 적용했다. DTx는 질병 예방, 관리, 치료를 위해 모바일 앱, 증강 현실(AR)과 가상 현실(VR), 인공지능 등의 디지털 기술을 도입하는 차세대 치료 방안이다. 현장에 투입된 차량은 가정방문 상담 및 안전한 이동, 학대 피해 아동의 심리 치유와 안정 등의 기능을 제공한다. 아이케어카의 넓은 실내는 이동 상담센터의 기능을 한다. 피해 아동과 상담사가 마주 앉아 상담을 하고, 차량 내에서 아동이 심리적 안정을 느끼고 휴식을 취할 수 있도록 설계됐다. 현대자동차는 학대 아동 치료 프로그램을 위한 프로젝트를 '힐스 온 휠스(Heals on Wheels, 바퀴에 희망을 싣고)'로 명명해 현대의 사회적 가치 증진과 기술력 홍보라는 두 가지 측면의 효과를 거두었다.

현대자동차의 기술을 활용한 ESG의 환경과 사회적 접근은 과거에도 다양하게 전개되었다. 2015년부터 누구나 모빌리티의 혜택을 받을 수 있도록 사회적인 가치를 담은 '기술 아이디어 활용 캠페인'을 전개했다. 2017년 청각장애 어린이 통학 차량에 스케치북 윈도우를 설치한 '재잘재잘 스쿨버스'에는 투명 LED 터치 기술이 들어갔다. 또 청각장애인 운전자를 위한 모빌리티 캠페인 '조용한 택시'도 전개했는데, 소리 정보를 시각과 촉각으로 변환하는 ATC 기술로 청각장애인의 안전 운전을 돕는 차량 주행 지원 시스템이 활용되었다. 감정 인식 차량 컨트롤(emotion adaptive vehicle control) 기술이 탑재된 차량을 SJD 바르셀로나 어린이 병원에 적용한 '리틀빅 이모션' 캠페인, 도시 환경미화원을 위한 수소청소트럭을 기증한 '디어 마이 히어로' 캠페인 등을 전개했다. 현대자동차그룹은 단순히 차량 판매에 그치지 않고 자동차의 다양한 기술을 활용해 학대 아동과 청각장애인 운전자, 환경미화원 등 사회적 약자를 돕는 ESG 캠페인을 꾸준히 전개하며 긍정적인 기업 평판을 구축하고 있다.

🌲🌲 사노피 한국법인의 ESG 활동

사노피 한국법인(이하 사노피)이 기술 제휴 형태로 한국에 처음 진출한 것은 1957년이지만, 정식으로 한국법인인 한국 사노피㈜가 발족한 것은 1991년이다. 1997년에 백신을 주로 공급하는 사노피 파스퇴르를 설립하고, 사노피-아벤티스 코리아도 출범했다. 사노피는 제품에 대한 직접적인 커뮤니케이션 활동보다는 사회적 가치 창출을 위한 ESG 활동, 특히 질병의 환기를 통한 소외 계층이나 사회적 약자를 돕기 위한 다양한 활동을 벌였다.

사노피는 아토피를 소재로 2019년부터 아토피 인식 개선 캠페인을 벌이고 있다. 가려움증은 사람들의 인식 속에 큰 병으로 생각되지 않지만, 심한 가려움증을 동반하는 아토피는 환자들에게 괴로운 병이다. 사노피는 아토피 질환에 대해 올바르게 이해하고, 환자들의 아픔에 공감할 수 있는 계기를 마련하기 위해 캠페인을 기획했다. 2019년 '나는 이상한 사람입니다'를 시작으로 2020년 '나는 가픈 사람입니다' 캠페인을 전개했다. '가픈'은 '가렵고 아픈'이라는 뜻으로, 신조어를 제시해 관심을 유도하려는 것이었다. 아토피 환자 세 명을 내세워 강영호 작가의 예술 사진으로 구성된 영상과 '세상을 바꾸는 15분'을 통해 자기의 일상을 공개함으로써 환자의 아픔을 공감할 수 있는 공간을 제공했다. '나는 속가픈 사람입니다'(2021), '나는 잠 못 드는 사람입니다'(2022) 등도 지속적으로 전개했다. 2023년에는 AI 시대의 흐름에 맞추어 생성형 AI를 통해 만든 그림과 몰입형 미디어 아트, 인터랙티브 콘텐츠 등을 담은 작품을 공간을 마련해 '나의 홈:집-가픈 몸에 새겨진 집, 밥, 잠의 기록'이란 제목으로 전시를 열기도 했다.

사노피는 의료 취약 계층 당뇨 환자의 자기 관리를 위한 '당당케어'의 개발 및 보급, 희귀질환 환자를 위한 '착한 걸음 6분 걷기' 캠페인을 통해 대중, 특히 환자들과 소통해 왔다.

또한 백신을 공급하는 사노피의 백신사업부에서는 노숙인의 아픔에 착안하여 노숙인의 건강권을 위해 '민−관−시민단체'가 함께하는 '헬핑핸즈(Helping Hands)' 플랫폼을 만들고, 이를 통해 노숙인을 위한 의류 기부 캠페인 '빅드림(The Big Dream)'과 노숙인 및 주거 취약 계층 대상의 독감 예방 접종 프로그램을 무료로 진행하고 있다. 특히 노숙인 독감 예방 접종 프로그램은 단순한 백신 제공뿐만 아니라 노숙인의 건강 관리라는 측면에서 다양한 단체가 함께 참여하여 노숙인 실태 조사나 연구, 발표 등이 꾸준히 이어져 사회적 임팩트(social impact)를 준 프로그램으로 평가받고 있다. 이 프로그램은 보스턴칼리지 기업시민센터에서 주관한 컨퍼런스에 소개되기도 했다.

(3) 지배구조의 투명성 강화

🌲🌲 삼성과 준법감시위원회

삼성 준법감시위원회는 이재용 부회장의 재판 과정에서 법원이 제시한 사항 중 하나이다. 삼성의 미래 투명 경영을 위해 필요한 조직으로 본 것이다. 삼성 준법위원회는 2021년에 설치되어 독립적으로 운영되고 있다. '삼성의 7개 계열사의 준법 감시 및 통제 기능을 강화하여 삼성의 핵심 가치인 정도경영을 실천하고, 사회의 신뢰를 제고하기 위해 설치된 독립적·자율적 위원회'라고 규정하고 있다. 7개 계열사는 삼성전자, 삼성물산, 삼성SDI, 삼성전기, 삼성에스디에스, 삼성생명, 삼성화재이다. 삼성 준법감시위원회는 위원장 포함 7인으로 구성되어 있다. 삼성 준법감시위원회는 다음과 같이 권한과 역할을 정의하고 있다(삼성 준법감시위원회 홈페이지).

- 위원회는 삼성 계열사 최고경영진의 준법 의무 위반을 독립적으로 감시 및 통제합니다.
- 위원회는 삼성 계열사의 준법 의무 위반 리스크가 높은 사안을 직접 검토하고, 이에 대한 의견을 회사 측에 제시합니다.
- 위원회는 삼성 계열사의 준법 감시 제도에 대해 주기적으로 보고받고, 실효적으로 작동하는지 점검하며, 준법감시제도의 개선에 관하여 권고합니다.
- 위원회는 매월 1회 이상 개최를 원칙으로 하고 있으며, 필요할 경우에는 수시로 회의를 개최합니다.

삼성 준법감시위원회는 이재용 회장의 4세 승계 포기 발언을 이끌어 냈다. 승계 과정의 불법 행위에 대한 사과 성명을 내면서 자제에게 경영권을 물려주지 않을 것을 선언한 것이다. 또 이병철 회장의 호를 딴 호암상을 삼성상으로 변경한 것도 삼성 준법감시위원회의 권고에 따른 것이다. CJ, 신세계 등이 분리된 상태에서 삼성이 호암을 독점하는 게 기업윤리에 맞지 않는다는 판단에서이다. 그 밖에 삼성은 전국경제인연합회 가입 등에 삼성 준법감시위원회의 권고를 바탕으로 준법과 윤리경영을 전제로 재가입하기도 했다.

삼성은 이미 노조가 공식화된 가운데 노조 관련된 사항 역시 삼성 준법감시위원회가 다루어야 할 이슈가 되고 있다. 삼성 준법감시위원회는 삼성의 각 계열사에서 올라오는 준법, 윤리 관련 사항을 다루며, 매년 활동 보고서를 발행하고 있다. 이러한 삼성 준법감시위원회의 활동은 삼성의 경영이 좀 더 투명하고 윤리적인 방향으로 나아가는 데 큰 역할을 하고 있다. ESG의 지배구조 개선이나 투명성 부문에 진전된 역할을 하고 있다고 할 수 있다.

🌲🌲 노사가 공동 선언한 KT의 ESG 경영

KT는 우리나라의 대표적인 통신 기업으로서 ESG 활동에 적극 참여하고 있다. KT는 ESG 활동을 노사 공동으로 추진하는 점이 특색이다. KT는 ESG 경영 지향점을 '확장된 디지털 플랫폼과 국민의 신뢰를 기반으로 지속가능한 성장을 실현한다'고 설정했다. 특히 지배구조 측면에서는 국내 최고의 준법, 공정 경영으로 투명 경영을 실현한다는 목표를 세웠다. 2023년의 경우에 KT 그룹의 ESG 경영 체계를 확립하고 노사 간 협력을 강화하는 것을 추진 목표로 설정하여 지배구조 및 준수(compliance) 고도화와 노사 공동 ESG 경영 및 임직원의 자부심 고취를 과제로 설정했다. 다음은 KT의 노사 ESG 경영 공동선언문이다(KT 홈페이지).

> KT와 KT노동조합은 고객의 삶의 변화와 다른 산업의 혁신을 리딩하여 대한민국 발전에 기여하기 위해 다음과 같이 ESG 경영을 공동 추진해 나갈 것을 선언한다.
> 하나, 미래 세대를 위한 필(必) 환경경영을 추진하고 대한민국 Net-Zero 2050 달성에 적극 동참한다.
> 둘, 디지털 혁신 기술과 포용적 협업을 기반으로 사회문제 해결에 적극 기여한다.
> 셋, 국내 최고 수준의 준법 경영과 투명한 지배구조 확립을 위해

적극 노력한다.

넷, 노사 공동 ESG 위원회를 구성하여 차별화된 ESG 경영을 추
진한다.

KT는 사외이사 비율을 80%로 구성하고, 대표이사와 이사회 의
장을 분리해 이사회의 독립성을 보장했다. 특히 전문경영인으로 대
표이사를 선임하고 평가하는 제도를 도입했다. 주주총회 전자투
표제 실시와 현금 배당 실시, 내부거래 통제로 주주가치를 높여 왔
다. 또 '신윤리경영 원칙'을 선포하고 핸드북을 배포했으며, 임직원
Clean-365 캠페인, 감사위원장 핫라인 운영 등 윤리경영을 실천하
고 있다. 회사 내에 리스크 관리 조직을 설치해 위기 관리 대응 체계
를 갖추고, 'KT 헤아림' 설치를 통해 직원들에게 심리상담 등의 기회
를 제공하고 있다. 준법 수행과 관련해서는 준수(compliance)위원회를
설치해 부패 방지, 하도급, 공정거래, 정보 보호, 계약, 인사 노무,
산업안전보건, 회계 · 세무, 이용자 보호 측면에서 기업을 감시하고
계도하는 역할을 하고 있다.

3) PR 산업 측면의 ESG

ESG는 경영 활동이나 조직 운영 측면의 본질을 경제가치뿐 아
니라 사회적 가치를 담아 투자자나 소비자 중심으로 바꾸는 데 크
게 기여할 것으로 기대된다. 기업의 PR 담당자나 PR 회사들은 이런
ESG 활동의 확산을 위해 사회 여론과 트렌드를 모니터링하고, 기업
전략 수립의 의사결정자로서 참여하고, 기업의 활동을 공중에게 알

리는 역할까지 수행한다.

(1) 광고 회사의 ESG 캠페인

광고 회사 등 에이전시(Agency) 입장에서는 회사 자체의 ESG를 어떻게 회사 경영에 활용할 것인가 하는 측면도 중요하다. 예를 들어, 제일기획의 경우 나눔, 환경, 인권, 상생, 준법, 윤리 등의 영역으로 나누어 ESG 경영을 실천하고 있다. 2022년 한국ESG기준원의 평가 등급에서 환경 B^+, 사회 A, 지배구조 A로 종합 등급에서 A를 받기도 했다. 그러나 이런 ESG에 관심을 갖는 기업들은 주로 제일기획, 이노션, HSAD 같은 대형 마케팅 회사들로서 그룹의 계열사들이다. 중소형의 대행사들은 사내 환경 캠페인, 지역 봉사활동 등 소극적 역할에 그치고 있다.

하지만 대부분의 광고대행사는 고객사의 업무를 다루고 있는 상황에서 고객의 ESG 경영, 특히 대내외적인 커뮤니케이션을 ESG의 취지에 맞게 어떻게 잘 대응해 서비스를 제공할 것인가가 관건이다.

특히 이런 부분은 대형 마케팅 회사나 광고 회사를 중심으로 기업 CSR 캠페인 등에 집중되고 있다. 이런 캠페인들은 칸 국제 크리에이티브 페스티벌 등 국내외 광고제 수상을 겨냥한 경우가 많은데, 수상을 논외로 하더라도 이런 프로그램들이 갖는 사회적 파급력, 고객사 커뮤니케이션이나 마케팅 팀의 사회를 바라보는 시각을 반영한 것이어서 상당히 긍정적인 요소를 가지고 있다.

제일기획은 장애인들이 카메라로 사진을 찍어 보는 체험을 하고 나서 그 사진으로 사진전을 열어 사진을 판매한 수익금을 맹인복지

시설에 기부하는 등 삼성전자의 '삼성 인사이트전'을 기획하고 실행했다. 시진가 강영호가 고른 사진과 영상 등이 삼성의 카메라, TV 등을 통해 노출되기도 했다. 또 제일기획은 최근에 경찰청의 '똑똑'(KNOCK KNOCK) 캠페인을 전개했는데, 칸의 2023 변화를 위한 글래스 라이언(Glass: The Lion for Change)에서 그랑프리를 수상하며 세상에 의미 있는 변화를 이끌어 내는 역할을 했다. 똑똑 캠페인은 가정 폭력, 데이트 폭력, 아동 학대 피해자가 가해자와 같은 공간에 있는 경우가 많아 112 신고에 제약이 있다는 점에 착안해 기획됐다. 신고자가 112에 전화를 건 뒤 아무 숫자 버튼을 '똑똑' 눌러 말하기 힘든 상황임을 알리면 신고자의 휴대전화에 '보이는 112' 접속 링크를 발송해서 최적의 초동 조치를 할 수 있도록 했다. 경찰청은 4천8백여 명의 112 상황실 요원에게 이와 같은 신고 접수 및 대응 방법을 교육했으며, 캠페인 이후 신고 건수가 42% 증가한 것으로 나타났다. 글래스 부문 심사위원단은 "똑똑 캠페인은 사회적 문제를 실제로 해결한 실용적 해결 방안이며, 언어가 달라도 어느 나라에서나 확장 가능한 아이디어인 점이 높은 평가를 받았다."라며 수상 배경을 밝혔다(제일기획, 2023).

대행사가 즐겨 찾는 소재 중의 하나가 환경 캠페인인데, 대행사 아이디엇은 대한제분의 곰표 플로깅 하우스 캠페인을 통해 새로운 시각을 제시했다. 플로깅(plogging)은 조깅을 하며 쓰레기를 줍는 것을 말하는데, 환경 친화적인 운동이라고 할 수 있다. 곰표는 이 개념을 활용하되 쓰레기를 산꼭대기에서 모으는 이색적인 캠페인을 전개했다. 산 정상에 팝업스토어(Pop-up store)를 세우고 쓰레기를 가져오면 곰표 브랜드의 다양한 굿즈(Goods)를 주는 이벤트이다. 팝업스토어를 산 정상에 세운다는 것은 다수의 공중보다는 적극적으로 환경 캠페인에 동참하는 사람들을 겨냥하되 독특한 메시지를 통해 새로운 패러다임을 만들어 내려는 것이다. 특히 이런 계획이 가능했던 것은 곰표 굿즈에 대한 소비자들의 선풍적 인기가 있어 가능했고, SNS의 바이럴 기능이 곰표 플로깅 프로그램을 확산시키는 장치가 되기도 했다.

이산가족의 슬픔을 달래 주는 소재도 주목할 만하다. 2015년 이노션은 휴먼 머신 인터페이스(Human machine interface: HMI) 시뮬레이션 기술과 정밀지도 VR 기술을 활용해서 실향민이 가상으로 고향인 북한을 방문하는 '고잉홈(Going Home)' 캠페인을 전개했다. 제일기획은 대한적십자사, KIST연구팀과 함께 북측 가족의 옛 사진을 현재의 모습으로 재현해 전시회를 연 '마지막 소원' 프로그램도 진행했다.

이처럼 광고대행사에서 진행한 ESG 캠페인에는 장애인이나 아동, 청소년, 임산부, 이산가족 등 소외 계층을 겨냥한 전략과 환경보호, 외국인 차별 등 다양한 문제가 다뤄지고 있다. 대부분이 고객사인 기업의 특성을 반영한 캠페인이며, 사회의 공통 이슈를 소재로 삼았고, 주로 환경과 사회 분야를 캠페인으로 만드는 경향을 보였다. 반면, 지배구조를 소재로 다룬 사례는 없었다.

(2) PR 회사와 ESG

PR 회사들의 ESG 활동은 주로 ESG 캠페인의 일환으로서 환경 캠페인이나, CSR 업무 등을 기획하거나, 고객사의 ESG 경영에 대한 커뮤니케이션 활동 등으로 나누어 볼 수 있다. 프레인글로벌, 피알원, 엔자임헬스 등 다양한 PR 회사가 PR 컨설팅이나 PR 캠페인을 진행한 경험을 바탕으로 ESG 캠페인이나 CSR 캠페인 등에 참여하고 있다. 특히 KPR은 오래전부터 사내에 '소셜 임팩트(Social Impact)팀'을 만들어 공익적인 PR 활동을 전문적으로 전개해 오고 있는데, 몇 가지 ESG 사례를 통해 살펴보고자 한다(KPR 홈페이지).

1989년에 창립된 KPR은 창립자인 김한경 회장이 '사회의 선(善)을 추구하고 공익적 가치를 중시한다'고 말했다. 이에 따라 KPR은 담배, 카지노 등과 관련된 고객사의 일을 하지 않고 있다. 또 정치적 이해관계가 심한 선거 PR도 하지 않고 있다. KPR은 2011년 사회공헌팀을 만들어 회사의 자체적인 사회 공헌 활동을 하면서 2019년에는 조직을 소셜 임팩트(Social Impact)팀으로 확대했다. 그리고 2023년에는 ESG 그룹으로 격상해서 소셜 임팩트팀과 위기 컨설팅팀을 운영하고 있다. KPR은 고객사의 CSR 체계 수립, 임팩트 평가 등 컨설팅, 사회적 가치 증진을 위한 PR 기획 및 실행, ESG 캠페인 기획 및 실행 업무를 하고 있다. KPR이 업무를 추진하는 방향은 비영리기구의 지원은 물론이고, 헬스케어(Healthcare) 등 고객사가 소비자 커뮤니케이션 업무를 직접 할 수 없는 경우에 다양한 소재를 활용해서 사회적 가치를 높이기 위한 계획을 수립하고 기업의 사회적 가치를 증진할 수 있는 ESG 프로그램을 기획하는 것이다.

첫째는 사회공헌 활동을 하는 비영리기구의 활동을 지원하는 일이다. 이에 해당하는 대표적인 경우가 생명보험 사회공헌재단의 청소년 자살 예방을 위한 '다 들어줄 개' 캠페인이다. 청소년 자살 예방 및 생명 존중 문화 확산을 위해 청소년의 어려움을 해결해 주는 다섯 마리 개가 어른들의 잘못된 행동을 꼬집는 영상을 제작해 배포하고, 힙합 뮤지션 도끼, 아이돌 그룹 GOT7의 영재, 가수 박지민 등의 음원을 다양한 미디어에 노출시켜서 청소년들이 SNS 기반의 청소년 종합상담시스템 등을 통한 고민 상담을 활성화함으로써 자살 예방에 기여했다. 또 2017년 대한적십자사의 브랜드 캠페인은 구호 기관으로서의 이미지를 강화하기 위해 뇌파 센서를 활용한 인터랙티브 캠페인 'Water for Lives' 캠페인을 통해 아프리카에서 물의 소중함을 간접적으로 체험할 수 있게 했다.

둘째는 제약회사를 중심으로 전개되는 ESG 활동이다. 대개 제약회사들이 전문의약품을 환자들에게 직접적으로 홍보하기에는 법적인 제약이 많기 때문에 대부분 질병의 실체와 위험성을 대중에게 알림으로써 환자 등 이웃에 대한 관심을 촉구하고 건강한 사회를 만들자는 취지로 진행된다. 한국화이자의 '얼룩말 캠페인(Tie Up for Zibra)'은 수많은 희귀질환 환자에 대한 관심을 유도하기 위해 진행한 것으로, 얼룩말 무늬의 신발 끈을 제작해 개인이나 러닝클럽 등에 나누어 주고 그 신발을 신은 사진을 찍어 인스타그램에 올리는 해시태그 이벤트를 진행했다.

셋째는 일반 기업의 ESG나 CSR 활동을 지원하는 프로그램을 기획한 것이다. 현대모비스는 아이 트래킹(Eye-tracking) 기술을 활용해서 아이 트래킹(Kids-tracking) 교육 앱인 '학교 가는 길'을 통해 등굣길에서의 주의할 점 등을 사전에 교육할 수 있게 했다. 또 의자 브랜드인 시디즈는 의자같이 기댈 수 있는 위로의 마음을 제공한다는 차원에서 월간 윤종신과 콜라보레이션을 통해 〈기댈게〉란 노래를 발표하여 사람들에게 힐링의 기회를 제공하기도 했다.

이처럼 PR 회사들의 ESG 참여가 회사 전반의 ESG 컨설팅 영역보다는 커뮤니케이션 프로그램 기획과 집행에 집중되고 있다. 기업

의 ESG 조직 진단이나 ESG 전략 수립, 이를 통한 사내외 소통 등에
PR 회사들의 역할이 더욱 필요해 보인다.

 ··· ESG PR 전망

ESG는 자발적 규범이 아닌 법과 규제의 단계로 이동하고 있으
며, 비재무적인 요소의 공시 의무화 등으로 ESG 경영이 부실한 기
업에게는 위험(risk) 요인이 되고 있다. 무늬만 ESG라고 할 수 있는
요소도 경계해야 한다. 환경에 대한 본질을 무시하고 마케팅적 요
소로만 활용하는 '그린워싱(green washing)', 협력사 등 공급망에 대한
관리, 종업원에 대한 인권 경영, 탄소국경세, 지배구조의 투명성 등
기업이 닥칠 ESG 경영의 파고는 경영 효율이라는 과제와 부딪히

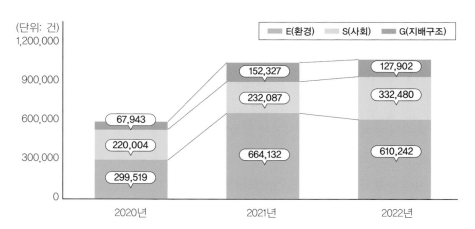

● 그림 1-1 **ESG 요소별 언급량 추이 분석**
출처: KPR 디지털커뮤니케이션연구소.
분석 기간: 2020. 01. 01.~2022. 12. 31.

며 해결해야 할 과제이다. ESG는 기업경영의 새로운 기준인 뉴노멀(New normal)이 되고 있다(법무법인 화우 ESG센터, 2023).

KPR 디지털커뮤니케이션연구소가 2020년부터 2022년까지 3년간 빅데이터 분석 프로그램 TrendUp을 통해 ESG 경영에 대한 관심도를 알아본 결과, 2020년 이후로 관련 언급량이 꾸준히 증가했다. ESG 개념이 도입되기 시작했던 2020년에는 587,466건으로 나타났으며, 코로나19 확산이 본격적으로 시작되었던 2021년에는 1,048,546건, 2022년에는 1,070,624건으로 매년 증가했다. ESG 구성 요소별 언급량을 살펴보면 2021년에는 환경의 언급량이 전년 대비 각각 120% 증가하는 등 2021년에는 환경과 지배구조에 대한 주목도가 전반적으로 높았다. 나아가, 2022년에는 사회 요소에 대한 언급량이 전년 대비 약 43% 증가했다.

이를 통해 투자자뿐 아니라 소비자의 ESG에 대한 관심과 인식 수준이 높아지고 있음을 알 수 있다. 『한국경제』가 입소스코리아와 함께 진행한 조사에 따르면, 소비자의 83%가 제품을 구매할 때 사회적 평판에 영향을 받는다고 응답했다. 특히 환경은 소비자가 직접적으로 느끼는 요소로, 친환경 기업과 친환경 제품을 선호하는 '그린슈머(Greensumer)'가 시장을 견인할 것으로 전망했다(한국경제신문, 2021).

이처럼 투자자나 소비자의 ESG 경영에 대한 인식이 높아진 가운데 기업에게 ESG는 필수적인 경영 요소가 되고 있다. ESG 활동은 투자자의 가치 판단을 높여 주는 관점에서 시작되었지만, 결국은 소비자의 이익을 가져다주는 방향으로 발전하고 있다. 예컨대, 탄소제로 선언과 RE100 동참 등 본질적인 ESG 활동 참여를 통해 기업의 단기적 이익뿐만 아니라 사회적 가치 창출을 이뤄 내면서 장기적으로 성과를 거두는 방향으로 나아가고 있다. 다시 말해, ESG는 기업들에게 지속가능 경영(Corporate Sustainability Management: CSM)을 위해 피할 수 없는 길이 되었다.

기업의 ESG 트렌드는 PR이 경영의 핵심 요소로서 역할을 하는 결정적 계기가 될 것이다. PR은 내부의 조직이나 경영 전략이 올바른 방향으로 가도록 조언하는 것에서부터 여론을 분석해서 공중이나 소비자의 의견을 회사 경영에 반영하는 측면에 이르기까지 역할의 중요성이 더욱 커지고 있다. 과거 마케팅 조직과 홍보 조직과의 관계를 상호 경쟁 관계로 본다면, ESG 조직은 조금 더 PR적 기능을 수행하는 데 가깝다. 이미지 PR, 투자자 관리, 지역사회 관계, 위기 관리, 종업원 커뮤니케이션 등 기존의 PR 영역에서 해 왔던 PR 활동 등이 더 확대될 것으로 보인다. 기업들이 경영의 본질적 요소를 사회 선(善)과 공익적인 측면에서 접근하고, 기업을 둘러싼 다양한 이해관계자(stakeholder)와 소통하며, 우수한 조직을 만들어 나가는 방향으로 변화하는 가운데 PR 커뮤니케이션은 더욱 중요해졌다. 특히 PR이 기업의 이미지나 명성 관리 등을 통해 공중을 비롯한 다양한 이해관계자와 관계를 높인다는 측면에서 ESG 경영에 필수 불가결한 요소가 되고 있다.

특히 ESG는 기업경영의 일환으로서 환경이나 사회에 미치는 부정적인 영향의 최소화와 긍정적인 영향력 극대화라는 양면을 같이 고려해야 할 것이다(이준희 외, 2023).

ESG에 대한 소비자의 관심은 점차 높아지고 있다. 소비자들은 환경과 관련해서 일회용품 사용과 친환경 제품에 대한 민감도가 높아질 것이고, 기업들은 친환경 소재나 제품 개발에 매진할 것으로 보인다. 사회와 관련해서는 소외 계층에 대한 배려, 산업재해나 노사 문제 대처, 제품에 대한 품질 보장, 협력사와의 상생 등 다양한 측면에서 기업을 바라보게 될 것이고, 지켜지지 않을 경우에는 불매운동 등 적극적인 행동으로 균형을 맞추려고 할 것이다. 지배구조 측면에서는 주주 친화적 경영을 통해 회사 운영의 투명성을 제고함으로써 주주나 소비자들에게 존경받는 기업으로 성장하려고 할 것이다.

대외적인 커뮤니케이션 활동도 환경이나 사회적 관점을 많이 반영할 것으로 보인다. 실제로 기업들이 2020년대 이후 ESG 위원회 등을 구성하면서 기후변화 위기나 탄소제로, 환경보호 등과 관련된 대내적 제도 개선은 물론이고 대외적인 캠페인을 적극적으로 벌이고 있다. 또한 과거에 비해 사회적으로 균형이 필요한 다양한 문제에 적극적으로 나서고, 참여하는 경향을 보이고 있다.

PR 회사나 광고 회사, 디지털 회사 등 커뮤니케이션 경영을 다루는 입장에서는 ESG 캠페인 등을 통해 기업의 전략 방향을 더욱 공고히 하는 역할을 할 것이다. 특히 ESG가 전략적 경영과 결부되면서 커뮤니케이션을 통한 내외부 공감대 형성은 더욱 중요해질 전망이다. ESG가 단순히 기업의 사회 공익적 활동 측면을 넘어서, 사람들에게 사회적 가치를 부여하고 세상의 흐름을 바꾸는 본질적인 역할을 할 수 있을 것으로 본다.

특히 그동안 환경, 사회, 지배구조 순으로 관심이 컸고, 실질적으로도 기업들의 관심이 가시적인 환경이나 사회적 요소에 집중되었다면, 앞으로는 지배구조에 조금 더 비중이 주어져서 기업의 투명성이 강화될 전망이다.

참고문헌

김동양, 황유식(2022). ESG 사용설명서. 마인드빌딩.

김상태(2022). ESG 트렌드. 안드레의 바다.

김영욱(2013). PR 커뮤니케이션 이론의 진화. 커뮤니케이션북스.

김태한, 정현상(2022). 100대 기업 ESG 담당자가 가장 자주 하는 질문. 세이코리아.

김환표(2013). 트렌드 지식사전. 인물과 사상사.

배종석, 문정빈, 이동섭, 이재혁, 김대수, 박찬수, 이재남, 김우찬, 한승수 외 (2023). ESG 시대의 사회적 가치와 지속가능 경영. 클라우드나인.

법무법인 화우 ESG센터(2023). 실전 ESG 경영. 매일경제신문사.

삼성준법감시위원회. https://samsungcompliance.com

송호근, 김태영, 신현상, 김기현, 김경묵, 손영우, 박경서, 한종수, 김용진, 손예령, 신호창, 윤수진, 윤정구, 천성현, 김용근(2023). ESG 시대의 지속가능 경영 기업시민. 플랜비.

식품음료신문. http://www.thinkfood.co.kr

이나겸, 임수영(2022). ESG+SDGs. 미디어 한강.

이영섭(2022). ESG 경영의 이론과 실제. 인피니티컨설팅.

이준호, 강세원, 김용진(2023). 리얼 ESG. 갈라북스.

이준희, 신지현, 전형석, 김소리, 조선희, 성진영(2023). ESG 생존 경영. 중앙북스.

제일기획. https://www.cheil.com

한국PR협회(2019). 30대 뉴스에서 PR을 읽다. 한울.

한국경제신문(2021). ESG 개념부터 실무까지 K-기업 서바이벌 플랜. 한국경제신문사.

현대자동차그룹. https://www.hyundai.co.kr

환경보전협회(1994. 12. 15.). 환경보전. 두산그룹의 환경관리 네트워크. 환경보전협회.

Grunig, Dozier., Ehling, L. Grunig, Repper & White(1992). *Excellence in public relations and communication management*. Routledge.

Grunig, J. E., & Hunt, T. (1984). *Managing public relations*. Rinehart and Winston: Holt.

KPR(2021.11.). KPR Insight Tree Why Vol.10. 지속가능 금융, ESG의 부상.

KPR 디지털 매거진 〈ㅋ,ㄷ〉(2023년 봄호). 2023 주목해야 할 ESG키워드.

KPR. https://www.kpr.co.kr

KT. https://corp.kt.com

Ross, R. (2020). 앞서가는 조직은 왜 관계에 충실한가. (김정혜 역). 현대지성.

제2장

ESG 평가와 커뮤니케이션

| 김덕희[前 프레인글로벌 대표]
이상우[프레인앤리 연구소장]

최근 블랙록(BlackRock)을 비롯한 글로벌 자산운용사들이 기업의 가치 판단에 ESG 평가 항목을 포함하고, ESG 공시 의무화, 공급망 ESG 실사 등의 도입을 구체화하면서 기업들의 ESG 경영과 평가에 관한 관심은 그 어느 때보다도 뜨겁다. 하지만 ESG 평가기관이 전 세계에 600여 개가 난립하고 그 평가 기준마저 제각각이다 보니 일각에서는 ESG 평가의 신뢰성에 회의론이 제기되고 있다. 이 장에서는 전공 영역 관점에서의 ESG 고찰에 앞서 ESG 평가의 개념, 현황, 문제점과 함께 커뮤니케이션 실무 관점에서 본 ESG 평가와 ESG 커뮤니케이션에 대해 살펴보고자 한다.

① ··· ESG 평가의 개념과 필요성

1) ESG 경영

ESG 경영의 역사는 상당히 오래되었다고 할 수 있다. ESG는 1987년에 유엔환경계획(UNEP)과 세계환경개발위원회(WCED)가 공동으로 채택한 브룬트란트보고서(Brundtland report)에 언급된 지속가능한 발전에서 시작되어 2006년 유엔 책임투자원칙(UN Principles for Responsible Investment: UN PRI)을 통해 구체화되었다. 이후 2019년 BRT(Business Round Table) 선언에서 애플, 아마존, 월마트 등 미국에서 가장 영향력 있는 18개 기업의 CEO들이 (과거에는 주주를 최우선시했으나) 이제는 주주를 포함하여 고객, 직원, 협력사, 지역사회 등 모든 이해관계자의 가치를 고려해야 함에 서명하고, 이어 2020년 스위스 다보스에서 개최된 세계경제포럼(WEF)에서 이해관계자 자본주의가 강조되면서 ESG가 기업경영의 핵심 화두로 떠오르게 되었다.

이에 따라 세계 최대 자산운용사들이 앞다투어 기업 ESG 경영 성과를 투자의 중요 기준으로 삼겠다고 발표하고, 여러 국가에서 ESG 공시의 의무화를 시행하는 등 이제 ESG는 기업의 사회적 책임을 넘어 의무로 자리 잡게 되었다. 유럽의 경우에는 2021년 3월부터 연기금을 시작으로 은행과 보험사, 자산운용사로 ESG 관련 고시 의무를 확대하였고, 영국은 모든 상장기업에 2025년까지 ESG 정보 공시를 의무화할 예정이다.

우리나라의 경우에도 국제적으로 ESG 공시가 의무화되면서

ESG 공시 기준의 표준화가 빠르게 진행되고 있다. 금융위원회에서 ESG 책임투자 활성화를 위해 지속가능경영보고서와 기업지배구조보고서 공시를 단계적으로 의무화하는 등 제도적 기반을 마련하고 있다. 2021년 한국거래소가 발표한 기업공시 제도 종합 개선 방안에 따르면, 2019년부터 자산 2조 원 이상의 코스피 상장사를 시작으로 2022년에는 1조 원 이상, 2024년에는 5,000억 원 이상, 2026년에는 모든 코스피 상장사로 기업지배구조보고서 공시 의무가 확대될 예정이다. 지속가능경영보고서 역시 2025년 이전까지는 자율 공시이지만 2025년부터 자산 총액 2조 원 이상의 유가증권시장 상장사를 시작으로 2030년에는 모든 코스피 상장사로 지속가능경영보고서 공시 의무가 확대될 예정이다.

기업지배구조보고서는 한국거래소에서 발간한 기업지배구조보고서의 지침에 따라 제시된 원칙에 대한 원칙 준수 여부와 그 근거를 이용자들이 이해할 수 있도록 기재하고 있다. 반면, 지속가능경영보고서는 기업의 사업보고서나 기업지배구조보고서 공시와는 달리 구체적인 서식이나 지침 없이 기업이 자유롭게 기재하는 방식이다. 향후 한국거래소가 구체적인 공시 지침을 제공할 예정이라고 하지만, 기업 입장에서는 어떠한 사항을 공시해야 하는지를 선제적으로 파악하여 지속가능경영보고서를 작성하고 운영할 수 있는 체계적인 실행 능력이 시급하게 요구된다.

ESG 공시가 필요한 기업에서는 지속가능경영보고서를 작성하기 전에 먼저 해당 기업의 ESG 경영 상태를 진단하고 문제점을 도출하여 경영 활동에 반영하며, 그 결과를 지속가능경영보고서에 반영하여 작성해야 한다. 구체적인 ESG 경영 관리 업무를 살펴보자면, 기업들은 ESG 공시 글로벌 표준에 대해 숙지하고, 정부 기관에서 공유한 K-ESG 지침에 기반하여 먼저 자사의 ESG 경영 상태에 대해 진단하여 문제점을 도출하고, 이를 개선하기 위해 ESG 과제를 통합한 경영 시스템을 구축하여 매뉴얼을 제정, 개정하며, 핵심성과지표를 설정, 관리하여 이에 따라 경영 과제를 실행한다. 이에 따라 발생된 경영 성과 및 실적에 대해 공신력 있는 기관의 평가 체제에 따라 평가를 받고, 마지막으로 지속가능경영보고서를 작성하여 공시하는 진단-개선-평가-공시의 순서로 ESG 경영 관리가 실행된다.

이와 같은 일련의 과정을 고려할 때, ESG 경영에 대한 진단 및 ESG 경영 활동에 대한 평가는 선택 사항이 아니라 필수적으로 실행해야 하는 과정이다. 국내 대기업들은 수년전부터 ESG 경영을 우선 과제로 선정하고 전담 인력을 확충하는 등 자발적인 활동을 하고 있으나, ESG를 전담할 인적 자원이 부족한 국내 중견 · 중소 기업들은 ESG 경영 실행을 위해 당국과 전문가 집단의 지원이 간절한 실정이다.

이에 따라 산업통상자원부는 유럽, 미국 수출을 주력으로 삼는 국내 제조업 기반 기업들을 지원하기 위해 2021년 12월에 관계 부처 합동으로 『K-ESG 가이드라인 v1.0』을 발간하였고, 이어 2022년 12월에는 『공급망 실사 대응 K-ESG 가이드라인』을 발간하여 중견 · 중소 기업들에게 ESG 진단에 대응할 수 있는 자료를 제공하였다. 그러나 정부 차원에서 기업들에게 제공되고 있는 ESG 진단 체크리스트는 산업별로 모든 기업별 맞춤형 해결 방안을 제공하지 못하는 현실적인 한계점을 가진다.

K-ESG 가이드라인 이외에 국내에서 ESG 진단을 위한 평가 지표로 활용되고 있는 한국ESG기준원(구. 한국기업지배구조원)의 KCGS 지수, 산업통상자원부의 K-ESG 지수, 중소벤처기업부의 K-Doctor 지수, 경제정의실천시민연합의 경제정의지수(KEJI), 대한상공회의소의 MSCI 지수 및 이외에도 많은 기관에서 ESG 진단과 평가표를 제시하고 있으나, 국내외에서 600여 개 이상의 평가 지표가 운영되고 있는 동시에 사회적으로 공신력 있다고 인정받는 ESG 진단 및 평가 기준이 명확하지 않아 개별 기업 입장에서는 각각의 평가 기준과 평가 방식을 파악하기가 쉽지 않아 혼란과 부담이 가중되고 있다.

2) ESG 진단

현재 기업들이 활용할 수 있는 ESG 진단 및 평가 체계를 요약하면 다음과 같다. 먼저, 산업통상자원부에서 발표한 K-ESG 가이드라인 v.1.0을 살펴보면 산업통상자원부에서는 국내외의 주요 평가 지표와 공시 기준 등을 분석하여 공통적이고 핵심적인 진단 항목으로 대기업 대상으로 61개, 중견 · 중소 기업 대상으로 27개를 제시하였다. 대기업의 진단 항목은 정보 공시 5개 항목, 환경 17개 항목, 사회 22개 항목, 지배구조 17개 항목이고, 중견 · 중소 기업 진단 항목은 정보 공시 4개 항목, 환경 9개 항목, 사회 9개 항목, 지배구조 2개 항목이다. 이 중 중견 · 중소 기업 진단 문항을 항목별로 살펴보면 〈표 2-1〉과 같다.

● 표 2-1 **중견 · 중소 기업 ESG 경영 성과 데이터 관리를 위한 K-ESG 가이드라인 기본 진단 항목 세트 중 일부**

영역	범주	분류 번호	진단 항목
정보 공시(P) (4개 문항)	정보 공시 형식	P-1-1	ESG 정보 공시 방식
		P-1-2	ESG 정보 공시 주기
		P-1-3	ESG 정보 공시 범위
	정보 공시 검증	P-3-1	ESG 정보 공시 검증
환경(E) (9개 문항)	환경경영 목표	E-1-2	환경경영 추진 체계
	원부자재	E-2-1	원부자재 사용량
	온실가스	E-3-1	온실가스 배출량(Scope1 & Scope2)
		E-3-3	온실가스 배출량 검증
	에너지	E-4-1	에너지 사용량
	용수	E-5-1	용수 사용량
	폐기물	E-6-1	폐기물 배출량
	오염물질	E-7-1	대기오염물질 배출량
		E-7-2	수질오염물질 배출량
사회(S) (9개 문항)	노동	S-2-2	정규직 비율
		S-2-6	결사의 자유 보장
	다양성 및 양성 평등	S-3-1	여성 구성원 비율
		S-3-2	여성 급여 비율(평균 급여액 대비)
		S-3-3	장애인 고용률
	산업안전	S-4-1	안전보건 추진 체계
		S-4-2	산업재해율
	지역사회	S-7-1	전략적 사회 공헌
		S-7-2	구성원 봉사 참여

출처: 산업통상자원부 산업정책과, 한국생산성본부 지속가능경영지원센터(2021). K-ESG 가이드라인 v1.0, p. 31.

I. 공통-총 29개 항목(E: 10개, S: 13개, G: 6개)

* 신규 지표 : S08~S13, G04~06

E(Environment)

환경경영 정책 | E01 환경 목표 수립 및 계획 | E02 분야별 목표 수립 | E03 친환경 혁신 실행

환경경영 관리 | E04 온실가스 배출 관리 | E05 수처리·폐수 관리 | E06 폐기물 관리

환경경영 성과 | E07 에너지 사용량 추이 | E09 용수 사용량 추이 | E10 폐기물 재활용 촉진

E08 재생에너지 사용량 추이

S(Social)

사회적 책임 정책 | S01 정책(목표) 수립

이해관계자 : 지역사회 | S02 지역사회 공헌 프로그램 실행 | S08 지역사회 공헌 참여 시간

이해관계자 : 공급망 | S03 공정거래 이행 | S09 공정계약 위반 건수

이해관계자 : 근로자 | S04 취업 규칙 적용 | S05 근로계약 준수 | S06 초과 근로 관리 | S07 산업재해 예방
S10 고용 창출 인원 | S11 평균 근속연수 | S12 복리후생 비용 | S13 산업재해 건수

G(Governance)

지속가능 정책 | G01 윤리경영 정책(목표) 수립

G04 정보 공개 | G05 인적 자원

G06 지속가능을 위한 인증 보유

지속가능 관리 | G02 비윤리적 이슈 관리 | G03 법규 준수

● 그림 2-1 **중소기업 ESG 자가진단 시스템 2.0 체크리스트**
출처: 중소기업중앙회(2023). 중소기업 ESG 경영 지원을 위한 ESG 우수사례집, p. 99.

55

1. ESG 평가의 개념과 필요성

다음으로, 중소벤처기업부와 중소벤처기업진흥공단에서 중소기업을 위해 구축하여 2023년 1월에 발표한 'ESG 자가진단 시스템 2.0'의 내용을 살펴보면 다음과 같다. 공통 진단 항목은 환경 10개, 사회 13개, 지배구조 6개의 총 29개로 구성되어 있고, 산업별 특화 진단 문항은 환경 4개, 사회 7개, 지배구조 2개의 총 13개 항목으로 구성되어 있다. 대기업 협력사 특화 진단 문항은 환경 7개, 사회 15개, 지배구조 5개의 총 27개 항목으로 구성되어 있고, 수출 기업 특화 진단 문항은 환경 4개, 사회 7개, 지배구조 2개의 총 13개 항목으로 구성되어 있으며, 항목별 내용은 [그림 2-1]과 같다.

3) ESG 평가

ESG 평가는 환경, 사회, 지배구조에 포함되는 다양한 요소의 성과 및 위험 관리를 종합하여 하나의 숫자 및 등급으로 요약함으로써 투자자들과 이해관계자들에게 유용한 정보를 제공하는 데 의의가 있다. ESG 평가 및 데이터 제공 기관에서 생산한 점수 및 등급은 투자자가 기업의 ESG 성과를 판단하는 데 있어 유용한 정보이며, 거래소 ESG 지수 및 ESG 상장지수펀드(Exchange Trend Fund: ETF)를 생성하는 데 쓰이는 등 사용 범위가 넓다. ESG 평가는 ESG 투자를 결정할 때에도 유용하게 쓰이는데, 최근 ESG 투자 규모가 커지면서 ESG 평가 및 데이터 제공 기관에 대한 중요도가 높아지고 있으며, ESG 경영의 중요성이 커지면서 자연스럽게 ESG 평가에 관한 관심도 높아지고 있다. 이와 같이 중요도가 커지고 있는 ESG 경영 과제를 해결하기 위해 ESG 평가기관들도 빠르게 시장에 진출하고 있어서, 2022년 대외경제정책연구원에 따르면 다국적 기업을 대상으로 한 ESG 평가사는 130개, 지역 평가사까지 포함하면 600여 개가 난립하는 양상을 보이며, 최근 ESG 평가의 신뢰성 문제가 대두되고 있다.

ESG와 관련된 평가 결과를 산출하는 평가기관은 해외 대표 평가기관과 국내 평가기관으로 구분할 수 있다. 해외 ESG 평가기관은 1983년 프랑스의 아이리스(Eiris)를 시작으로 등장하였으며, 이후 1990년 미국의 KLD(Kinder, Lydenberg, and Domini), 2000년 영국의 탄소공개 프로젝트(Carbon Disclosure Project: CDP) 등 여러 기관이 기업의 ESG 정보를 투자자들에게 제공하기 위해 출범하였다. 현재 활동 중인 해외 ESG 평가기관으로는 레피니티브(Refinitiv), 무디스(Moody's), 탄소공개 프로젝트(CDP), 서스테이널리틱스(Sustainalytics), 블룸버그(Bloomberg), 모건스탠리캐피털인터내셔널(Morgan Stanley Capital International Index), ISS(Institutional Shareholder Services), S&P Global(Standard & Poor's Global) 등이 있다.

2023년 6월에 발간된 『중견·중소 기업과 스타트업의 ESG 완전정복』에 따르면, 공통 평가 항목과 산업별 항목으로 0~100점으로 구분하여 평가하는 다우존스 지속가능경영지수(Dow Jones Sustainability Indices: DJSI), 환경 관련 세 가지 영역(기후변화, 산림, 물)에 대해 질의하여 A~D- 및 F로 평가하는 CDP, 그리고 ESG 관련 35개 이슈로 구분하여 AAA~CCC로 평가하는 모건스탠리캐피털인터내셔널이 대표적인 ESG 글로벌 평가기관으로 알려져 있고, 실제로 많은 기업이 관심을 가지고 참여하고 있다.

중견·중소 기업들은 기업 규모나 접근 가능성 측면에서 국내 평가기관을 활용할 가능성이 많을 것으로 예상되는 바, 대표적인 국내 ESG 평가기관에 대해서도 알아보고자 한다. 국내 기관의 ESG 평가는 2000년대 초부터 본격적으로 이루어졌으며, 상당수의 국외 평가기관처럼 ESG를 자사 금융 서비스의 한 축으로 제공하기보다는 ESG 평가 자체가 평가의 주된 목적이다. 국내의 주요 ESG 평가기관으로는 한국ESG기준원(구 한국기업지배구조원, KCGS), 서스틴베스트, 대신경제연구소, 한국ESG연구소, 지속가능발전소 등이 있는데, 기관별로 설립 목적 및 성격에 약간의 차이가 있다. 한국ESG기준원의 경우에는 ESG 평가의 목적이 투자자에게 정보를 제공하는 것이 아니라 기업의 경영 환경을 개선하는 것인 데 반해, 서스틴베스트의 ESG 평가는 투자자들이 올바른 의사결정을 내릴 수 있도록 정보를 제공하는 데 그 목적이 있다. 대신경제연구소는 대신증권의 자회사로, ESG 평가를 진행하는 한편 투자 알고리즘 및 솔루션을 개발하여 투자자들에게 제공한다. 대신경제연구소의 경우에는 2014년부터 기업의 지배구조에 대한 정보 제공 서비스를 시작하여 2020년부터는 ESG 서비스를 개시하였으며, 2021년에는 자회사로 한국ESG연구소를 설립하는 등 ESG 평가를 비교적 최근 시작하였다. 이 외에도 국내 유수의 로펌과 회계법인, 전략컨설팅사에서도 ESG 종합 솔루션을 출시하고 ESG 경영에 수년 전부터 본격적으로 뛰어들고 있다.

2002년에 설립되어 전문성을 갖춘 국내의 대표적인 ESG 평가기관인 한국ESG기준원의 ESG 평가 방식을 살펴보면, 2003년에 지배구조(G) 평가를 시작으로 2011년에 환경(E)과 사회(S) 모범규준을 제정하고 같은 해에 ESG 통합 평가를 시작하였다. 한국ESG기준원의 ESG 평가 목적은 국내 상장기업의 지속가능성을 ESG 성과로 평가하고 이해관계자에게 판단 정보를 제공하는 것이다. 평가를 위해 사용하는 기초데이터는 기업공시(사업보고서, 지속가능경영보고서, 홈페이지 등) 자료를 기본으로 하고 있고, 감독기구와 지자체 등의 공시 자료와 미디어를 통한 자료를 추가로 활용하고 있다. 종합 등급은 산업마다 갖고 있는 환경, 사회 및 지배구조에 대한 서로 다른 민감도를 고려하여 E, S, G에 상이한 가중치를 부여하여 최종 산출하며, 평가 문항은 대분류 총 24개, 핵심 평가 항목 323개로 구성되며, 상세 평가 문항은 평가 대상 기업만 확인이 가능하다.

한국ESG기준원의 E(환경), S(사회), G(지배구조)별 기본 평가 분류를 구체적으로 살펴보면, E(환경)는 국내외의 주요 환경 이슈, 업종에 따른 환경경영 체계, 리스크 관리, 환경 성과를 고려하여 4가지 대분류(리더십과 지배구조, 리스크 관리, 운영 및 성과, 이해관계자 소통), S(사회)는 기업의 주요 리스크 및 기회에 영향을 미치는 사회책임경영을 고려하여 9가지 대분류(리더십과 지배구조, 노동 관행, 직장 내 안전보건, 인권, 공정 운영 관행, 지속가능한 소비, 정보 및 개인정보 보호, 지역사회 참여 및 개발, 이해관계자 소통), G(지배구조)는 지배구조가 작동하기 위한 주요 장치별 분류, 지배구조 요건 등을 고려하여 4가지 대분류(이사회 리더십, 주주권 보호, 감사, 이해관계자 소통)를 중심으로 세부 평가 항목을 구성하여 평가하고 있다.

서스틴베스트의 ESG 평가 범주는, 환경(E)은 혁신 활동, 생산공정, 공급망 관리, 고객 관리로, 사회(S)는 인적 자원 관리, 공급망 관리, 고객 관리, 사회 공헌 및 지역사회로, 지배구조(G)는 주주의 권리, 이사회 보수, 정보의 투명성, 관계사 위험, 이사회의 구성과 활동, 지속가능 경영 인프라로 분류된다. 서스틴베스트는 ESG 등급을 AA(ESG 평가 최우수)~E(ESG 성과가 부진하거나 심각한 ESG 문제 발생으로 인해 투자 배

^{제가 고려되는})등급으로 구분하는데, 2022년 하반기 652건의 ESG 평가 진행 결과에 대한 등급별 비중은 AA 7.5%, A 18.5%, BB 29.7%, B 20.5%, C 17.7%, D 4.9%, E 1.2%였다.

이처럼 국내외의 많은 ESG 평가기관에서 각자의 ESG에 대한 개념 정의와 평가 항목, 평가 방식으로 평가 대상 기업의 ESG 경영에 대해 평가 결과를 내고 있고, 평가 결과에 대한 피드백 없이 일방적으로 결과 발표만 하는 기관도 있다. 이에 따라 최근 ESG 평가의 신뢰성 문제가 대두되었으며, 공통적인 지적 사항으로는 △ESG 평가 간 낮은 상관관계 △평가기관 간 비교 불가 △정보 투명성 부족이 있다. 이러한 이유로 ESG 평가기관 간에 상관관계가 낮아 평가사 간의 비교가 어려우며, 평가에 고려되는 항목은 수십에서 수백 가지이지만, 평가기관에서 정확한 평가 항목 및 방법론 등을 자세하게 공개하지 않는 경우가 많아 투명성도 낮은 편이다. 또한 ESG 공시도 표준화된 기준이 마련되지 않아 혼란이 가중되고 있다.

국내 평가사는 해외 평가사보다 언론 보도 및 여론 수렴 등 더 다양한 재무·비재무 정보를 바탕으로 ESG 평가가 가능하며, 사업보고서 및 지속가능 공시를 국문으로만 출간하는 대부분 기업의 ESG 평가 역시 가능하다는 장점이 있다. 또한 국내 기업의 특수성을 ESG 평가 항목으로 활용하여 우리 기업 생태계에 더 적합한 ESG 평가 모형을 개발할 수 있다는 장점이 있다. 예를 들어, 재벌 기업의 오너 리스크나 계열사 및 관계사의 공통 리스크 등 다른 국가보다 더 두드러진 ESG 리스크를 평가 범주에 포함하여 투자자들에게 더 적절한 신호를 줄 수 있다.

그러나 국내 평가사는 국내 기업만을 평가하기 때문에 국제 비교가 쉽지 않으며, 국내 기업에서만 문제가 되는 특정 항목을 ESG 점수에 포함하면 해외 평가사 ESG 점수와 괴리가 더 커질 수 있는 문제가 있다. 이와 달리 해외 평가사는 평가가 가능한 모든 국적의 기업을 평가하기 때문에 국제 비교가 가능하다는 장점이 있지만, 대부분 평가사가 영문 지속가능경영보고서를 발간할 여력이 있는 국내의 초대 기업만을 포함한다는 점, 지역의 특성을 고려하지 않고 일관된 평가 체계를 적용한다는 점 등의 단점이 있다.

따라서 유럽 및 미주 시장을 대상으로 수출을 주력으로 사업을 영위하는 중견·중소 기업들에게는 ESG 해외 평가사를 비교 검토하여 선정해야 하고, 선정한 평가사의 평가 체계를 빠르게 숙지하고, 이에 맞추어 ESG 경영을 추진해야 하는 큼지막한 과제가 주어져 있다. 결론적으로 기업들이 ESG 경영 활동을 영위하는 데 ESG 평가는 매우 중요한 역할을 하고 있으나, 신뢰성을 인정받고 있는 ESG 평가사가 매우 드문 가운데 수많은 ESG 평가 회사들이 난립하면서 ESG 평가를 산업 현장에서 활용해야 하는 고객인 기업들의 부담이 커지고 있다.

② ··· 커뮤니케이션 실무 관점에서 본 ESG 평가

앞서 살펴본 바와 같이 ESG 경영을 평가하는 지표는 수백 개에 달하지만, ESG 경영을 '커뮤니케이션' 관점에서 정량·정성 분석을 통해 종합적으로 진단하고 평가하는 지표는 국내외 문헌 고찰과 사례 조사에서도 발견하기 어려웠다. 지금까지 ESG 커뮤니케이션에 대한 평가가 진행되지 않은 것은 아니나, 다음과 같이 부분적으로 실행되어 온 것으로 파악된다.

첫째, ESG 경영 성과와 평가가 투자의 중요한 판단 기준이 되면서 기업들은 높은 ESG 평가 점수와 등급을 받기 위해 주요 이해관계자를 대상으로 다양한 노력을 기울이고 있다. 이 과정에서 발생하는 문제점이 있다. ESG 경영 활동이 이해관계자들의 점수를 잘 받기 위한 대상으로 전락하면서 임직원 등 '내부 공중' 및 소비자, 파트너사, 투자자, 미디어 등의 '외부 공중'에 대한 기업의 ESG 커뮤니케이션에 대한 중요성이 간과되고 있다.

둘째, ESG 중 기업의 투명 경영을 위한 필수 요건인 G(지배구조)는 최고경영진과 연관되어 있고, 공개하기 민감한 사안도 포함되어 있는 관계로 E(환경), S(사회)에 비해 명확한 평가 기준이 모호했던 것이 사실이다.

셋째, 대기업은 그간 진행해 온 CSR(기업의 사회적 책임) 활동의 이월 효과(carry-over effect)로 인해 ESG 활동을 잘하고 있다(또는 잘할 것이다)는 대중의 인식이 기본적으로 형성되어 있지만, 중견·중소 기업들은 ESG 활동을 활발히 진행하여도 잔상 효과가 부족하여 대중들이 기억하지 못하는 경우가 상대적으로 많다. 이에 순수한 기업·브랜드 커뮤니케이션과는 별개로 ESG를 중립적으로 진단, 평가할 수 있는 벤치마크 성과지수의 필요성이 대두된다.

이에 저자가 소속되어 있는 프레인글로벌과 프레인앤리(프레인글로벌의 자회사이자 우리나라 최초의 독립 커뮤니케이션 전략연구소)는 한국광고홍보학회와 공동으로 ESG 커뮤니케이션에 대한 연구를 진행하고 'ESG 커

제2장 ESG 평가와 커뮤니케이션

뮤니케이션 성과지수(ESG Communications Index)'를 개발했다. 이번 연구 개발 과정에 참여한 기업들의 환류(feedback)에서도 기업의 ESG 경영을 등급화하고 투자의 기준으로 삼는 기존의 ESG 평가지수들의 한계점과 신뢰도 문제를 지적한 바 있고, 커뮤니케이션 관점에서 내외부 공중과 어떻게 소통하고 있는지를 살펴볼 수 있다는 점에서 이번 연구의 가치를 높게 평가받았다. ESG 커뮤니케이션에 대한 진단, 평가 영역에 대한 설명은 다음과 같다.

1) ESG 평가와 커뮤니케이션

커뮤니케이션 관점에서 ESG를 어떻게 평가할 것인가를 다루기에 앞서 우선 'ESG 커뮤니케이션'에 대한 정의가 필요할 것이다. 한국광고홍보학회 ESG 연구팀은 프레인글로벌과의 공동 연구에서 'ESG 커뮤니케이션'은 기업이 기업의 주요 이해관계자인 내부 공중, 외부 공중들과 기업의 비재무적 요소인 환경(environment), 사회(social), 지배구조(governance)에 대한 정보를 교환하고, 의미를 공유하며, 교감을 구축하는 방식으로 상호작용하는 일련의 활동 및 과정이라고 정의했다. 이는 Baran과 Davis(2003), Schramm(1982)이 정의한 커뮤니케이션 정의와 ESG 개념을 바탕으로 한 것이다.

ESG 커뮤니케이션의 중심에는 '공중(public)'이 존재한다. ESG 경영을 위한 기업의 모든 활동은 임직원 등의 '내부 공중' 및 소비자, 파트너사, 투자자, 미디어 등의 '외부 공중'을 대상으로 하고 있음에도, 그동안의 ESG 경영에서 기업들은 주요 이해관계자, 내외부 공중과의 소통, 즉 커뮤니케이션에 대한 중요성을 간과해 왔다.

2) ESG 커뮤니케이션 진단

그렇다면 ESG 경영에 있어 중요한 요소인 ESG 커뮤니케이션을 어떻게 진단하고 평가할 수 있을까? 한국광고홍보학회 ESG 연구팀은 다음과 같이 정의하였다. 이는 한국PR기업협회(2020) 『PR용어사전』의 커뮤니케이션 진단(Communication Audit)을 참고하였다(한국PR기업협회, 2020).

ESG 연구팀이 정의한 'ESG 커뮤니케이션 진단'은 기업의 ESG 커뮤니케이션 내용과 방법 등을 확인하고, 기업의 ESG 커뮤니케이션에 대한 내부 및 외부 공중의 인식을 조사하여 ESG 커뮤니케이션을 평가하며, 이를 통해 기업에 필요한 ESG 커뮤니케이션 개선 방안을 도출하기 위한 과정이다. 효과적이고 효율적인 ESG 커뮤니케이션을 위한 조직 내부의 환경 분석과 ESG 커뮤니케이션의 내용(contents), 미디어(media), 외부 공중 인식(public's perception)을 총체적으로 평가하여 강점과 약점을 분석하고 개선 방안을 도출하는 과정이다.

이번 공동 연구에서 ESG 연구팀이 설계한 ESG 커뮤니케이션 진단 과정은 다음과 같다.

1. 범위(scope) 결정: 내외부 공중/온라인 ESG 커뮤니케이션, ESG 보고서 등
2. 방법(method) 선택: 질적연구(인터뷰, 표적집단면접법) 그리고/또는 양적 연구(빅데이터 분석, 설문 등)
3. 자료 수집 및 진단 실행

4. 결과 및 SWOT 분석

5. 진단 결과 정리 및 개선 방안 도출

3) ESG 커뮤니케이션 성과지수

　2022년 하반기부터 6개월 이상 진행된 한국광고홍보학회 ESG 연구팀과의 공동 연구를 기반으로 프레인글로벌과 프레인앤리는 'ESG 커뮤니케이션 성과지수(ESG Communications Index)'를 개발했다. ESG 커뮤니케이션 성과지수는 기업의 ESG 커뮤니케이션을 측정(measure)하고, 평가(assess)하기 위해 사용되는 객관화된 지표를 말한다.

　ESG 커뮤니케이션 성과지수 개발 과정은 다음과 같다.

1. 프로젝트의 목적 및 방향 논의
2. 문헌 연구, 선행 사례 고찰
3. 전문가(ESG 연구팀 교수진) 논의를 통해 일차적 측정 지표 구성
4. 전문가(커뮤니케이션 실무자, ESG 담당자, 투자자, 언론관계자 등) 인터뷰를 통해 지표 평가
5. 1차 파일럿 스터디: 국내 공기업 대상으로 인식 조사 진행(내부 공중, 외부 공중)
6. 통계 분석을 통한 인식 조사의 타당도, 신뢰도 1차 확인 및 수정
7. 2차 파일럿 스터디: 외국계 기업 대상으로 인식 조사 진행(내부 공중, 외부 공중)
8. 통계 분석을 통한 인식 조사의 타당도, 신뢰도 2차 확인 및 수정
9. ESG 커뮤니케이션 성과지수 제안

2. 커뮤니케이션 실무 관점에서 본 ESG 평가

이번 공동 연구를 통해 프레인글로벌에서 독자적으로 산출한 결과물은 내외부 공중에 대한 기업의 'ESG 커뮤니케이션 인식 조사'였다. ESG 경영을 '커뮤니케이션' 관점에서 정량·정성 분석을 통해 종합적으로 진단하고 평가하는 지표는 국내외 문헌 고찰과 사례 조사에서도 발견하기 어려웠으므로 ESG 경영평가, CSR 커뮤니케이션 등 다양한 사례 분석을 기반으로 인식 조사를 위한 설문 문항을 도출하였다. 도출된 설문 문항은 국내 공기업과 외국계 기업을 대상으로 한 파일럿 연구를 통해 정교화하였다. 파일럿 연구에 참여한 내부 공중(임직원 및 ESG 담당 부서)은 4백여 명, 외부 공중(소비자)은 4천 5백여 명에 달했다.

또 하나의 진단 영역은 'ESG 커뮤니케이션 행동데이터 분석'이었다. AI 빅데이터 분석을 기반으로 한 행동데이터 분석을 통해 기업의 다양한 채널별 ESG 활동에 대한 반응데이터를 수집하고, 미디어, 소셜미디어, 온라인 커뮤니티 등에서의 반응을 종합적으로 분석하게 된다. ESG 커뮤니케이션 인식 조사와 행동데이터 분석 결과를 기반으로 프레인글로벌은 기업의 ESG 커뮤니케이션을 진단, 기업의 ESG 커뮤니케이션 최적화를 위한 커뮤니케이션 컨설팅, 그리고 홍보 실행까지 원스톱 솔루션을 제공할 예정이다.

4) ESG 평가와 커뮤니케이션에 대한 제언: 커뮤니케이션 실무 관점에서

전 세계에 600여 개의 ESG 평가기관이 난립하고 그 평가 기준마저 제각각이다 보니, 일각에서는 ESG 평가의 신뢰성에 회의론이

제기되고 있다. 앞서 살펴본 바 있는 산업통상자원부에서 발표한 『K-ESG 가이드라인 v.1.0』에 나와 있는 〈표 2-2〉의 글로벌 13개 ESG 평가 제도별 측정 범주만 보아도 평가 기준이 기관마다 얼마나 다른지를 한 눈에 확인할 수 있다.

ESG가 중요해진 만큼 기업은 투자 유치와 경영 성과를 위해 ESG 평가를 잘 받는 것이 중요해졌다. 하지만 ESG 평가가 투자 유치의 중요한 기준이 되면서 기업들은 지속가능 경영이라는 근본적인 가치를 추구하기보다는 ESG 평가지수를 잘 받기 위해 부족한 활동을 보완하는 역효과 또한 발생하고 있는 것이 현실이다.

ESG 경영이 지속가능하기 위해서는 경영의 주체인 내부 공중과 이를 소비하는 외부 공중 모두와의 소통, 즉 ESG 커뮤니케이션이 중요한 요소로 작용한다. 코로나19를 겪으면서 기업들은 E(환경), S(사회), G(지배구조)만으로 미래의 잠재 충격에 유연하게 대비하기에 충분하지 않다는 것을 이미 경험했다.

ESG 경영과 ESG 평가가 놓치고 있는 점을 보완하고, 더 나은 지속가능경영을 준비해야 하는 시점에서 ESG 커뮤니케이션은 또 하나의 중요한 기준으로 작용하게 될 것으로 예상된다. 커뮤니케이션 실무 관점에서도 ESG 커뮤니케이션은 지속적으로 고민하고 개발해야 할 영역이다.

표 2-2 **K-ESG 기본 진단 항목 정의서의 27개 범주 및 글로벌 13개 ESG 평가 제도 및 공시 표준 비교**

ESG 범주	A사	B사	C사	D사	E사	F사	G사	H사	I사	J사	K사	L사	M사
정보 공시 형식						●			●		●		
정보 공시 내용	●	●	●	●		●	●	●	●			●	●
정보 공시 검증		●											
환경경영 목표	●				●			●	●	●			●
원부자재		●			●	●							●
온실가스	●	●		●	●	●	●	●	●	●	●		●
에너지	●	●	●			●	●	●	●	●	●		●
용수	●	●				●	●		●	●	●		●
폐기물	●	●				●	●		●	●	●		●
오염물질	●	●				●			●		●		●
환경 법/규제 위반													
환경 라벨링	●					●	●		●	●	●		
사회 목표	●	●				●			●			●	●
노동	●	●	●			●	●	●	●				●
다양성 및 양성 평등	●	●				●	●	●	●				●
산업안전	●					●	●	●	●				●
인권	●					●	●		●				●
동반성장	●	●	●			●			●				●
지역사회	●	●		●		●						●	●
정보 보호		●			●								
사회/법 규제 위반	●				●	●			●	●	●		
이사회 구성	●	●	●			●			●			●	●
이사회 활동	●	●	●			●			●				●
주주권리			●			●			●				●
윤리경영	●	●			●	●	●	●	●			●	●
감사기구		●	●			●			●			●	●
지배구조 법/규제 위반			●			●							

출처: 산업통상자원부 산업정책과, 한국생산성본부 지속가능경영지원센터(2021). K-ESG 가이드라인 v1.0, p. 19.

참고문헌

김자림, 김활빈, 박한나, 홍지미(2023). ESG 커뮤니케이션 성과지수 연구모델 개발과 사례 분석. 한국광고홍보학회 ESG 연구팀.

김호석(2021). ESG 관련 국내외 동향 및 환경정책에 미치는 영향. KEI 정책보고서(2021-09). 한국환경연구원.

박지원(2022). 주요국의 ESG 성과 평가 실태 및 시사점. KIEP 오늘의 세계경제, 22(20). 대외경제정책연구원.

박지원, 이예림(2022). 국내외 ESG 평가사별 점수 비교: 국내 기업을 중심으로. 연구자료 22-07. 대외경제정책연구원.

산업통상자원부 산업정책과, 한국생산성본부 지속가능경영지원센터(2021). K-ESG 가이드라인 v1.0

오미영, 백혜진(2015). 국내 PR 효과 측정 및 평가 현황에 관한 연구: 'PR 대상 수상작'에 대한 내용분석을 중심으로. 홍보학 연구, 19(1), 327-354.

우형진, 성용준, 김용희(2022). 미디어 기업의 ESG 실천 방안. 한국언론진흥재단 지정주제 연구보고서(2022-09).

이인형(2021). ESG 평가 체계 현황과 특성 분석. 자본시장연구원 이슈보고서(2021-09).

전국경제인연합회(2022). 2022 주요 기업의 사회적 가치 보고서.

조찬희, 이형용(2023). ESG 평가방법 비교: K-ESG 가이드라인을 중심으로. 지능정보연구, 29(1), 1-25.

중소벤처기업진흥공단(2023). ESG 자가진단 2.0

진성한, 양덕모, 이종희(2023). 중견·중소 기업과 스타트업의 ESG 완전정복. 학지사비즈.

한국PR기업협회(2020). PR용어사전.

황은애, 송순영(2008). 사업자의 소비자관련 사회적책임활동 현황분석: 국내 지속가능성 보고서 내용 검토를 중심으로. 소비자학연구, 19(4), 109-133.

한국ESG기준원 홈페이지.

AIF(2002. 8.). [이슈트렌드] 인도의 ESG 투자 현황: 트렌드와 규제. 이슈&트렌드, 대외경제정책연구원.

Baran, S. J. & Dennis K. D. (2003). *Mass Communication Theory* (3rd ed.). Toronto: Wadsworth/Thomson.

Carlini, J., & Grace, D. (2021). The Corporate Social Responsibility (CSR) internal branding model: Aligning employees' CSR awareness, knowledge, and experience to deliver positive employee performance outcomes. *Journal of Marketing Management*, *37*(7-8), 732-760.

Kim, S. (2019). The process model of Corporate Social Responsibility (CSR) communication: CSR communication and its relationship with consumers' CSR knowledge, trust, and corporate reputation perception. *Journal of Business Ethics*, *154*(4), 1143-1159.

National Association of Realtors (2023. 2.). ESG+R Report 2022.

Rodin, J., & Madsbjerg, S. (2021. 7.). ESG is missing a metric: R for resilience. Agenda articles, World Economic Forum.

Schramm, W., & Porter, W. E. (1982). *Men women messages and media: Understanding human communication.*

제3장

ESG로 인한 기업경영 환경의 변화와 도전[1]

| 윤용희 변호사[법무법인(유한) 율촌]

1 ··· 들어가며

　과거에는 환경이나 사회적 책임이 주로 정부의 기업에 대한 규제(Regulation)의 문제로, 즉 기업의 규제 대응 및 쟁송의 문제로 논의되어 왔지만, 최근에는 투자자가 투자 대상 기업을 평가하는 비재무적 요소로서 ESG가 크게 부각되고 있다. 이제 ESG 요소는 투자자가 기업을 평가하는 중요한 기준(Standard)으로 자리매김하고 있다.

　ESG 논의가 최근 몇 년 동안 폭발적으로 이루어지는 원인을 정리하면, (i) 글로벌 시장에서 활동하는 대기업들은 시장경제 메커니

---

1 이 장은 『ESG로 인한 기업 규제 환경의 현재와 미래, 법의 미래』(윤용희, 2022, 법문사)를 수정 및 보완한 것입니다.

즘에 기초하여 막강한 사적 영향력을 행사할 수 있는 투자자(주주), 고객사를 비롯한 이해관계자로부터 ESG 맥락에서 새로운 준수 사항을 요구받고 있고, 대기업이 이와 같은 사적 규제(정부의 법령에 근거한 공적 규제와 구별하여 사적 규제라고 할 수 있음)에 대응하기 위해서는 이해관계자의 요구 사항을 준수하고 자사의 ESG 리스크를 관리해야 할 뿐만 아니라 자사의 글로벌 공급망에 위치한 원료/부품 공급사들(1차 협력사, 2차 협력사 등)에 대하여 유사한 수준의 준수 사항을 이행할 것을 요구하거나 적어도 해당 공급사들의 ESG 리스크에 관한 정보를 확인해야만 하는 상황에 처하게 되었다는 점, (ii) 유럽 등 글로벌 자본시장을 주도하는 선진국에서는 ESG 정보 공시 의무화, 녹색분류 체계, 기업의 지속가능성 실사 법제를 비롯한 ESG 관련 법령/제도가 이미 발효되었거나 곧 도입을 앞두고 있는 배경까지 고려할 때, 위와 같은 사적 규제/집행은 그 자체로도 더 강력해질 수 있고, 입법 내지 제도화의 방향에 따라 정부의 공적 규제까지 더해질 수 있다는 점 등에서 그 주요한 원인을 찾을 수 있다고 본다.

이런 배경에서 저자는 ESG로 인해 기업경영 환경에 있어서 큰 변화가 일어나고 있고, 그 변화가 더 강하고 빠른 속도로 진행될 것이며, 이와 같은 변화와 도전에 한국 기업이 선제적이고 적극적으로 대응하지 않는다면 큰 어려움에 처하게 될 것이라고 보고 있다. 이에 저자는 기업경영진을 만나면, (i) 정부의 공적 규제의 강화와 더불어 이해관계자(투자자, 고객사 등)가 주도하는 사적/자율적 규제가 강화될 것이고, (ii) 이로 인해 기업은 전통적인 준법 리스크에 더해서 국제 규범/외국 법령 및 연성 규범에 따른 리스크까지 아우를 수 있는 ESG 리스크라는 개념을 상정하고, 이에 대한 관리 체계를 고도화해야만 하는 시대가 되었다는 사실을 강조한다. 그러면 "우리 기업은 국내 법령을 잘 준수하고 있고, 리스크 관리를 잘하고 있다."라면서 ESG 리스크라는 것은 이와 다른 것인가라는 질문을 자주 접하게 된다.

이에 대한 답을 하기 위해서 ESG로 인해 기업경영 환경에 어떤 변화가 발생하고 있는지 살펴보고, 이처럼 변화된 기업경영 환경에 대응하기 위해서는 준법 리스크를 포괄하는 ESG 리스크에 대한 관리 체계의 구축이 필요하고 중요하다는 점을 설명하고자 한다.

② ⋯ ESG로 인한 기업경영 환경의 변화

1) ESG 개념의 등장과 발전

ESG는 환경(Environmental), 사회(Social), 지배구조(Governance)의 약자로, 기업의 가치와 지속가능성에 영향을 미칠 수 있는 환경, 사회, 지배구조에 관한 요소(비재무 요소)를 말한다. ESG 경영에 관한 다양한 정의가 있으나, ESG 요소를 기업의 경영 성과로 관리 및 고려함으로써 지속가능한 경쟁 우위를 달성하고자 하는 기업경영 방식을 의미한다는 입장이 적절해 보인다.

지속가능성에 대한 논의는 1987년 유엔환경계획(UNEP)과 세계환경개발위원회(WCED)가 공동으로 채택한 '우리 공동의 미래(Our Common Future)'에서 제시되었다고 알려져 있다. '우리 공동의 미래' 보고서에서는 인류가 빈곤과 인구 증가, 지구온난화와 기후변화, 환경 파괴 등의 위기에서 경제를 발전시키기 위해서는 지속가능발전으로 패러다임 전환이 필요하다는 의견이 제시되었다.

'ESG'라는 용어는 2004년 UN Global Compact가 발표한『Who Cares Wins』에서 공식적으로 처음 사용되었다. 이후 유엔 책임투자 원칙이 2006년 금융 투자 원칙으로 ESG를 강조하면서 오늘날 기업 경영에서 강조되는 ESG 프레임워크의 초석을 제시하였다고 평가된다.

전 세계적으로 ESG에 대한 국가 차원의 관심이 고조되면서 ESG 관련 법안을 마련하고 기업의 정보 공개를 의무화하는 등의 ESG를 제도화하는 논의가 확산되고 있다. 또한 민간 측면에서는 글로벌 투자기관들이 ESG의 관점에서 투자할 것을 선언하면서 기업들이 ESG에 적극적으로 대응하기 시작하였고, 다양한 산업에서 ESG 리스크 완화와 성과 창출을 위한 민간 이니셔티브가 결성되었다. 민간 이니셔티브는 산업계의 공통 이슈에 대응하기 위해 그 이니셔티브에 참여한 개별 기업에게 ESG 성과 창출 및 리스크 관리를 요구하고 있는 실정이다.

최근 ESG는 전 세계적인 트렌드로 확산되고 있으며, 이에 따른 ESG에 대한 소비자, 투자자, 정부 등의 관심이 고조되면서 기업의 생존과 성장의 핵심적인 요소로 부상하였다. ESG는 기업의 목적에 내재화되어야 하는 필수 요소로서 기업이 장기적으로 지향해야 할 가치를 포함하며, 동시에 기업의 지속가능한 성장을 위한 리스크 관리 수단으로 기능해야 한다는 입장이 힘을 얻고 있는 실정이다. 또한 환경, 사회, 지배구조와 같은 비재무적 사항이 투자 관련 의사결

제3장 ESG로 인한 기업경영 환경의 변화와 도전

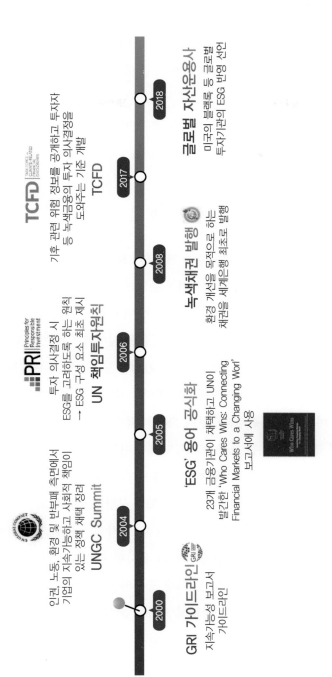

• 그림 3-1 ESG 개념의 발전 과정

2. ESG로 인한 기업경영 환경의 변화

정에 고려되기 시작하면서 ESG가 투자자들의 핵심 가치로 부각되었고, 이에 따라 ESG는 기업의 자본 조달 측면에서 필수적 관리 요소가 되고 있다.

ESG 개념의 등장 이후 그 간의 발전 과정을 시간 순서대로 정리하면 [그림 3-1]과 같다.

2) ESG 사적 규제 메커니즘의 발전

세계 시장에서 활동하는 한국 기업은 ESG 생태계 내지 운동장에서 핵심 선수로 활동하지 않으면 퇴출되는 시대가 이미 도래했고, ESG 생태계는 기존의 공적 규제 메커니즘에 더해서 사적 규제 메커니즘이 긴밀하게 연동되어 작동하고 있음을 깊이 인식하는 것이 중요하다. 글로벌 시장에서 활동하는 대기업들은 시장경제 메커니즘에 기초하여 막강한 사적 영향력을 행사할 수 있는 투자자(주주), 고객사를 비롯한 이해관계자로부터 ESG 맥락에서 새로운 준수 사항, 즉 사적 규제의 준수를 요구받고 있다고 표현할 수 있다.

대기업이 정부의 공적 규제에 더해서 이해관계자의 사적 규제에 대응하기 위해서는 이해관계자의 요구 사항을 준수하고 자사의 ESG 리스크를 관리해야 할 뿐만 아니라, 자사의 글로벌 공급망에 위치한 원료/부품 공급사들에 대하여 유사한 수준의 준수 사항을 이행할 것을 요구하거나 적어도 해당 공급사들의 ESG 리스크에 관한 정보를 확인해야만 하는 상황에 처하게 되었다. 예를 들어, 글로벌 공급망을 무대로 활동하는 한국 기업은 글로벌 수준으로 ESG 리스크를 관리하고 그 성과를 보여 줄 수 없다면 글로벌 공급망에서 경쟁 우위를 얻을 수 없게 되었고, 심지어 가격과 품질이 좋음에도 불구하고 자사 및/또는 협력사의 ESG 리스크 때문에 고객으로부터 외면당하는 상황이 발생하고 있다.

이를 달리 표현하면 적어도 유럽 소재의 고객사를 대상으로 제품/서비스를 공급하는 기업들 사이의 경쟁은 기존의 가격/품질 중심의 경쟁에 더해서 자사 및/또는 협력사의 ESG 리스크 관리의 성과 내지 상대적 우위를 확보하기 위한 경쟁이 중요해지고 있다고 볼 수 있다. 이는 소극적으로는 글로벌 공급망에서 퇴출당하지 않기 위해서는 ESG 리스크를 잘 관리해야 하고, 적극적으로는 글로벌 시장에서 상대적 경쟁 우위를 누리기 위해서는 비즈니스 전략 및 모델에 있어서 ESG 프리미엄을 달성하는 방향으로 나아가야 한다는 메시지로 해석할 수 있다.

ESG 사적 규제는 ESG 투자를 실행하고자 하는 투자자와 그 투자 대상 (후보)기업과의 관계에서도 그 단면을 확인할 수 있다. ESG 투자란 전통적으로 중시되어 온 재무적 수익성 위주의 투자 의사결정에 '비재무적 요소', 특히 환경, 사회적 책임, 지배구조(투명 경영) 요소를 핵심 요소로 포함하는 것을 말한다. 즉, ESG 투자는 투자자와 기업 간의 관계에서 ESG 요소까지 고려하여 투자 의사결정을 하는 방식을 의미한다. 이런 배경에서, 예를 들어 ESG 평가사가 대상 기업의 정보(기업지배구조보고서, 지속가능경영보고서 등)를 기초로 ESG 평가 결과를 생성하고, 투자자(글로벌 자산운영사 등)는 ESG 평가 결과를 참고하여 대상 기업에 대해 정보공개 등 개선 요구를 하고 있다. 투자자가 ESG 정보에 기초하여 취할 수 있는 대응책을 분류해 보면, (i) 대상 기업과의 상시 대화(예: 기후변화를 경영 전략에 반영하고 이사회 내에 관리 방안을 수

립할 것을 요청), (ii) 주주 제안(예: 글로벌 공시 기준에 따른 ESG 정보 공시 요청), (iii) 투자 철회(예: 화석 연료 사용 회사에 대한 투자 철회), (iv) 소송 제기(예: ESG 관련 불성실 공시에 따른 소송) 등을 예로 들 수 있다.

전통적인 정부의 공적 규제와 대비하여 ESG 사적 규제의 근거와 성격, 실패 시 불이익 등을 살펴보는 것은 사적 규제 메커니즘에 대한 이해를 높이는 데 도움이 된다. (i) 정부의 공적 규제는 기본적으로 정부와 기업 간의 법률적 사안을 전제로 논의되고, 규제의 근거는 환경법, 공정거래법 등을 비롯한 법령 등 경성 규범인 반면, (ii) 이해관계자의 사적 규제는 투자자, 고객사 등 이해관계자와 기업 간의 법률적·계약적 사안까지 포괄한 상황을 전제로 논의되고, 글로벌 이니셔티브, 고객사의 행동강령(code of conduct) 등 연성 규범에 기초한 자율 규제의 모습을 보인다. 행정책임, 형사책임, 민사책임 등이 공적 규제 미준수에 따른 제재 내용이라고 한다면, ESG 사적 규제를 준수하지 못했을 경우에 불이익은 기본적으로 사적 제재로서 고객사와 거래 단절, 투자·여신 기회의 제한, 매출 하락, 인적 자원 이탈 등을 예로 들 수 있다.

이처럼 ESG 규제 법령/제도의 강화와 더불어 이해관계자의 사적·자율적 규제가 활성화되면서 국내 기업이 국내외 시장에서의 치열한 경쟁에서 낙오되지 않고 오히려 ESG 프리미엄을 누리기 위해서는 선제적으로 ESG 경영을 도입 및 강화해야 하는 상황에 처하게 되었다고 평가할 수 있다. ESG 투자 및 ESG 경영이라는 새로운 패러다임에 직면한 기업으로서는 ESG 평가 대응 전담 부서를 마련하는 수준의 소극적인 대응을 넘어서 전사적으로 ESG 경영 목표와 전략을 수립하고, 이를 토대로 ESG 리스크 관리 체계 및 공시

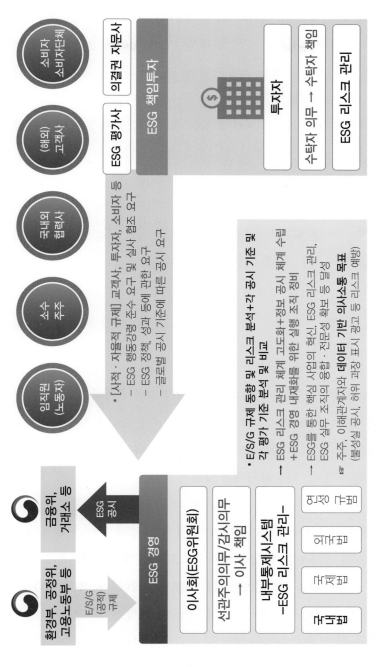

소비자 / 소비자단체

(해외)고객사

국내외 협력사

소수주주

임직원(노동자)

환경부, 공정위, 고용노동부 등 → E/S/G (공적) 규제

금융위, 거래소 등 ← ESG 공시

의결권 자문사

ESG 평가사

ESG 책임투자

투자자

수탁자 의무 → 수탁자 책임

ESG 리스크 관리

• [사적・자율적 규제] 교객사, 투자자, 소비자 등
  - ESG 행동강령 준수 요구 및 실사 협조 요구
  - ESG 정책, 성과 등에 관한 요구
  - 글로벌 공시 기준에 따른 공시 요구

• E/S/G 규제 동향 및 리스크 분석 + 각 공시 기준 및 각 평가 기준 분석 및 비교
  → ESG 리스크 관리 체계 고도화 + 정보 공시 체계 수립 + ESG 경영 내재화를 위한 실행 조직 정비
  → ESG를 통한 핵심 사업의 혁신, ESG 리스크 관리, ESG 실무 조직의 영향・전문성 확보 등 달성
  → 주주, 이해관계자와 데이터 기반 의사소통 목표
    (불성실 공시, 허위 과장 표시 광고 등 리스크 예방)

ESG 경영

이사회(ESG위원회)

선관주의의무/감시의무 → 이사 책임

내부통제시스템 -ESG 리스크 관리-

국내법 | 국제법 | 업종별 | 연성 규범

● 그림 3-2 ESG 생태계에서 기업이 처한 경영 환경

제도를 마련할 뿐만 아니라 이에 대응하는 각 조직의 R&R(Role and Responsibility)을 정비하는 등의 선제적이고 종합적인 접근을 할 필요가 있고, 이러한 과정을 통해 기업 내 ESG 문화의 정착까지 도달할 것을 요구받고 있는 실정이다.

이처럼 한국 기업이 처하고 있는 새로운 경영 환경과 이에 대한 기업의 대응 방향을 정리하면 [그림 3-2]와 같다.

③ … ESG로 인한 기업경영 환경의 변화에 대한 효과적인 대응 전략

1) 준법 리스크를 포괄하는 ESG 리스크에 관한 관리 체계의 필요성

지금까지 보았듯이, ESG로 인해 기업경영 환경에 있어서 큰 변화가 일어나고 있고 그 변화가 더 강하고 빠른 속도로 진행될 것으로 예상된다. 특히, (i) 정부의 공적 규제의 강화와 더불어 이해관계자가 주도하는 사적·자율적 규제가 강화될 것이라는 점, (ii) 이로 인해 기업은 전통적인 준법 리스크에 더해서 국제규범, 외국 법령 및 연성 규범(고객사 등 이해관계자의 요청 사항, 평가 기준/공시 기준에 따른 요청 사항 등)에 따른 리스크까지 아우를 수 있는 ESG 리스크라는 개념을 상정하고 이에 대한 관리 체계를 고도화해야 하는 시대가 도래했다고 볼 수 있다.

지금까지 살펴본 내용을 종합적으로 반영하여 ESG 시대에 경영 활동을 하는 한국 기업이 식별 및 관리해야 하는 ESG 리스크를 3층

ESG 리스크
현재 vs. 미래 리스크

기타 연성 규범	• UNGP, OECD 지침 등 • RBA 등 이니셔티브 권고 기준 → 고객사 행동강령/체크리스트 • ESG 공시 기준, 평가사 평가 기준 → 고객사, 투자사, 소비자의 요청 사항	이해관계자와 기업 간의 법률적 · 계약적 사안 까지 포괄한 상황을 전제로 논의 → 사적 · 자율적 규제
국제규범, 외국 법령	• (EU) CSRD&ESRS, CSDDD, CBAM • (독일) 공급망실사법 • (프랑스) 기업인권실사법 • (미국) SEC규칙안, 위구르 강제노동방지법	

사업장 소재
국내 법령
	• ESG 제도에 따른 주가 법령
	  (의무 공시, 녹색분류체계 등)
	• ESG 영역별 관련 법령
	  (환경법, 공정거래법, 「상법」 등)
		정부와 기업 간의
		법률적 사안을 전제로
		논의 → 공적 규제

3. ESG로 인한 기업경영 환경의 변화에 대한 효과적인 대응 전략

● 그림 3-3 ESG 주택의 개념과 주요 구성 요소

주택에 비유해서 설명하고자 한다. 한국 기업이 식별 및 관리해야 하는 리스크 요소들로 구성된 ESG 리스크 주택(ESG risk house)을 상정해 보자.

(i) 1층에는 한국 국내 법령에 따른 리스크(예: 환경법, 공정거래법 등 국내 법령 상 규제와 이에 따른 리스크)가, (ii) 2층에는 국제규범 및 외국 법령에 따른 리스크(예: 한국 기업의 유럽 소재 고객사가 준수해야 하는 국제규범 및 외국 법령 상 규제와 이에 따른 리스크)가, (iii) 3층에는 연성 규범에 따른 리스크(예: 유럽 고객사로부터 공급망에 포함되기 위해서는 RE100 가입을 요구받는 경우)가 각각 자리 잡고 있다고 표현할 수 있다.

ESG 리스크 주택에 대한 이해를 돕기 위해 '기업과 인권 관련 규범'을 예시로 살펴보자.

전통적으로 기업 활동으로 인해 인권 및 환경에 부정적인 영향을 미치지 않고, 이를 예방 및 완화하기 위한 의무는 각 개별 국가의 환경법 등 국내 법령에서 규율하고 있었다. 그런데 1996년 나이키 아동 노동 사건(파키스탄) 및 2013년 라나 플라자(Rana Plaza) 붕괴 사건(방글라데시) 등으로 인해 개발도상국에서 아동 노동, 강제 노동, 열악한 노동 환경 등 글로벌 기업의 인권 침해 사례가 알려지면서 비용 최소화를 위해서 열악한 규제 환경 및 노동 환경에 머물고 있는 개발도상국 소재 사업자를 협력사로 선택하는 글로벌 기업 활동에 대한 규제가 필요하다는 주장이 힘을 얻었다. 이로 인해 글로벌 공급망에 대한 인권 실사 의무화에 관한 국제규범, 즉 UN 기업과 인권 이행 원칙(UN Guiding Principles on Business and Human Rights, 2011) 및 OECD 다국적 기업 지침(OECD Guidelines for Multinational Enterprises, 2011)이 제정되고 국제사회에서 의미 있는 변화를 가져왔으나 강제성이 없는 자발적

제3장 ESG로 인한 기업경영 환경의 변화와 도전

참여 규범이라는 한계를 보였다.

이런 배경에서 EU 및 회원국 차원의 '글로벌 공급망에 대한 인권 실사 의무 법제화'가 추진되었고, 영국 현대판 노예방지법(2015), 프랑스 인권실사법(2017), 노르웨이 투명성법(2021), 독일 공급망 실사법(2021) 등이 통과되어 이미 대부분 발효되었다. 한편 이와 같은 국가별 접근 방법에 더해서 EU 차원에서 인권 실사를 의무화하는 법제를 준비해 왔고, 그 결과 2021년 3월 EU의회의 '인권 실사 의무화 법안 제정 결의안' 채택을 거쳐 2022년 2월에 '기업 지속가능성 실사 지침안(Corporate Sustainability Due Diligence Directive: CSDDD)'이 발표되었다. 'CSDDD'는 기업의 공급망 실사 의무를 강제하는 내용의 지침안으로, 적용 기업에 대하여 글로벌 공급망에 걸쳐 ESG 부정 요소에 대해 실사하고 이를 예방 및 완화해야 하는 법적 의무를 부과하는 것을 핵심으로 한다.

이에 반해 인권 실사 의무화를 핵심으로 하는 '기업과 인권 관련 규범'의 경우에 아직 한국에는 국내 법령으로 도입되어 있지 않은 상황이다. 다만 법무부가 2021년 12월에 입법예고한 '인권정책기본법안'은 기업의 인권 존중 책임과 국가의 인권 보호 의무를 천명하면서, (i) 기업 활동을 통해 타인의 인권을 침해하거나, (ii) 제3자가 타인의 인권을 침해하는 일에 관여하는 행위를 금지하는 내용의 기업의 법적 의무를 부과하고 있다(인권정책기본법안 제7조).

지금까지 보았듯이, '기업과 인권 관련 규범'은 과거 연성 규범의 모습에 머물렀으나, 이제는 점점 경성 규범, 즉 각 개별 국가의 국내 법률로 진화하고 있다. 관련된 주요 연성 규범과 경성 규범을 정리하면 [그림 3-4]와 같다.

3. ESG로 인한 기업경영 환경의 변화에 대한 효과적인 대응 전략

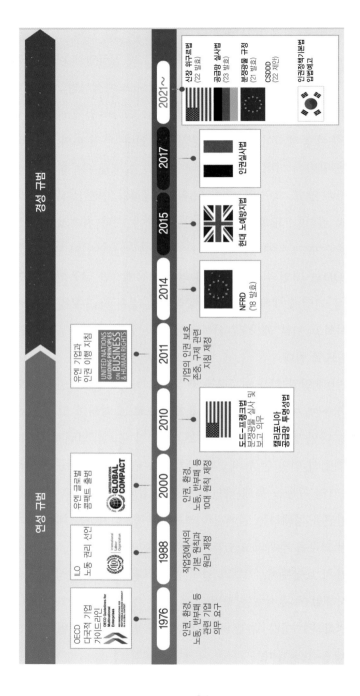

● 그림 3-4 기업과 인권과 관련된 주요 연성 규범과 경성 규범

제3장 ESG로 인한 기업경영 환경의 변화와 도전

이와 같은 상황에서 만약 과거처럼 공적 규제 메커니즘만을 상정하고, 기업이 관리 및 대응해야 할 리스크를 ESG 리스크 주택의 '1층 리스크', 즉 한국 법령에 따른 리스크만을 생각한다면 당해 한국 기업은 아직 국내에 관련 법령이 도입된 것이 아니므로 이에 관해 아무런 대응을 하지 않아도 된다는 의사결정을 했을지도 모른다. 그러나 이제는 글로벌 기업들이 EU 및/또는 각 회원국의 법령을 준수하기 위해서 또는 다양한 사적인 이해관계를 위해서 글로벌 공급망에 포함된 한국 기업에게 ESG 리스크 주택의 '2층 리스크'에 더해 '3층 리스크'까지 적정하게 관리하고 대응할 수 있는 시스템을 갖추고 그 성과를 제시해 줄 것을 요구하고 있기 때문에 이제는 한국 기업이 식별하고 관리 및 대응해야 할 리스크의 질과 양이 획기적으로 변화되었다고 볼 수 있다.

한편, ESG 문제는 법적 규제로 전환될 가능성이 높으므로 ESG 리스크 관리는 미래의 규제를 선제적으로 대비하는 성격이 있음을 인식하는 것도 중요하다. 즉, 기후변화, 인권 보호, 양성 평등 등 여러 환경 · 사회 문제에 대한 사회적 관심이 높아짐에 따라 이러한 ESG 문제가 가까운 미래에 규제로 전환될 가능성이 높다. 이를 달리 표현하면 시간이 지남에 따라 3층 소재 리스크가 2층의 리스크로, 2층 소재 리스크가 1층 소재 리스크로 변화 내지 발전될 수 있는 것이다. 예를 들어, 기후변화 문제는 초기에는 상대적으로 구속력이 약한 연성 규범의 형식으로 다루어졌으나, 1997년 교토의정서와 2015년 파리협정을 거치면서 국제규범의 형식으로 발전되었고, 그 이후에는 한국 및 유럽 등에서는 온실가스 배출권에 관한 법령이 제정되는 단계까지 이르렀다.

2) 「상법」상 이사의 감시의무의 내용을 고려한 내부통제 시스템 구축의 필요성

그러면 준법 리스크를 포괄하는 ESG 리스크에 관한 관리 체계를 구축해야 한다는 당위성은 명확해졌다고 볼 수 있는데, 이를 어떻게 구축해야 하는지에 관해서는 여러 방법론 내지 입장이 제시될 수 있고 상당한 연구가 필요할 것으로 예상된다.

「상법」상 이사의 내부통제시스템과 관련된 감시의무 위반에 따른 손해배상책임을 인정한 최근 대법원 판결(대법원 2022. 5. 12 선고 2021다279347 판결. 이하 '대우건설 판결')이 ESG 리스크 관리 체계가 어떤 모습을 갖추어야 하는지에 관해 시사점을 제시해 줄 수 있다고 판단되어 이 판결을 간단히 소개하고자 한다.

대우건설 판결의 주요 사실 관계 및 소송 경과를 요약하면 다음과 같다.

■ 당사자의 지위
- 원고들: 경제개혁연대 등 13인(대우건설 주식 100분의 1 이상 보유 소수주주)
- 피고들: 주식회사 대우건설(이하 '대우건설')의 전직 이사 10인(대표이사 2인, 사내이사 2인, 사외이사 6인)으로 아래에서 살펴볼 각 입찰담합(이하 통틀어 '이 사건 입찰담합') 기간 전부 혹은 일부 기간 동안 재직하였음.

■ 대우건설의 영업담당 임원 등이 2008~2009년경 4대강 살리기 사업 1차 턴키공사 관련 입찰담합(이하 '4대강 사업 입찰담합'), 영주다목적댐 건설공사 관련 입찰담합(이하 '영주댐 입찰담합') 및 인천도시철도 2호선 건설공사 관련 입찰담합(이하 '인천지하철 입찰담합')에 참여함으로써 「독점규제 및 공정거래에 관한 법률」(약칭: 「공정거래법」) 등을 위반하

였고, 이로 인해 대우건설은 시정명령 및 과징금 납부 명령 등 행정처분을 받았고, 대우건설 및 이 사건 입찰담합 실행 임직원은 형사처벌도 받았음.

- 4대강 사업 입찰담합: 공정거래위원회(이하 '공정위')는 대우건설 등 건설사가 '4대강 살리기 사업'에 관하여 지분에 관한 합의를 한 것과 공구배분에 관한 합의를 한 것이 구 「공정거래법」 제19조 제1항 제3호의 부당한 공동행위 등에 해당한다는 이유로 2012. 8. 31. 대우건설에 대하여 시정명령과 96억 9,700만 원의 과징금 납부 명령을 하였음. 이에 대하여 대우건설은 그 처분의 취소를 구하는 소를 제기하였으나, 2014. 6. 13. 청구기각의 판결(서울고등법원 2012누29303)을 선고받았고, 이에 대해 상고(대법원 2014두10394)하였으나 2014. 10. 30. 상고기각되었음.

  대우건설과 당시 대우건설의 대표이사로 재직하면서 경영 전반을 총괄하였던 피고 1 등은 위와 같은 공구배분의 합의와 이에 따른 입찰행위 등으로 「건설산업기본법」 제95조 제1호, 제3호, 제98조 제2항을 위반하였다는 공소사실로 기소되었고, 2014. 2. 6. 피고 1에 대하여는 징역 1년 6개월 및 집행유예 2년, 대우건설에 대하여는 벌금 7,500만 원의 판결이 선고되었으며(서울중앙지방법원 2013고합998), 그 판결은 그대로 확정되었음.

- 영주댐 입찰담합: 공정위는 대우건설 등이 영주다목적댐 건설공사 입찰에 참여하면서 사전에 공동으로 특정 공정 및 설비 등을 기본설계 등에서 제외하거나 포함시킬지 여부 등을 합의한 것이 구 「공정거래법」 제19조 제1항 제8호의 부당한 공동행위에 해당한다는 이유로 2013. 3. 18. 대우건설에 대하여 시정명령과 24억 9,100만 원의 과징금 납부 명령을 하였음. 이에 대하여 대우건설은 그 처분의 취소를 구하는 소(서울고등법원 2013누45081)를 제기하였는데, 서울고등법원은 2014. 9. 5. 시정명령 중 일부만을 취소하고, 시정명령 중 나머지 부분 및 과징금 부분에 대한 대우건설의 청구를 기각하는 판결을 선고하였으며, 이에 대하여 공정위만이 상고함으로써 과징금 부과 명령 부분은 그대로 확정되었음.

- 인천지하철 입찰담합: 공정위는 대우건설 등이 인천도시철도 2호선 건설공사의 입찰에서 사전에 낙찰예정자를 선정함과 동시에 이들이 낙찰을 받을 수 있도록 다른 사업자가 형식적으로 입찰에 참가하는 내용에 합의를 하고, 그 합의에 따라 실제 입찰에 참여한 행위가 구 「공정거래법」 제19조 제1항 제8호에 해당한다는 이유로 2014. 1. 8. 대우건설 등을 고발한다는 결정을 하였고, 2014. 2. 25. 대우건설에 대하여 시정명령과 160억 3,200만

3. ESG로 인한 기업경영 환경의 변화에 대한 효과적인 대응 전략

원의 과징금 납부 명령을 하였음. 대우건설은 위와 같은 행위가 부당한 공동행위에 해당함을 이유로「공정거래법」위반죄로 공소가 제기되어 2014. 8. 20. 벌금 1억 원을 선고받았고(인천지방법원 2014고단2277, 2651), 이에 대하여 항소하였으나 2015. 3. 20. 항소기각의 판결을 선고받았으며(인천지방법원 2014노2950), 그 판결이 그대로 확정되었음.

■ 원고들은 2014. 4. 10. 대우건설의 당시 감사위원 3명에게「상법」제403조에 따라 이사들의 책임을 추궁하는 손해배상청구의 소를 제기할 것을 청구하였으나, 대우건설이 그 소 제기 청구서를 받고도 30일 이내에 피고들에 대하여 손해배상청구의 소를 제기하지 않자, 원고들은 2014. 5. 23. 이 사건 소를 제기하였음. 즉, 원고들은「상법」상 이사의 회사에 대한 손해배상책임(청구액은 관여한 건에 따라 24.9억, 96.9억, 160.3억 등)을 묻는 대표소송을 제기한 것임.

이에 대해 1심 법원(서울중앙지방법원)은 피고1(대표이사)에 대해서는 일부 인용하였으나, 나머지 피고들에 대해서는 전부 청구 기각하는 판결을 선고하였다(서울중앙지방법원 2020. 9. 17 선고 2014가합535259 판결).

• 피고 1(대표이사): 일부 인용
여러 건 중 1건(4대강 살리기 사업)에 관하여만 담합을 미연에 방지할 의무 해태 위반(관련 형사절차에서 담합을 하고 있을 것이라는 짐작은 하였음을 자인하였고, 유죄 인정됨)을 이유로 손해배상책임을 인정함. 단 제반 사정을 고려하여 손해액의 5%로 배상액을 제한(인정액 약 4.85억 원).
  • 나머지 피고들: 청구 기각
  – 원고들의 주장: 이사의 감시의무의 일환으로 내부통제시스템을 구축하고 운영하여 담합행위를 미연에 방지할 감시의무를 위반하였음.
  – 1심 법원 판단: 내부통제시스템 구축 및 운영 등의 감시의무 해태가 인정되지 않음.

이에 대해 원고들 및 피고 1이 항소하였는데, 항소심 법원(서울고등법원)은 피고 1에 대해서는 1심 판결을 유지하였으나, 나머지 피고들에 대해서는 판단을 달리하였다(서울고등법원 2021. 9. 3 선고 2020나2034989 판결). 서울고등법원은 나머지 피고들은 입찰담합 등 임직원의 위법행위에 관하여 합리적인 정보 및 보고시스템과 내부통제시스템을 구축하고 그것이 제대로 작동하도록 배려할 의무를 이행하지 않음으로써 이사의 감시의무를 위반한 것으로 인정하고 손해배상책임을 긍정하되, 제반 사정을 고려하여 손해액의 0.18~3.6%로 배상액을 제한하였다(인정액 약 450만 원~3.5억 원).

이에 대해 원고들 및 피고들 모두 상고하였으나, 대법원은 상고를 모두 기각하면서 다음과 같은 법리를 제시하였다(대법원 2022. 5. 12 선고 2021다279347 판결).

■ 이사가 고의 또는 과실로 법령 또는 정관에 위반한 행위를 하거나 그 임무를 게을리한 경우에는 그 이사는 회사에 대하여 연대하여 손해를 배상할 책임이 있다(「상법」 제399조 제1항). 주식회사의 이사는 담당업무는 물론 대표이사나 업무담당이사의 업무집행을 감시할 의무가 있으므로 스스로 법령을 준수해야 할 뿐 아니라 대표이사나 다른 업무담당이사도 법령을 준수하여 업무를 수행하도록 감시·감독하여야 할 의무를 부담한다. 이러한 감시·감독 의무는 사외이사 등 회사의 상무에 종사하지 않는 이사라고 하여 달리 볼 것이 아니다. 따라서 주식회사의 이사가 대표이사나 업무담당이사의 업무집행이 위법하다고 의심할 만한 사유가 있음에도 고의 또는 과실로 인하여 감시의무를 위반하여 이를 방치한 때에는 이로 말미암아 회사가 입은 손해에 대하여 「상법」 제399조 제1항에 따른 배상책임을 진다.

■ 이사의 감시의무의 구체적인 내용은 회사의 규모나 조직, 업종, 법령의 규제, 영업상황 및

3. ESG로 인한 기업경영 환경의 변화에 대한 효과적인 대응 전략

재무상태에 따라 크게 다를 수 있다. 특히 고도로 분업화되고 전문화된 대규모 회사에서 대표이사나 일부 이사들만이 내부적인 사무분장에 따라 각자의 전문 분야를 전담하여 처리하는 것이 불가피한 경우에도, 모든 이사는 적어도 회사의 목적이나 규모, 영업의 성격 및 법령의 규제 등에 비추어 높은 법적 위험이 예상되는 업무와 관련해서는 제반 법규를 체계적으로 파악하여 그 준수 여부를 관리하고 위반사실을 발견한 경우 즉시 신고 또는 보고하여 시정조치를 강구할 수 있는 형태의 내부통제시스템을 구축하여 작동되도록 하는 방식으로 감시의무를 이행하여야 한다(대법원 2021. 11. 11. 선고 2017다222368 판결 등 참조). 다만 회사의 업무집행을 담당하지 않는 사외이사 등은 내부통제시스템이 전혀 구축되어 있지 않는데도 내부통제시스템 구축을 촉구하는 등의 노력을 하지 않거나 내부통제시스템이 구축되어 있더라도 제대로 운영되고 있지 않다고 의심할 만한 사유가 있는데도 이를 외면하고 방치하는 등의 경우에 감시의무 위반으로 인정될 수 있다.

이어서 대법원은 '피고들의 이 사건 입찰담합 관련 감시의무 위반에 따른 손해배상책임 발생'에 대한 서울고등법원의 다음과 같은 판단을 인용하면서 이사의 감시의무에 관한 법리 오해 등 잘못이 없다고 판시하였다. 다음의 서울고등법원의 판단 내용은 리스크 관리 체계 내지 내부통제시스템이 어떤 모습을 갖추어야 하는지에 대한 단서를 제시해 주고 있다는 점에서 음미할 필요가 있다고 본다.

■ 원심(서울중앙지방법원)은 아래와 같은 사정 등을 이유로, 대우건설의 이사인 피고들이 개별 공사에 관한 입찰 업무에 관여하거나 보고받은 사실이 없어 이 사건 입찰담합에 관하여 알지 못하였고 알 수도 없었으며 이를 의심할 만한 사정 또한 전혀 없었다고 하더라도, 피고들은 이 사건 입찰담합 등 임직원의 위법행위에 관하여 합리적인 정보 및 보고시스템과 내부통제시스템을 구축하고 그것이 제대로 작동하도록 관리할 의무를 이행하지 않음으로써 이사의 감시의무를 위반하였다고 판단하였다.

① 이 사건 입찰담합 당시 대우건설은 윤리강령, 윤리세칙, 기업행동강령 등을 제정해 시행한 상태였고, 임직원을 대상으로 윤리경영교육, 건설 하도급 「공정거래법」 교육 등을 시행하였으나, 이는 단지 임직원의 직무수행에 관한 추상적이고 포괄적 지침 또는 사전교육에 불과할 뿐, 입찰담합 등의 위법행위가 의심되거나 확인되는 경우 이에 관한 정보를 수집하여 보고하고 나아가 위법행위를 통제하는 장치라고는 볼 수 없고, 당시 내부적으로 임직원의 입찰담합 시도를 방지, 차단하기 위하여 그 어떤 합리적인 정보 및 보고시스템이나 내부통제시스템도 갖추지 못한 것으로 보인다.

② 피고들의 주장 등에 의하면 이 사건 입찰담합을 비롯한 대우건설이 관련된 입찰담합은 모두 이사 또는 이사회에 보고되지 않고 담당 본부장의 책임 아래 개별 본부(국내영업본부, 토목사업본부 등)에 소속된 임직원에 의하여 행하여졌다는 것이므로, 결국 이 사건 입찰담합에 관여한 대우건설의 임직원은 피고들을 비롯한 이사들로부터 아무런 제지나 견제를 받지 않았다는 것과 다름없고, 대우건설은 입찰담합에 관여한 임직원들에 대하여 독립적인 조사절차 또는 징계절차도 전혀 운용하지 않은 것으로 보이며, 대우건설의 임직원들은 수사기관에서의 진술에서 입찰담합 등의 위법행위가 관행적으로 이루어진 측면이 있다고 진술하였을 뿐만 아니라, 입찰담합을 주도한 직원이 오히려 임원으로 승진하기도 하였는바, 이러한 사정들도 이 사건 입찰담합 당시 대우건설의 내부통제시스템이 부재하였다는 점을 뒷받침한다.

③ 대우건설은 피고들의 전부 또는 일부가 대우건설의 이사로 재직하던 2006년부터 2013년 사이에 일어난 입찰담합을 이유로 공정거래위원회로부터 다수의 과징금 부과명령을 받은 사실이 있다. 더욱이 대우건설이 2004. 8. 무렵 관여한 서울지하철 7호선 건설공사 입찰담합과 관련하여 공정거래위원회가 2007. 7. 25. 시정명령과 과징금 부과명령, 고발 결정을 하였고, 이에 따라 대우건설에 대하여 「공정거래법」 위반죄 등으로 공소가 제기되어 2008. 2. 14. 제1심에서 벌금형의 유죄판결이 선고되었으며, 피고들이 대우건설의 이사로 재직 중일 때에도 그 사건이 항소심 또는 상고심에 계속 중이었다. 피고들의 이사 취임 이전에 발생한 것을 포함하여 대우건설의 입찰담합 관여 사실은 대부분 언론에 보도되어 일반에 알려졌고, 국가나 지방자치단체, 공공기관이 발주하는 대규모 공사의 경우 이를 수행할 수 있는 건설회사는 대우건설과 같은 토건 시공능력 평가액 상위권에 있는 대형 건설회사로 한정되므로 대형 건설회사들 사이에 입찰담합 등

부당한 공동행위의 가능성이 상시 존재한다고도 볼 수 있다. 그럼에도 불구하고, 피고들을 비롯한 대우건설의 이사들은 임직원의 입찰담합 시도를 방지, 차단하기 위한 어떠한 보고 또는 조치도 요구하지 않았고, 이와 관련한 내부통제시스템의 구축 또는 운용에 관하여도 전혀 주의를 기울이지 않았다.

④ 대법원은 이미 2008년에 대규모 주식회사의 이사에 대하여 합리적인 정보 및 보고시스템과 내부통제시스템을 구축하고 그것이 제대로 작동하도록 관리할 의무가 있다고 선언하였음에도(대법원 2008. 9. 11. 선고 2006다68636 판결 등 참조), 피고들을 비롯한 대우건설의 이사들은 이와 관련한 어떠한 조치도 하지 않았다. 대우건설이 이른 바 컴플라이언스팀이라는 준법감시기구를 신설한 것은 피고들이 모두 퇴임하고 다수의 입찰담합이 공정거래위원회에 적발된 2014년 이후의 일이다.

⑤ 피고들은 대우건설의 이사로 재직하는 동안 이사회에 상정된 의안에만 관여하였을 뿐, 「상법」 제393조가 정한 이사회의 권한 등을 행사하여 회사의 전반적인 업무집행에 대한 감시·감독 등을 전혀 하지 않은 것으로 보인다.

앞의 대법원 판결은 대표이사나 업무집행 이사가 아닌 사외이사 등 평이사에 대하여 준법 통제 관련 감시의무 위반에 따른 손해배상책임을 인정한 최초의 대법원 판결로 보인다. 이에 따르면 평이사를 포함한 모든 이사가 준법통제시스템(합리적인 정보 및 보고시스템+통제시스템)을 잘 구축하고 작동하도록 할 「상법」상 의무(감시의무)를 부담하고 이를 위반한 경우에는 손해배상책임을 부담하게 될 것으로 예상된다.

앞의 대법원 판결은 「상법」상 준법통제기준 및 준법지원인 제도의 도입(제542조의 13 등. 2011. 4. 14. 일부 개정, 2012. 4. 15. 시행) 및 「중대재해처벌 등에 관한 법률」(2021. 1. 26. 제정, 2022. 1. 27. 시행)에 따른 안전·보건 관리 체계의 구축/이행 의무의 강화(제4조 등), 그리고 기업의 지속가능성 실사 법제를 비롯한 ESG 규제의 확대 및 강화 움직임과 궤를 같이하는 것으로서, 대우건설 판결이 제시한 법리는 향후 더욱 확대 적용되는 방향으로 발전해 갈 것으로 판단된다. 특히 흥미로운 점은 입법자가 2011. 4. 14.「상법」상 준법통제기준 및 준법지원인 제도를 도입하면서「은행법」에 따라 금융기관에는 준법감시인이 설치되어 있으나, 대규모의 기업에 준법 경영을 위한 제도가 미비하여 윤리경영이 강화되고 있는 세계적 추세에 맞지 않는다는 지적이 있음을 고려하여 자산 규모 등을 고려하여 대통령령으로 정하는 상장회사는 준법통제기준을 마련하도록 하고, 이 기준의 준수에 관한 업무를 담당하는 준법지원인을 1인 이상 두도록 함으로써 기업의 준법 경영과 사회적 책임이 강화될 것으로 기대된다고 당시「상법」개정 이유를 밝혔는데, 대법원은「상법」상 준법통제기준 및 준법지원인 제도를 시행한지 약 10년이 지난 시점에 대우건설 판결에서 평이사의 준법통제 관련 감시의무를 확대하는 취지의 법리를 제시하였다는 점이다. 즉, 대우건설 판결 법리로 인해 회사는「상법」상 준법통제기준 및 준법지원인 제도를 비롯한 내부통제시스템을 더욱더 그 입법 취지와 목적에 충실하게 운영해야 하는 상황에 처하게 되었다고 할 것이다.

한편, 지금까지 살펴본 대법원 법리는 기본적으로 공정거래법, 환경법 등 국내 법률, 즉 ESG 리스크 주택의 1층에 있는 규범에 관한 내부통제시스템(즉, 준법통제시스템)에 관한 이야기라고 할 수 있으나, 앞과 같은 법리는 향후 '중대한 ESG 리스크', 즉 ESG 리스크 주택의 2층 및/또는 3층에 있는 규범과 관련된 중대한 리스크를 관리할 수 있는 내부통제시스템에 관한 논의로 발전해 갈 수 있다고 조심스

3. ESG로 인한 기업경영 환경의 변화에 대한 효과적인 대응 전략

럽게 예상해 본다. 예를 들어, 탈플라스틱 관련 규범이 ESG 리스크 주택의 1층 경성 규범으로 자리 잡기 전인 상황이지만, 그 리스크가 대상 회사의 핵심 사업에 관련성이 높고 중요하게 영향을 미치는 것임에도 불구하고 대상 회사의 이사들이 앞과 관련된 리스크를 적절하게 관리할 수 있는 내부통제시스템을 구축 및 작동하지 않은 채 만연히 대응하였고, 그 결과 리스크 관리에 성공한 경쟁사들과 달리 탈플라스틱 리스크 관리 실패로 회사에 막대한 손해가 발생한 사안을 상정해 보자. 이런 사안에서 소수 주주들이 대우건설 판결의 법리에서 출발하여 평이사를 포함한 모든 이사가 준법 리스크를 아우르는 중대한 ESG 리스크를 관리할 수 있는 내부통제시스템을 잘 구축하고 작동하도록 할 「상법」상 의무(감시의무)를 부담함에도 이를 고의 혹은 과실로 위반하였으므로 손해배상책임을 부담해야 한다고 주장한다고 했을 때, 법원이 (i) 대우건설 판결 법리는 '준법' 통제시스템과 관련하여 한정된 법리라는 입장 등 소극적 입장을 취할 것인지, 아니면 (ii) '중대한 ESG 리스크'에 관한 내부통제시스템 관련 논의로까지 확대할 수 있다는 취지의 적극적 입장을 취할 것인지 귀추가 주목된다. 저자는 법원의 판결이 결국 후자의 방향으로 수렴되지 않을까 예상해 본다.

제4장

이해관계자 자본주의 시대의 ESG 경영[1]

| 한상만[성균관대학교 경영대학 교수]

이 장에서는 이해관계자 자본주의 시대의 ESG 경영에 대해서 다음과 같이 구성을 하였다. 먼저, 왜 이해관계자 자본주의가 중요해졌는지 그 배경을 설명한다. 다음으로, 이해관계자 자본주의는 무엇인지에 대해 설명을 하고자 한다. 그리고 이러한 이해관계자 자본주의와 관련된 ESG 관련 규제의 동향과 ESG의 지표에 대해서 살펴보고자 한다. 마지막 절에서는 이해관계자 자본주의 시대의 ESG 경영을 기업에서 어떻게 적용해야 하는지에 대한 세 가지 중요한 틀을 제시하고자 한다.

[1] 이 장은 2023년 2월 한국경영학회에서 출간된 『이해관계자 중심 경영: 이해관계자 자본주의 시대의 ESG 경영』(박영사, 2023)을 토대로 작성하였다. 보다 구체적인 내용은 이 책에서 확인할 수 있다.

① ··· 왜 이해관계자 자본주의가 중요해졌는가

1996년, 스포츠 용품으로 전 세계에 이름을 날리던 기업인 나이키의 주가가 반 토막 나는 사건이 발생했다. 그해 6월 미국의 한 잡지에 한 장의 사진이 올라왔는데, 사진 속에는 파키스탄의 한 어린 소년이 나이키의 로고가 새겨진 축구공을 바느질하는 모습이 담겨 있었다. 이 한 장의 사진은 나이키의 제3세계 공장들의 노동 착취 실태를 고발하는 사진이었고, 이후 전 세계 소비자와 투자자들의 나이키에 대한 이미지는 급격히 실추되었다.

나이키는 자신들은 디자인과 마케팅 및 판매만을 담당하고 있으며, 제품의 생산은 협력사(하청업체)에 아웃소싱했다고 주장하였으나, 소비자들과 투자자들에게 이러한 나이키의 주장은 받아들여지지 않았다. 그 결과, 나이키의 매출액은 급격히 감소하여 영업이익이 적자를 기록했고, 주가는 9.17달러에서 그해 12월 26일에는 4.88달러까지 하락하였다.

이 사건을 계기로 나이키는 이러한 위기를 다시 맞지 않기 위한 대책을 세워야 함을 깨달았다. 나이키는 그 후 기업책임 부서(corporate responsibility department)를 만들게 되었다. 초기 85명으로 시작된 기업책임 부서는 전 세계에 있는 나이키 하청업체들의 현장에 파견되어 근무하면서 해당 하청업체의 환경 문제, 직원의 안전 문제, 공정무역 활동 등에 대한 부분을 검토하고, 부실한 운영을 하고 있는 하청업체와는 재계약을 하지 않는 등 기업책임 활동을 시스템화하였다.

나이키는 사회 구성원으로서 책임을 다해야 한다는 '기업시민정신(Corporate Citizenship)'을 천명하였다. 단순히, 언론 보도에 대한 산발적 대응 대신 적극적으로 불거진 문제 자체를 해결해 '기업시민정신'을 되찾겠다고 선언하고, 기업 내에 흩어져 있던 노동 및 환경 관련 업무를 모아 기업책임 부서를 신설하였다. 이 부서에서는 신발 공장 노동자의 최저 연령을 16세로 제한하는 등 안전, 노동계약의 공정성, 협력업체와의 관계, 지속가능한 환경 이슈에 대한 관리 4대 원칙을 마련하였다. 그리고 전 세계 나이키 제품 생산지에 흩어져

● 그림 4-1 나이키 기업책임 부서의 하청업체 관리 4대 원칙
출처: Nike Code Leadership Standards (2020).

1. 왜 이해관계자 자본주의가 중요해졌는가

서 각 공장의 노동과 환경 문제를 담당하고 있는 85명의 직원이 각 지역에서 4대 원칙이 공정하게 시행되고 있는지를 평가하고, 이러한 원칙을 지키지 않은 하청업체와는 새로운 계약을 맺지 않을 뿐 아니라, 기존의 하청업체에게도 주문 물량을 조정하거나 자격을 평가하는 데 활용하였다.

2010년에는 폭스콘(Foxconn)에서의 노동 착취 실태가 전 세계에 알려지게 되었다. 2010년 1월부터 5월 사이에 폭스콘 공장에서 열악한 노동 환경으로 인해 노동자 11명이 자살을 시도하였으며, 이들은 모두 나이가 17~28세밖에 되지 않은 젊은 노동자들이었다. 여기서 주목해야 할 점은 이 공장에 하청을 주는 기업들이 애플(Apple), HP, 노키아(Nokia), 델(Dell)과 같은 글로벌 기업들이라는 것이다.

2013년에는 방글라데시에서 많은 노동자가 일하던 9층짜리 공장이 무너져서 1,100명이 넘는 노동자들이 사망하는 사건이 있었다. 이 공장에는 GAP, H&M, 베네통(Benetton) 등 다양한 글로벌 의류 기업들에게서 하청받아 생산을 하는 공장들이 있었다.

이러한 노동 착취로 인한 인명 피해의 문제들은 사람들로 하여금 기업의 목적과 본질에 대해 다시 생각하게 하였다. 기업이 지속 가능한 성장을 하기 위해서는 이익을 통해 기업 가치를 제고하는 것이 필수적인 활동이지만, 기업 주주들의 이익만을 위한 기업경영이 아닌 기업 이해관계자들이 공동의 번영을 하는 새로운 기업경영에 대한 목소리가 높아지게 된 것이다.

노동 착취로 인한 수많은 문제가 사람들로 하여금 이해관계자 모두의 공동 번영의 필요성에 대해 목소리를 높이는 시기에, 또 한편으로는 지구온난화가 가져올 엄청난 기후 재앙을 막기 위한 전세계적 협약이 맺어지게 되었다. 2015년 프랑스 파리에서 유엔 파리 기후협약이 맺어지면서 지속가능한 발전의 중요성에 대한 공감대가 형성되었다.

산업혁명 시기를 기준으로 지금까지 지구 온도의 상승 폭이 1.1~1.2도 수준까지 높아져 있는데, 만약 지구 온도 상승 폭이 1.5도가 넘어가면 상상할 수 없는 수준의 홍수, 가뭄, 해일과 같은 자연재해가 닥치고 2도가 넘어가면 인간이 생존하기 어려운 기후 재앙이 올 것으로 예상된다. 그래서 지구 온도 상승 폭을 1.5도 수준 밑으로 멈추기 위해서 탄소중립, 에너지 소비의 감축, 재생에너지의 활용 등을 포함한 국제 간 협약이 맺어진 것이다.

앞서 언급한 노동 착취 문제와 지구온난화 문제는 전 세계 사람들에게 자본주의의 기존 진행 방향을 재고해야 하는 상황들로 받아들여지기 시작했다. 전 세계 곳곳에서 발생한 노동 착취 문제와 기후변화의 문제들은 '다 같이 함께 잘 살아보자'는 공동 번영에 대한 고민으로 이어지고, 이는 이해관계자 자본주의로의 기업경영의 방향 선회에 대한 필요성을 부각시켰다.

② ··· 이해관계자 자본주의는 무엇인가

이해관계자 자본주의가 기업경영에서 중요한 개념으로 부상하게 된 것은 앞 절에서 설명한 배경의 영향이 컸다. 그러나 이해관계자 자본주의와 ESG 경영이 중요한 이슈로 부각되는 과정에는 세 가지 중요한 계기가 있었다. 첫 번째는 2015년에 발표된 국제적 공동 목표인 UN의 SDGs(Sustainable Development Goals: 지속가능발전목표)를 들 수 있다. 두 번째는 2019년 미국을 대표하는 기업들의 최고경영자 단체인 BRT에서 2019년 8월에 했던 BRT 선언을 들 수 있다. 세 번째는 2020년 전 세계에서 가장 큰 자산운용사인 블랙록의 CEO인 래리 핑크 회장이 투자자들에게 보낸 연례 서한에서 앞으로 블랙록의 투자 기준으로 ESG를 중요한 지표로 삼겠다고 한 것과, 2021년 연례 서한에서 '자본주의의 힘(the power of capitalism)'을 주제로 하여 앞으로 기업경영에서 이해관계자 자본주의의 중요성과 필요성을 강조한 것이다. 이 세 가지 계기를 통해 이해관계자 자본주의 개념이 기업의 경영자들에게 중요한 이슈로 부각되었고, ESG 경영이란 용어가 등장하게 되었다.

1) UN의 SDGs

2015년, UN에서는 인류의 보편적인 문제를 해결하고 발전을 위해 노력하자는 SDGs를 2030년까지 이행하겠다고 발표하였다. SDGs의 슬로건은 '단 한 사람도 소외되지 않는 것(leave no one behind)'으로, SDGs는 크게 17가지의 주 목표와 169개의 세부 목표를 정하여 이를 해결하고자 하는 국제적 공동 목표를 의미한다. 목표를 자세히 살펴보면, 인류의 보편적인 문제인 질병, 빈곤, 교육, 여성, 아동, 난민, 분쟁 문제 등과 기후변화, 환경오염, 에너지 등 지구환경문제, 그리고 고용, 생산, 소비, 사회구조, 법 등의 경제사회문제를 모두 포함하고 있다.

Related Sustainable Development Goals

 SDG 1 No Poverty
Learn More

 SDG 2 Zero Hunger
Learn More

 SDG 3 Good Health and
Well Being
Learn More

 SDG 4 Quality Education
Learn More

 SDG 5 Gender Equality
Learn More

 SDG 6 Clean Water and
Sanitation
Learn More

 SDG 7 Affordable and
Clean Energy
Learn More

 SDG 8 Decent Work and
Economic Growth
Learn More

 SDG 9 Industry Innovation
and Infrastructure
Learn More

 SDG 10 Reduced
Inequalities
Learn More

 SDG 11 Sustainable Cities
and Communities
Learn More

 SDG 12 Responsible
Consumption and
Production
Learn More

 SDG 13 Climate Action
Learn More

 SDG 14 Life Below Water
Learn More

 SDG 15 Life On Land
Learn More

 SDG 16 Peace Justice and
Strong Institutions
Learn More

 SDG 17 Partnerships for
the Goals
Learn More

● 그림 4-2 **UN SDGs**
　　　출처: United Nations (2016).

2) BRT 선언

아마존의 제프 베조스, 애플의 팀 쿡, 블랙록의 래리 핑크 등 미국을 대표하는 기업의 최고경영자 단체인 BRT에서 2019년 8월 19일 기업경영의 목적에 대한 새로운 선언을 하였다. 이것을 BRT 선언이라고 부르는데, 그 선언에 참가한 181개 기업의 CEO들은 앞으로 기업경영의 목적을 주주만의 이익이 아니라 고객, 종업원, 협력사, 지역사회, 그리고 주주의 공동 이익과 번영으로 하겠다는 선언을 하였다. 이 선언에서 181개 기업의 CEO들은 모든 이해관계자를 위한 가치 창출을 통하여 공동의 번영을 이해관계자 자본주의 시대의 기업경영의 목적으로 실현하겠다는 선언을 하였다. 우리나라에서도 2022년 5월에 대한상공회의소를 중심으로 BRT 선언과 같은 취지의 선언을 하였는데, 우리나라에서는 이를 '신기업가 정신(Entrepreneurship Round Table: ERT) 선언'으로 불렀다.

    기업의 생존과 성장에 영향을 미치는 주요한 이해관계자들은 단지 주주만이 아니다. 기업의 제품과 서비스를 선택하는 고객들은 기업의 매우 중요한 이해관계자다. 또한 기업의 직원들은 기업경영 활동을 실제로 수행하는 핵심 주체이며,이들의 역량이 기업의 역량이 되어 기업의 성장을 좌우하는 중요한 이해관계자다. 기업이 어떤 제품이나 서비스를 만들어 내고 이를 고객에게 전달하기 위해서는 협력사의 경쟁력이 핵심 성공 요인이며, 따라서 협력사는 기업의 매우 중요한 이해관계자이다. 기업이 속한 지역사회는 기업에게 필요한 다양한 물적 · 인적 · 환경적 자원을 제공해 주는 기반이 되기 때문에, 지역사회의 발전과 성장은 기업에게 있어서 빼놓을 수 없는 중요한 요소이고 지역사회는 기업의 중요한 이해관계자이다. 이와 같이 기업의 생존과 발전에 매우 중요한 영향을 미치는 고객, 직원, 협력사, 지역사회와 기업의 주주를 합친 이해관계자 모두의 공동의 번영을 실현하는 것을 기업의 목적으로 선언한 것이 바로 BRT 선언이다.

    BRT 선언의 목적은 궁극적으로 사회가 지속적으로 번영하는 데 가장 중요한 핵심 시스템은 자유시장(free-market)이며, 이러한 자유시장이 지속가능해야 한다는 전제에서 출발한다. 자유시장은 일자리를 창출해 내고 지속가능한 경제를 발전시키면서 혁신을 이루어 내는 모두를 위한 경제적인 기회를 제공하는 최고의 시스템인데, 이러한 자유시장이 지속가능하게 하기 위해서는 기업들 스스로 기업의 목적을 주주들의 이익 극대화라는 단기적인 목적에 갇혀서는 안 된다는 것이고, 기업의 성장과 사회의 발전이 선순환하는 구조를 만들어 낼 수 있어야 한다는 것이다.

BRT 선언에서는 지속가능한 자본주의의 필요성을 언급하면서 이를 달성하기 위해 "기업은 주주를 위해 노력해야 할 뿐 아니라 고객에게 가치를 제공하고 종업원에게 투자하고 공급 업체를 공정하게 대우하고 사회(Communities)를 지원해야 한다."라고 기업의 목적을 재정의하였다. 선언문의 내용을 더 살펴보면 ESG의 내용과 많이 겹치는 것을 알 수 있다. 기업은 장기적인 관점을 가지고 친환경 경영, 사회적 책임 경영과 투명 경영을 통하여 지속가능한 발전을 추구하는 ESG 경영을 해야 한다는 것이다. 이해관계자 자본주의 시대의 ESG 경영은 단기적인 이익 증대보다는 장기적인 기업의 성장과 발전을 목표로 이해관계자 모두의 공동의 번영을 위한 기업경영을 하는 것이다.

3) 블랙록 래리 핑크 회장의 연례 서한

ESG가 확산되는 데 가장 크게 영향을 미친 인물은 세계 최대 자산운용사인 블랙록(BlackRock)의 CEO인 래리 핑크(Larry Fink)회장이다. 래리 핑크 회장은 매년 1월에 블랙록의 투자 대상이 되는 기업의 CEO들에게 연례 서한을 보내는데, 2020년 1월 연례 서한에서 앞으로 블랙록의 투자 결정에 '기후변화'와 '지속가능성'을 핵심 가이드라인으로 하겠다고 밝힌 것이다. 그리고 투자 대상 기업들 중에서 매출액의 25% 이상을 석탄 발전을 통해 거두어들이는 기업의 채권과 주식을 매도하겠다고 하며, 투자자로서 회사의 경영에 관여 (engagement)하기 시작하였다. 래리 핑크 회장의 연례 서한은 전 세계 기업 CEO와 투자자들에게 ESG의 시대가 도래했음을 알리는 신호탄 역할을 하였다. 이후 블랙록은 기후 위기에 대응하지 않는 244개 기업 중 53개 기업의 주주총회에서 이사 선임 반대 투표를 던지는 등 적극적인 관여를 보여 주었다.

그다음 해인 2021년 연례 서한에서 래리 핑크가 보낸 편지의 제목은 'The Power of Capitalism'으로, 이해관계자 자본주의의 필요성과 중요성을 강조하였다. 그는 기업의 입장에서 종업원, 고객, 협력사, 지역사회와 같은 이해관계자들과 상호 간 이로운 관계를 잘 만들어 나가는 것이 이해관계자 자본주의이며, 이를 통해 기업이 성장하고 지속가능하게 발전하는 것을 기업 목표로 삼아야 한다고 밝혔다. 즉, 자본주의가 무너지면 이 사회를 이끌어 갈 수 있는 가장 강력한 시스템인 자유시장이 무너지게 되기 때문에 자본주의 자체를 다시 살려 내서 지속가능하게 해야 한다는 것이다. 하지만 아직도 기업이 어떤 식으로 이해관계자들과 관계를 맺어 나가고, 이해가 상충될 때마다 어떠한 결정을 내려야 하는지, 그리고 이러한 결정이 기업에 장기적으로 어떠한 영향을 미치는지에 대한 연구가 더 필요하기 때문에 이해관계자 자본주의 센터(Center for Stakeholder Capitalism)라는 연구소를 만들겠다고 밝혔다.

정리하자면, 첫 번째로 2015년에 발표된 국제적 공동 목표인 UN의 SDGs, 두 번째는 미국을 대표하는 최고경영자 단체인 BRT에서 2019년에 선포한 기업의 목적에 대한 BRT 선언, 마지막으로

2020년에 전 세계에서 가장 큰 자산운용사인 블랙록이 연례서한을 통해 향후 투자 기준으로 ESG를 중요한 지표로 삼겠다고 한 세 가지의 계기가 이해관계자 자본주의와 ESG경영이 도입되는 데 매우 중요한 역할을 하였다.

주주가 기업의 주인이라는 관점이 주주 자본주의라면, 이해관계자 자본주의는 주주 자본주의를 반대하는 것이 아니라 주주를 포함한 모든 이해관계자가 하나의 생태계 구성원이고, 이해관계자 모두의 공동 번영은 이러한 생태계의 전체의 발전과 성장을 이룰 수 있는 가장 효과적인 시스템이라는 관점을 가진다. 앞서 보았던 2019년 BRT 선언이나 블랙록 래리 핑크 회장의 2020년 연례 서한에서 등장한 이해관계자 자본주의에 대한 정의는 모든 이해관계자를 하나의 생태계를 구성하는 공동체로 보며, 기업의 성장과 발전을 위해서는 생태계를 구성하는 이해관계자들의 공동 번영을 추구하는 것이 장기적으로 기업의 가치를 높이는 가장 좋은 길이라는 인식이 바탕에 깔려 있는 것이다. 따라서 이해관계자 자본주의는 주주의 이익만을 고려하는 것이 아니라, 이해관계자 모두의 공동 번영을 통해 생태계 전체의 경쟁력을 높이고, 기업이 속한 생태계 전체의 성장과 발전을 기업의 장기적인 성장과 발전으로 연결하여, 이를 통해 기업의 장기적인 가치를 높이고자 하는 지속가능한 자본주의 모델이라고 할 수 있다.

③ ··· 이해관계자 자본주의와 ESG 관련 규제

1) 해외 ESG 관련 규제

ESG에 대한 관심이 증가하면서 전 세계 각국 정부는 ESG 관련 규제 및 정책을 적극적으로 제도화하기 시작하였다. 전 세계 ESG 관련 규제 도입 추이를 살펴보면 지난 10년간 정부의 규제가 가장 많이 늘어났다. 2017년 이후 전 세계적으로 정부 주도의 ESG 관련 기업 규제가 많이 증가한 것으로 나타나는데, 이를 통해 ESG가 제도권으로 편입했음을 확인할 수 있다. 정부의 규제 강화는 기업에게 위기 요인이자 기회 요인으로서 투자 의사결정에도 중요한 고려 요인으로 작용하게 된다.

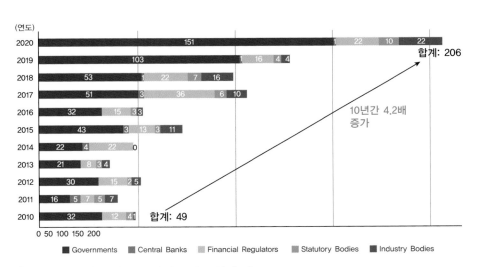

● 그림 4-3 **전 세계 ESG 관련 규제 도입 추이**
출처: MCSI (2021).

이러한 ESG 관련된 규제는 우리나라보다 선진국인 유럽에서 특히 강화하고 있다. 우리나라는 공시 기준으로 2조 원 이상의 자산을 가진 기업들을 대상으로 ESG 관련 규제를 발표하겠다고 하였지만, 명확히 무엇을 ESG관련 규제로 할 것인지에 대한 구체적인 사항은 아직 정해지지 않았다. 반면, 유럽은 이미 정부에서 ESG관련 규제를 제도화하여 이를 위반할 경우 벌금과 같은 페널티 제도도 실천하고 있다.

자본시장연구원의 주요 국가별 ESG 기업공시 제도 현황 보고서

● 표 4-1 **주요 국가별 ESG 기업공시 제도 현황**

국가	유럽			홍콩	미국		일본
	영국	독일	프랑스				
공시 항목	환경 사회 임직원 인권 부패 방지	환경 사회 임직원	환경 사회	환경 사회	환경 관련 중요 재무 위험	업종별 중요 ESG 이슈	지속가능 성장을 위한 ESG 통합 전략
적용 대상	상시근로자 500인 이상	매출 4천만 또는 자산 2천만 유로 이상		홍콩거래소 (HKEX) 상장기업	SEC 보고 대상 기업		
공시 채널	연차보고서 별도보고서	연차보고서 홈페이지		연차보고서 별도보고서	연차보고서 별도보고서		자율
위반 책임	벌금 부과			상장위원회 심의 처분	소송 위험		
공시 의무	의무(원칙 준수 · 예외 설명)				의무	자율	자율

출처: 이상호, 이인형(2021).

에 따르면, 유럽의 경우 미국과 일본과 비해 보고해야 하는 공시 항목과 공시 채널도 명확하고 공시 자체를 의무화하고 있다는 점에서 앞서 나가고 있다. 이에 비해 미국과 일본의 경우, 이러한 ESG 관련 기업공시를 자율적으로 하도록 하고 있다.

2) EU 공급망 실사 지침

2022년 2월, EU에서는 공급망 실사 지침을 발표했다. EU에서 기업을 운영하는 경우 외에도 EU 지역에서 영업을 하는 기업(본사가 아닌 지사 포함)은 모두가 이 공급망 실사 지침을 따라야 한다. 공급망 실사 지침에서의 공급망은 기업에서 어떠한 제품이나 서비스들을 만드는 과정과 소비자들에게 전달하는 과정에 속해 있는 모든 개인과 조직을 의미한다. 즉, 공급망은 생산 과정에서 최종 소비자 사이의 모든 협력사를 포함하는 것이다. 가령, 본사에 어떠한 부품을 납품하는 1차 협력사가 있으면, 이러한 1차 협력사에도 부품 제작에 필요한 원료를 공급하는 2차, 3차 협력사들도 있을 것이다. 이러한 1차, 2차, 3차 협력사 모두를 공급망의 일원으로 보는 것이다. EU 공급망 실사 지침은 이러한 공급망을 관리하기 위해 본사인 대기업이 자사와 관련된 1, 2 3차 협력사를 모두 관리해야 하는 것을 제시하고 있다.

예를 들어, EU 공급망 실사 지침은 온실가스 배출량에 대한 공시 SCOPE를 1, 2, 3로 나누어 보고 모든 SCOPE에서 공시가 제출되도록 하고 있다. 기업(본사)에서 발생하는 것만 제출하는 SCOPE 1뿐만 아니라 기업에서 제품 생산을 위해 가져다 쓴 전기, 스팀, 쿨링 등 에너지도 포함한 SCOPE 2에 대한 온실가스 배출량과 공급망의 앞뒤 단계에서 협력사들이 판매 네트워크와 폐기 과정에서 발생시키고 있는 모든 온실가스 배출량을 포함한 SCOPE 3까지 공시하도록 하고 있다.

이러한 구체적인 유럽의 지침을 우리나라에서도 따라가고자 노력하고 있다. 그 적용 대상과 기준은 조금 다를 수 있지만 ESG 관련 제도라는 점에서 유럽의 좋은 선진 사례를 벤치마킹하여 국내 상황, 기업 상황, 시장 환경에 맞추어 수정하여 적용하는 방향으로 우리나라의 공급망 실사 지침이 이루어져야 하겠다.

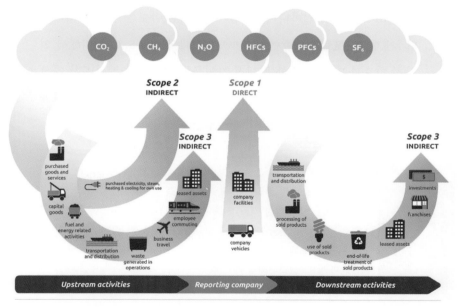

● 그림 4-4 **EU 공급망 실사 지침 중 SCOPE 1, 2, 3**
　　출처: Greenhouse gas protocol (2023).

3. 이해관계자 자본주의와 ESG 관련 규제

3) ESG의 지표

ESG의 지표는 평가기관별로 그 기준이 서로 상이하지만, 세계 경제포럼(WEF)에서 발표한 ESG의 대표적인 지표들을 정리하면 다음과 같다.

ESG의 E는 Environment(환경) 부분으로 온실가스 배출과 같은 환경에 대한 지표라 할 수 있다. S는 Social(사회) 부분으로 직원 사이의 성별, 인종 간 차별이나 아동 노동 착취에 대한 부분을 엄격히 금하자는 내용이 담긴 지표이다. G는 지배 구조를 의미하는 Governance로서 지배 구조가 얼마나 독립적인 의사결정을 하는지, 또 윤리적 경영이 얼마나 잘 이루어지는지 알아보는 지표를 의미한다. 세계경제포럼(World Economic Forum: WEF)에서는 E, S, G에 더해서 일자리 창출과 R&D에 대한 경제적 가치를 추가하여 이해관계자 자본주의 지표를 제시하고 있다. 〈표 4-2〉는 세계경제포럼의 이해관계자 자본주의 관련 ESG 지표를 보여 주고 있다.

● 표 4-2 **이해관계자 자본주의 지표**

People (사회 S)	• 다양성 및 포용성: 종업원 연령, 성별, 인종 등 • 임금 평등: 남녀 임금 격차, 인종 간 임금 격차 등 • 보수 수준: 최저임금 대비 성별 임금 비율, CEO와 종업원 간 임금 비율 • 아동, 강제 노동 위험: 공급망 공장의 운영 형태, 잠재 리스크 국가 • 건강과 웰빙: 산업재해율 등 • 미래를 위한 기술: 종업원 교육훈련 시간, 금액 등
Planet (환경 E)	• 기후변화: 온실가스 배출 등 • 기후변화: TCFD 실행 • 자연 손실: 토지 사용 및 생태 민감성 • 물 이용: 물 소비, 물 부족 지역에서 철수

Governance (지배구조 G)	• 기업 목적: 기업의 목적이 주주뿐 아니라 이해관계자를 위한 가치 창출 • 지배 구조의 질: ESG 경쟁력, 독립성, 다양성 등 • 이해관계자 관여: 이해관계자와 기업에 영향을 미치는 중대성 이슈 • 윤리적 행동: 반부패 사건 사고 숫자 • 윤리적 행동: 내·외부 보고 메커니즘 • 리스크 및 기회: 기업의 기회 및 위기 요인과 ESG 이슈 간의 통합 여부
Prosperity (경제적 가치)	• 고용 및 부의 창출: 종업원 숫자, 신규 종업원 비율, 이직자 숫자 및 비율 • 고용 및 부의 창출: 매출액, 운영비, 종업원 임금, 세금, 사회 공헌 등 • 고용 및 부의 창출: 재무적 투자비용, 배당 등 • 상품과 서비스를 위한 혁신: R&D 비용 • 공동체와 사회 활력: 세금 지출액

출처: WEF (2020).

 4 ··· 이해관계자 자본주의 시대의 ESG 경영

　이 절에서는 이해관계자 자본주의 시대의 ESG 경영을 실현하기 위해서 기업들이 활용해야 하는 세 가지의 중요한 틀을 제시하고자 한다. 이해관계자 자본주의 시대의 ESG 경영의 핵심은 주주 중심 경영(shareholder primacy management)의 틀에서 벗어나서 이해관계자 중심 경영(stakeholder primacy management)의 틀을 도입하는 것이다. 이해관계자 중심 경영의 틀을 기업경영에 도입하는 것은 최고경영자의 리더십이 필수적일 뿐 아니라, 실제 기업경영에 어떻게 이해관계자 중심 경영의 틀을 적용하는지에 대한 도구들이 필요하다. 이 절에서는 이해관계자 중심 경영을 기업경영에 실제로 도입하기 위한 세 가지의 중요한 틀을 소개함으로써 기업들이 이해관계자 중심 경영을 실현하는 데 도움을 주고자 한다.

1) 중대성 평가(materiality assessment)

이해관계자 중심 경영을 하려면 기업경영에 영향을 미치는 이해관계자들의 우선순위(priority)를 정확히 파악하여야 할 뿐 아니라, 핵심 이해관계자가 중요시 여기는 이슈가 무엇인지를 파악하는 것이 매우 중요하다. 또한 이해관계자가 중요시하는 이슈들 중에서, 특히 기업에 중대한 영향을 미치는 이슈가 무엇인지를 파악하는 것이 필수적이다.

만약 어떤 기업이 모든 이해관계자의 모든 이슈에 대해서 대응하면서 이해관계자 중심(stakeholder primacy)의 기업경영을 한다고 홍보를 한다면, 이 기업은 사실 이해관계자 중심 경영에 진정성이 없는 기업이다. 왜냐하면 어떤 기업도 이해관계자들의 모든 이슈를 다 해결할 수는 없기 때문이다. 어떤 기업이 모든 이해관계자의 이슈들을 다 동등하게 여기고 모든 이슈에 대응하는 것은 이해관계자 중심 경영의 목적을 기업의 이미지 제고에 초점을 맞추게 될 가능성을 높이게 된다. 따라서 이해관계자 중심의 경영을 기업에서 진정으로 실현하고자 한다면, 가장 먼저 해야 할 것은 이해관계자들의 관심 이슈들 중에서 자신의 기업이 초점을 맞춰서 해결하고자 하는 이슈들을 파악하는 것이다.

이러한 관점에서 이해관계자들과 관련된 이슈들의 중요도를 파악하기 위해서 가장 널리 사용되는 것이 중대성 평가(materiality assessment)이다. 중대성 평가는 이해관계자들과 관련된 이슈들을 이해관계자의 관심도와 기업에 미치는 영향의 관점에서 분석하는 것이다. 중대성 평가의 한 축은 이해관계자들이 얼마나 특정한 이슈를 중요하게 생각하는지를 보여 주는 지표이고, 다른 한 축은 특정한 이슈가 기업에 얼마나 중대한 영향을 미칠 것이지를 보여 주는 지표로 구성된다. [그림 4-5]에서 보여 주는 것처럼 중대성 평가의 첫번째 축을 이해관계자 관심도라고 하고, 두 번째 축을 비즈니스 영향도라고 한다. 이를 통해 기업경영에서 이해관계자들이 중요하게 생각하는 이슈들 중에서, 특히 어떤 이슈에 초점을 맞출 것인지에 대한 의사결정이 가능하다. [그림 4-5]에서 초록색으로 표현된 box에 위치하는 이슈들이 이해관계자들에게 중요하면서 기업에 중대한 영향을 미치는 이슈들이다.

중대성 평가를 실행하기 위해서는 기업의 임직원을 대상으로 '특정 이슈가 해당 기업에게 얼마나 큰 영향을 미치는지?'를 물어서 비즈니스 영향도를 측정한다. 그리고 핵심 이해관계자들을 대상으로 '특정 이슈를 해당 이해관계자들이 얼마나 중요하게 생각하는지?'를 물어서 이해관계자 관심도를 측정한다. 두 축에서 모두 높은 값을 보이는 이슈들이 우리가 중점을 두어야 하는 영역이다. 중대

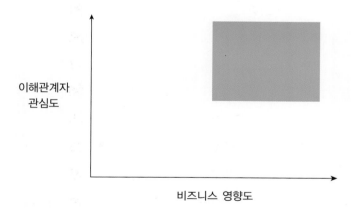

● 그림 4-5 **중대성 평가:** materiality assessment
출처: 한국경영학회(2023).

4. 이해관계자 자본주의 시대의 ESG 경영

중요성 평가 프로세스

지속가능 경영 이슈 매트릭스

삼성물산 지속가능 경영 중요 이슈

ESG 전략 중점 분야와 중요 이슈 연계

Net Zero 로드맵 및 순환경제 활성화
① 기후변화 대응
⑫ 환경/사회 영향 고려한 제품 개발
⑬ 에너지 절감
⑮ 원료 관리 강화
⑱ 물 부족 대응

기본권 존중 및 상생협력 문화 확산
② 임직원 안전/보건
③ 책임 있는 공급망 관리
⑤ 일하기 좋은 기업 문화 확립
⑯ 아동/강제 노동 금지
⑰ 투자/협약 시 인권 요소 점검 및 의사결정 반영

이사회 중심의 책임 있는 경영 구현
⑨ 책임 있는 이사회 구성 및 운영

Managemant Issue
④ 신 성장 동력 확보
⑥ 윤리경영 강화
⑦ 제품/서비스에 대한 책임 강화
⑧ 인재 육성 및 공정한 성과 보상
⑩ 재무 및 비재무 리스크 통합 관리
⑪ 고객 만족 활동 강화
⑭ 사회 공헌 전략 수립 및 성과 관리
⑲ 고객 정보 보호 강화
⑳ 환경경영 체계 확립

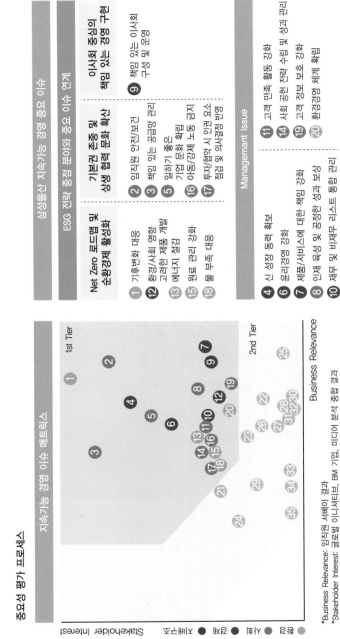

*Business Relevance: 임직원 서베이 결과
*Stakeholder Interest: 글로벌 이니셔티브, BM 기업, 미디어 분석 종합 결과

● **그림 4-6 삼성물산의 중대성 평가**
출처: 한국경영학회(2023).

제4장 이해관계자 자본주의 시대의 ESG 경영

성 평가의 결과는 산업의 특성에 따라 다를 것이고 기업의 특성에
도 영향을 받을 것이기 때문에 자사가 속해 있는 시장이나 산업, 그
리고 기업의 특성에 맞춰서 진행되어야 한다.

[그림 4-6]은 삼성 물산의 중대성 평가를 예시로 보여 주고 있다.
삼성물산의 경우에는 중대성 평가를 통해 비즈니스 영향도와 이해
관계자 관심도가 가장 높은 1st Tier에 속하는 이슈들을 기업에서 초
점을 맞출 중요한 이슈로 선정했다. 또한 이슈들 중에서 환경(E)과
관련된 것은 녹색으로, 사회(S)와 관련된 것은 하늘색, 지배구조(G)와
관련된 것은 검은색, 그리고 경제와 관련된 것은 남색으로 표현해서
이해관계자 자본주의와 관련된 이슈들을 분류하고 있다. 이러한 구
분을 통해 ESG의 각 분야별 중요 이슈들을 확인할 수 있다.

2) 기업과 사회 간 이중 중대성(double materiality of V2S and V2B)

이해관계자 중심 경영(stakeholder primacy management)이 기존의 주주
중심 경영(shareholder primacy management)과 가장 크게 차이가 나는 것
은 주주 중심 경영에서는 기업 가치의 제고에 집중하는 것에 반해,
이해관계자 중심 경영에서는 기업의 성장과 사회 발전의 선순환 구
조의 확립에 집중하는 것이다. 이러한 관점의 변화에는 기업의 성
장과 사회 발전의 선순환 없이는 기업의 지속가능한 성장과 발전이
불가능하다는 인식이 깔려 있다.

기업의 지속가능한 성장과 발전을 위해서는 기업의 성장과 사회
발전의 선순환 구조를 어떻게 만들어 낼 것인지에 대해 고민해야

한다. 기업은 제품 개발, 생산과 판매 등을 통해 기업을 경영하면서 사회의 자원을 활용하여 성장한다. 즉, 사회 인프라는 물론이고, 사회가 보유한 인적 자원, 환경 자원, 금융 자원을 활용하여 기업이 성장을 하는 것이다. 그러므로 기업의 성장은 당연히 사회에 의존할 수밖에 없다. 그러나 이러한 자원의 활용과 의존성이 사회에서 기업으로 향하는 한 방향의 자원과 가치의 이동만 잘 돌아가고, 반대로 기업에서 사회로 향하는 다양한 경제적 · 환경적 · 사회적 가치들이 제대로 공급되지 않는다면 장기적인 관점에서 기업의 지속가능한 성장은 불가능해진다. 이러한 문제가 누적되면 자본주의의 지속가능성에도 경고등이 켜진다. 기업이 성장하고 발전하는 것이 사회에 기여가 되어 사회에서 필요로 하는 경제적 · 환경적 · 사회적 가치가 창출되고, 다시 사회가 보유하고 있는 인적 · 환경적 · 금융 자원 등 다양한 자원을 기업이 활용함으로써 기업과 사회의 선순환 구조가 만들어지는 것이다. 이와 같은 기업과 사회의 선순환을 통해서 기업과 사회가 win-win하는 구조가 이해관계자 자본주의의 발전 모델이다.

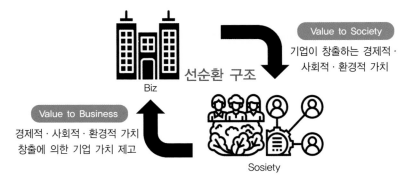

그림 4-7 V2S와 V2B를 통한 기업과 사회의 선순환 구조
출처: 한국경영학회(2023).

지금까지 설명한 기업과 사회의 선순환 구조를 기업경영에 실현하기 위해서 필요한 틀이 이중 중대성(double materiality)이다. 이중 중대성이란 기업이 사회와 환경에 미치는 영향과 사회와 환경, 그리고 이해관계자들이 기업에 미치는 영향을 모두 고려하는 접근법이다. 구체적으로 이중 중대성(double materiality)은 두 방향의 중대성(materiality)을 통합한 것인데, 한 방향인 'V2S(value to society)'는 기업이 사회에 어떤 영향을 미치는지에 대한 것이며, 다른 한 방향은 'V2B(value to business)'로 환경과 사회가 기업에게 미치는 영향에 대한 것이다. [그림 4-7]에서 V2S와 V2B의 이중 중대성에 의한 기업과 사회의 선순환 구조를 보여 주고 있다.

　　이중 중대성(double materiality)의 예시를 들어 보자. Exxon Mobil은 석유화학기업으로서 많은 환경오염을 일으키고 있었다. 그러나 환경 문제가 중요해지면서 Exxon Mobil은 기업과 사회의 악순환의 고리를 선순환의 구조로 바꾸기 위한 기업의 노력을 잘 보여 주는 사례이다. 기업이 환경과 사회에 미치는 영향인 V2S(value to society)를 Exxon Mobil에 적용해 본다면 이 기업은 탄소 배출이라는 부정적인 환경적 문제를 만들어 내는 기업이었고, 환경과 사회가 기업에 미치는 영향인 V2B의 관점에서는 기업에 대한 사회적 압력이 커지고 있었으며 기업의 지속가능성마저 위협받는 상황이었다. 그러나 Exxon Mobil은 환경오염을 일으키는 V2S를 오히려 새로운 사업의 기회로 보고 탄소 절감 기술 개발에 지속적인 투자를 하였고, 새로운 기술 개발을 통해서 탄소 배출을 절감하는 혁신을 이루었을 뿐 아니라, 오히려 이를 사업의 기회로 활용하여 탄소 배출 절감 기술을 사업화하여 전 세계 모든 기업이 Exxon Mobil의 혁신 기술을 활용할 수 있도록 함으로써 사회와 환경에 긍정적인 가치를 창출하는 V2S(value to society)를 실현하였다. Exxon Mobil의 탄소 배출 저감 기술은 전 세계 많은 석유화학기업들이 사용하는 기술로 확산되었을 뿐 아니라, Exxon Mobil은 이후 바이오 연료 개발에 대한 투자를 통해 친환경 분야로 신규 사업을 확대하여 기업의 미래 성장 동력으로 만들었다.

우리나라의 포스코도 2022년 지주회사 체제로 그룹의 지배구조를 바꾸고, 기존 철강 사업 중심의 사업구조에서 사업의 포트폴리오를 다각화하여 친환경 소재 산업 중심의 사업구조를 만들었다. 이를 통해 포스코는 철강 사업 외에 일곱 가지 사업으로 분야를 다각화하고 친환경 미래 소재 기업으로의 비전을 제시하여 미래의 새로운 성장 동력으로 선포하였다. 전기 자동차 등에 쓰이는 리튬 배터리를 생산하여 공급하는 사업을 확대하는 등 친환경 사업을 통해서 환경과 사회가 기업에 미치는 영향에 대해서 적극적으로 대응하고 있을 뿐 아니라, 수소 환원 기술을 통해 온실가스를 절감시키는 기술을 개발하는 중이며 이 기술의 개발이 성공하면 산업의 지형을 바꾸는 혁신 기술이 될 것으로 예측되어 사업적 잠재력이 매우 높다.

3) 내재적 가치와 외부적 가치 그리고 공유 가치(intrinsic value, externality value, shared value)

앞서 '2) 기업과 사회 간 이중 중대성'에서 말했듯이, 이해관계자 중심 경영에서는 기업의 성장과 사회 발전의 선순환 구조를 만들어 내는 것이 매우 중요하다. 기업이 사회에 만들어 내는 경제적·환경적·사회적 가치와 사회가 기업에게 미치는 영향이 상호작용을 하면서 선순환적 시너지를 만들어 낼 수 있도록 기업경영의 변화가 필요하다는 것을 강조하였다. 여기서 기업이 만들어 내는 가치를 다른 각도에서 분류한다면 내재적 가치(intrinsic value)와 외부적 가치(externality value)로 구분할 수 있다.

내재적 가치는 기업에서 만들어 내는 제품이나 서비스를 통해 창출하는 가치를 말한다. 기업이 만들어 내는 가치는 제품이나 서비스에 국한되지 않는다. 많은 기업은 기업의 제품이나 서비스가 아닌 사회가 필요로 하는 다양한 사회공헌 활동들을 하고 있다. 지역사회를 위한 대부분의 활동이 여기에 포함될 수 있다. 이러한 가치들을 기업이 창출하는 외부적 가치(externality value)라고 한다. 그런데 대부분의 기업에서는 이러한 외부적 가치를 사회적 기여를 위해서 쓰는 비용으로만 인식하고, 이를 기업의 성장과 사회 발전의 선순환 고리로 만드는 것은 불가능하다는 인식을 가지고 있다.

기업이 창출하는 경제적·환경적·사회적 가치는 제품과 서비스를 통한 내재적 가치만이 아니라 사회의 발전을 위한 외부적 가치로도 만들어질 수 있다. 기업이 만들어 내는 외부적 가치(extrinsic value)가 기업과 사회의 선순환적 발전을 만들기 위해서는 기업과 사회를 하나의 연결된 생태계를 바라보는 관점으로의 전환이 필요하다. 즉, 기업이 자신의 기업만을 중심으로 바라보는 내부적 관점에서 벗어나 기업과 사회라는 전체 생태계를 바라보는 관점으로 기업경영의 관점 전환이 이루어져야 한다.

전체 생태계의 경쟁력을 높이기 위해서 기업이 만들어 내는 외부적 가치는 단지 사회적 필요를 충족시키는 기업의 사회공헌 활동만이 아니라, 기업이 속한 생태계의 경쟁력을 제고하고 생태계 혁신 역량을 높이는 역할을 할 수 있도록 디자인되어야 한다. 따라서 기업이 사회를 위해서 만들어 내는 외부적 가치에는 물론 사회공헌과 같은 요소가 빠질 수 없겠지만, 기업은 모든 외부적 가치를 사회공헌 비용으로 바라보는 관점에서 벗어나서 외부적 가치가 생태계의 경쟁력과 혁신 역량을 높이는 기업과 사회라는 생태계의 공유 가치로서 바라보는 관점의 전환이 중요하다. 여기서 제시하는 기업과 사회라는 생태계의 공유 가치는 지역사회와 산업의 경쟁력과 혁신역량을 높이는 기업의 활동들을 포괄적으로 지칭하는 개념이다.

생태계의 공유 가치(shared value)는 기업과 함께 소비자, 협력사, 지역사회의 이해관계자들이 서로 win-win할 수 있도록 전체 이해관계자의 생태계를 이해하고, 생태계의 경쟁력과 혁신 역량을 제고함으로써 창출되는 가치라고 할 수 있다. 이러한 방식의 가치 창출

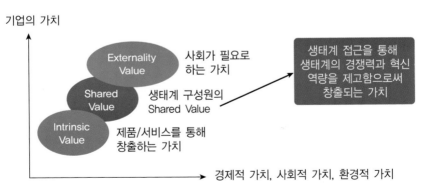

● 그림 4-8 **기업의 내재적 가치와 외부적 가치를 연결하는 공유 가치의 창출**
출처: 한국경영학회(2023).

을 하버드대학교의 마이클 포터 교수는 장기적인 관점에서 더 넓은 범위를 생각하는 공유 가치 창출(creating shared value: CSV)이라고 하였으며, 기업들이 지속가능한 성장을 하면서 기업과 사회가 함께 발전하는 win-win 모델이라고 하였다.

　[그림 4-9]는 포스코의 사회적 가치 창출에 대한 사례를 보여 주고 있다. 포스코는 자사의 1차, 2차, 3차의 협력사들의 경쟁력을 제고하고 혁신 역량을 높이는 것을 매우 중요한 기업의 목표로 삼고 있다. 협력사 생태계의 경쟁력과 혁신 역량의 제고를 위한 포스코의 생태계 공유 가치의 창출 활동은 다시 포스코의 경쟁력과 혁신 역량의 밑거름이 되어서 서로 win-win의 협력 모델이 되는 것이다. [그림 4-9]에서 보듯이 포스코는 창립 초기부터 중시해 온 동반성장의 기업경영 철학을 발전시켜서 협력사와 파트너로서 축적된 신뢰 자산을 쌓고, 새로운 성장 모델을 찾기 위해 대기업-벤처 간 협력 모델을 적극적으로 만들어 나가고 있으며, 철강산업의 생태계 구축과 육성의 노하우(know-how)를 미래 친환경 소재 및 에너지 분야의 신사업에 적용하여 새로운 산업에서의 생태계 혁신 역량의 원천으로 만들어 가고 있다. 뿐만 아니라 포스코가 위치하고 있는 포항과 광양을 기업과 도시의 상생의 선도 모델로 만들고 있으며, 지역의 인재 양성에 대한 투자를 통해서 기업의 인재를 확보하는 등 생태계 기반의 공유 가치 창출에 매우 적극적으로 나서고 있다. 이러한 포스코의 기업경영은 이해관계자 자본주의 시대의 ESG 경영의 좋은 모범 사례라고 할 수 있다.

포스코 리얼밸류 | 사회적 가치

기업시민 이념 확산으로 사회적 가치 창출

	기존 자산 강화	기존 자산+새로운 자산	기존 자산 재발견
방향	창립 초기부터 중시해 온 동반성장 철학 계승·발전	철강 생태계 육성 경험 기반 신산업 생태계 구축	기업시민 Best Practice 축적으로 사회문제 해결의 Role Model화
자산	**파트너사와 축적된 신뢰 자산** · 국내 최초 현금결제('04), 성과공유제('04) 등 동반성장 문화 개척·주도 · ※ 동반성장, 협력이익공유제 법제화 진행 중 **대기업-벤처 간 협력 모델 제시** · 벤처발굴·육성 프로그램 IMP('11)는 한국 벤처 육성의 대표 사례 · ※ 10년간 132개사 선발, 132개사 현재 가치 2조 원 성장 **철강산업의 제조업 기여 효과** · 전후방 생산 유발 27.7조 원, 고용 창출 16만 명 등('19년)	**철강산업 생태계 구축·육성 경험** · 설비·자재·국산화 성공 경험 기반 포스코 · 공급사·협력사 간 신뢰 구축 · 공급사-제철소-고객사를 연계하는 탄탄한 선입 생태계 **2차전지 자산·경험 활용이 용이한 소재/에너지 분야 신사업 전개** · 협력 선도도 기반 우수 공급사 확보 · 자초재, 포스코 신사업 유치 경쟁 예상 · 벤처밸리/펀드 활용하여 벤처 생태계와 신사업 연계 전개 可	**포항·광양 산업도시화 리딩 경험** · 기업과 도시의 상생 물물델화 가능 · 바다숲 등 지역 환경 개선 노력 지속 **기족 친화형 기업 문화 선도 경험** · 포스코형 출산친화 제도 도입('17) · 저출산에 대한 기업 차원의 해법 제시 **지역 밀착 교육재단 운영 경험** · 청암 조기부터 회사-지역·국가의 미래를 염두에 둔 교육 체계 구축 · ※포스텍, 산학협력 연구성과 비중 세계 1위
밸류	동반성장 혁신을 통한 상생 효과와 기여 효과	新산업 생태계 통합 전후방 부가가치 창출	기업시민 확산에 따른 사회적 가치 증가분

● 그림 4-9 **포스코의 공유 가치 창출**
출처: 한국경영학회(2023).

제4장 이해관계자 자본주의 시대의 ESG 경영

⑤ ··· 맺음말

이 장에서는 이해관계자 자본주의 시대에서의 ESG 경영의 배경과 개념, 동향, 그리고 적용을 위한 세 가지의 틀을 제시하였다. 맺음말에서는 이해관계자 자본주의 시대 ESG 경영의 핵심을 정리해서 말하고자 한다.

첫째, 이제 기업들은 주주 중심(shareholder primacy)의 경영의 단계에서 새로운 이해관계자 중심(stakeholder primacy)의 경영으로 전환해야한다. 경영자들은 기업의 지속가능한 성장이 단순히 이익을 극대화하는 것만의 문제가 아니라는 것을 생각해야 하고 사고의 전환을 해야 한다. 물론 기업의 이익은 중요하지만, 이제는 이익만을 강조하는 경영에서 벗어나서 장기적으로 기업이 지속가능한 성장과 발전을 하기 위한 새로운 경영의 방식을 도입, 적용하고 확대해야 한다. 이 새로운 경영의 방식인 이해관계자 중심 경영(stakeholder primacy management)은 이해관계자 자본주의 시대라는 말이 상징하듯이 시대적 요구이고, 자본주의의 지속가능한 발전을 위한 필요조건이면서 동시에 기업의 지속가능한 성장을 위한 필요충분조건이기도 하다.

둘째, 기업과 사회는 서로 간에 win-win의 선순환 구조를 만들어야 한다. 기업이 사회에게 미치는 영향은 단순히 기업의 이익과 일자리 창출 등 경제적 가치로만 환산할 수 없으며, 기업을 통해서 사회의 발전이 이루어지고, 또한 사회의 발전을 통해 기업에게 새로운 사업의 기회와 기업이 필요한 자원을 지원해 주는 win-win의 관계로 발전해야 한다. 이와 같이 이해관계자 자본주의 시대의 ESG

경영으로 이 장에 제시된 이해관계자 중심 경영(stakeholder primacy management)은 기업과 사회의 선순환 구조를 만들어 내는 경영 전략이 기업경영의 핵심이 되어야 한다.

셋째, 이해관계자 중심 경영(stakeholder primacy management)은 이해관계자 각각에 대한 대응이 중심이 되는 방식이 아니라, 이해관계자와 기업을 하나의 생태계로 바라보는 관점의 전환이 매우 중요하다. 이해관계자 중심의 경영을 한다는 것은 곧 기업과 이해관계자로 구성되는 생태계(ecosystem)의 경쟁력과 혁신 역량 그리고 생태계의 공동 발전과 번영을 목표로 이루어져야 한다. 생태계의 경쟁력과 혁신 역량은 기업의 장기적인 경쟁력과 혁신 역량의 밑거름이 된다. 이를 통해 기업의 지속가능한 성장이 가능하고, 장기적으로 기업 가치가 제고될 수 있다.

참고문헌

이상호, 이인형(2021). 주요 국가별 ESG 기업공시 제도 현황. 자본시장연구원.
한국경영학회(2023). 이해관계자 중심 경영: 이해관계자 자본주의 시대의 ESG경영. 박영사.
홍철규(2022). 지속가능성 공시와 측정: 동향과 과제. 제24회 한국경영학회 융합학술대회(이해관계자 자본주의 경영의 구현).

Greenhouse gas protocol (2023). *Corporate value chain(scope 3) Accounting and reporting standard.* World Resources Institute.
MSCI (2021). Who will regulate ESG?
Nike Code Leadership Standards (2020).
The design management institute.
the United Nations (2016). *The Sustainable Development Goals Report.*
WEF(2020). *Stakeholder Capitalism Metrics.*

제5장
커뮤니케이션학 관점에서 본 ESG

| 김수연[서강대학교 지식융합미디어대학 교수]

  2021년 1월 금융위원회는 '기업공시 제도 종합 개선 방안[1]'을 통하여 ESG 정보의 자율 공시 활성화와 단계적 의무화 추진을 발표했다. 지속가능보고서 공시 활성화와 관련하여 구체적인 계획에 따르면, 1단계는 2025년까지 ESG 가이던스 제시를 통한 자율 공시 활성화, 2단계는 2025년 이후 2030년까지 일정 규모 이상의 기업 의무 공시, 3단계는 2030년까지 모든 코스피 상장사 의무 공시로 그 의무 범위가 확대될 전망이다. 기업공시 제도의 개선 방안 중점 사항은, 첫째, 일반 투자자들이 기업공시 제도를 쉽게 이해하고 활용할 수 있도록 하며, 둘째, 기업의 공시 부담을 줄이기 위하여 핵심 정보 중심으로 개편하며, 셋째, ESG 책임투자 활성화를 위하여 제도적 기반

---

[1] 금융위원회 보도자료 링크: https://www.fsc.go.kr/no010101/75176

조성을 도우며, 넷째, 투자자 피해를 초래할 수 있는 공시 취약 분야에 대한 의무 공시 강화이다. 우리 정부는 기업공시 제도를 통하여 기업들은 공시의 편의성을 도모하는 환경을 조성하며, 일반 투자자들은 쉽게 내용을 이해할 수 있도록 정책의 방향성을 정한 것이다.

기업의 ESG 커뮤니케이션은 다양한 이해관계자 중에서 투자자를 대상으로 하는 의무화되는 정보 공시와 함께 일반 소비자를 대상으로 하는 소통 채널로서의 커뮤니케이션을 모두 포함한다고 할 수 있다. 환경과 지속가능성에 관한 일반 소비자들의 트위터 대화를 분석한 보고서(CISION & The Institute for Public Relations, 2022)는 소셜미디어에 환경 관련 관심사에 대하여 글을 올리는 사람들을 '염려자(concerned)' '불확신자(unconvinced)' '멸시자(dismissive)' 세 그룹으로 분류했다. '염려자' 그룹은 기후변화에 매우 관심이 높은 그룹으로, 소셜미디어를 통하여 문제의 심각성을 다른 사람들에게 알리고자 하며, 다른 사람들의 행동 변화를 촉구하고 설득하고자 감정적인 메시지를 이용하는 특징이 있다. '불확신자'는 그들의 삶에서 실천할 수 있는 지속가능한 노력들에 대해 불확실해하거나 소극적인 입장을 취하며, 지금 당장 시급한 개인의 문제를 더 중요하게 인식하는 특징이 있지만 질문은 많을 수 있다고 한다. '멸시자'는 기후변화 문제를 적극적으로 비판하며 이를 거짓이라고 믿는 그룹이다. 최종적으로 이 보고서는 환경과 지속가능성에 관한 소통을 책임지는 기업의 커뮤니케이션 담당자들에게 일곱 가지 조언을 하고 있다. 첫째, 기업의 주요 공중이 환경과 지속가능성에 얼마나 관심이 있는지에 대해 정확히 알아야 한다. 둘째, 질문을 많이 할 수 있는 불확신자들을 대상으로 정확하게 문제를 알려 주어야 한다. 셋째, 기업이 해야 할 일은 공중의 의견에 귀 기울이는 것이며, 기업이 모든 문제의 답을 다 알고 있다고 가정해서는 안 된다. 넷째, 기업은 소비자들이 기업의 책임성에 주목하고 있다는 현실을 잘 알아야 한다. 다섯째, 기업의 주장은 행동에 의해 뒷받침되어야 하며, 그렇지 않으면 그린워싱으로 오해받을 수 있는 리스크가 있음을 명심해야 한다. 여섯째, 지속가능한 노력에 대한 모든 커뮤니케이션은 완전히 투명해야 한다. 마지막으로는 각 산업별 특성을 고려해야 한다. 이러한 원칙은 기업이 지속가능성, 환경과 관련한 커뮤니케이션을 할 때, 그 주요 공중의 특성을 정확히 파악하고 그들의 말에 귀 기울이며 윤리적으로 커뮤니케이션해야 한다는 전통적인 온라인 대화형 커뮤니케이션 원칙(Kent & Taylor, 2002 참조)에 기반한다는 점에서 기존의 PR 커뮤니케이션 원칙과 비슷하다고도 볼 수 있다.

이 장은 ESG 개념과 높은 관련성이 있으며, 커뮤니케이션학 분야에서 이미 활발히 연구된 기업의 사회적 책임과 더불어 기업의 사회적 책임 커뮤니케이션, 그린워싱에 대한 정확한 개념 설명을 하고, 커뮤니케이션학 분야에서 진행된 최근의 ESG 관련 연구들을 살펴봄으로써 앞으로의 ESG 관련 커뮤니케이션학 연구 방향성에 관한 제언을 하고자 한다.

1 ··· 기업의 사회적 책임

1) 기업의 사회적 책임과 기업의 사회적 책임 커뮤니케이션

전통적으로 기업의 사회적 책임(Ccorporate Social Responsibility: CSR)

은 경제적 책임, 법적 책임, 윤리적 책임, 자선적 책임으로 구분된다 (Carroll, 1991). 경제적 책임은 기업의 가장 기본이 되는 책임으로서 기업이 소비자에게 양질의 제품을 적절한 가격으로 판매하여 수익을 내야 함을 의미하며, 법적 책임은 기업이 국가의 법을 준수해야 할 책무를 뜻한다. 윤리적 책임은 법적 책임에는 속하지 않지만 사회에서 기업이 따라 주기를 기대하는 책임을 의미하며, 자선적 책임은 기업이 사회의 문제 해결을 위해 적극적으로 개입하는 책임 및 활동을 뜻한다. 이러한 캐롤(Carroll, 1991)의 전통적인 CSR 개념은 CSR 활동에 초점을 맞추고 있으며, 많은 학자에 의해 이미 활발히 연구된 대표적인 CSR 개념이라고 할 수 있다. CSR은 넓은 의미로서 캐롤이 제시한 네 가지 책무를 모두 포함할 수 있지만 통상적으로 국내에서는 자선적 책임에 포함되는 사회 공헌 활동이 CSR 활동과 같은 개념으로 이해되어 왔다.

CSR 커뮤니케이션은 CSR 행위를 기업 내외부로 알리는 적극적인 커뮤니케이션이라고 할 수 있는데, CSR 커뮤니케이션의 필요성에 대한 의견은 다양했다. 커뮤니케이션 학자들은 CSR 활동을 통한 기업의 명성 관리를 위해서 CSR 커뮤니케이션은 전제조건이자 필수조건이라고 주장하였다(김수연, 2021; Servaes & Tamayo, 2013). 세르바스와 타마요(Servaes & Tamayo, 2013)는 1991～2005년까지의 미국 기업들의 CSR 활동을 포함한 KLD 통계(사회적·환경적 수행에 대한 트랜드를 분석하는 통계 방법) 데이터베이스와 금융정보를 활용하여 CSR 광고 비용의 효과를 실증적으로 알아보았다. 연구 결과, 기업은 CSR 활동에 관한 내용을 광고하면 할수록 언론에 더 많이 노출되어 기업에 대한 인지도를 높일 수 있음을 확인했다. 결국 광고를 적극적으로 하는 기업의 경우, 소비자들은 그들의 CSR 활동에 대하여 더 알게 되기에 더욱 반응을 보일 수밖에 없다는 논리이다. 그러나 소비자들이 많이 알고 있지 못한 기업의 경우에 CSR 활동의 기업 가치에 대한 영향력은 유의미하지 않거나 부정적이었으며, 기업의 평판과 CSR 활동이 일치하지 않는 경우에 광고는 오히려 CSR 가치에 부정적인 영향을 미치기도 했다. 따라서 CSR 활동을 적극적으로 외부로 알리는 CSR 커뮤니케이션은 기업의 명성 관리에 도움이 될 수 있지만, 그 기업의 명성과 인지도에 따라 그 필요성은 달라질 수 있다는 입장이었다.

한편, 기업의 일부 CSR 담당 실무자들은 CSR 커뮤니케이션에 대해 회의적이거나 부정적이기도 했다(김수연, 권지현, 2017; Dhanesh, 2015). 국내 100대 기업의 CSR 담당 실무자들은 CSR 커뮤니케이션의 필요성에 적극적으로 동의하는 입장부터 CSR 활동과 커뮤니케이션은 관련성이 무관하다는 입장까지 양극단의 입장차를 보였다(김수연, 권지현, 2017). 이러한 입장 차의 배경에는 CSR 커뮤니케이션이 필수 사항이라기보다는 선택 혹은 과장의 영역일 수 있기 때문이었다. CSR 활동에 커뮤니케이션이 개입될 때, 오히려 CSR 활동의 진정성을 해칠 수 있기에 CSR 담당 실무자들은 CSR 커뮤니케이션에 대한 거부감 혹은 우려감이 높을 수 있는 것이다. 비슷한 맥락에서 인도의 CSR 담당 실무자들도 최소주의 커뮤니케이션과 커뮤니케이션으로서의 행동주의 입장을 보였다(Dhanesh, 2015). 최소주의 커뮤니케이션(minimalist communication)은 사실에 기초한 최소한의 CSR 커뮤니케이션을 강조하는 입장이며, 커뮤니케이션으로서의 행동주의(behavior-as-communication)는 행동에 기초한 CSR 프로그램은 저절로 외부로 알려

질 것이기에 적극적인 CSR 커뮤니케이션은 필요 없다는 입장이다. 이러한 CSR 커뮤니케이션에 대한 거부감 및 우려감은 CSR 커뮤니케이션의 경우에 의무가 아니고 기업의 선택이기에 적극적인 커뮤니케이션 자체가 자화자찬이 되어 오히려 CSR 프로그램의 진정성이 의심을 받을 수 있음을 우려하는 입장이라고 해석할 수 있다. 이러한 '선택 영역으로서의 CSR 커뮤니케이션'은 그린워싱과 밀접한 관련성을 가질 수밖에 없는데, 실체 없이 커뮤니케이션만 과장되거나 현실과 다르게 더욱 강조될 때 그린워싱이라고 불릴 수 있기 때문이다.

2) CSR과 ESG 개념: 관련성과 차이점

CSR은 주로 캐롤(Carroll, 1991)의 CSR 피라미드에 따라 경제적·법적·윤리적·자선적 책임으로 정의되며, ESG는 기업이 이해관계자들의 사회복지와 지속가능한 장기적인 부를 위한 환경, 사회, 지배구조 활동을 수행하는 것을 의미한다(Park et al., 2023). 길런 등(Gillan et al., 2021)은 CSR은 전통적으로 더 나은 기업 시민(corporate citizenship: CC)이 되기 위해 사회적으로 책임을 다하기 위한 기업의 활동으로 이해했고, ESG는 기업과 투자자가 그들의 비즈니스 모델에 환경, 사회, 지배구조 관심을 어떻게 통합할 것인가로 이해했다. CSR과 ESG의 뚜렷한 차이점은 ESG가 명백하게 지배구조 이슈를 나타낸 것인 데 반해 CSR은 환경과 사회적 이슈들과 관련하여 지배구조를 포함시킨 것이라고 보았으며, ESG가 CSR에 비해 '보다 포괄적인 개념(more expansive terminology)'(Gillan et al., 2021, p. 2)이라고 이해했다(〈표 5-1〉 참조).

	CSR	ESG
Gillan et al., (2021)	전통적으로 더 나은 기업 시민이 되기 위해 사회적으로 책임을 다 하기 위한 기업의 활동	기업과 투자자가 그들의 비즈니스 모델에 환경, 사회, 지배구조 관심 을 통합한 내용
Park et al., (2023)	캐롤(Carroll, 1991)의 CSR 피라미 드에 따라 경제적·법적·윤리 적·자선적 책임으로 정의	기업이 이해관계자들의 사회복지 와 지속가능한 장기적인 부를 위 한 환경, 사회, 지배구조 활동을 수행하는 것을 의미

선행연구들의 연구 경향 분석을 통해 CSR과 ESG 개념의 차이를 알아본 연구들이 일부 진행되었다(Gillan et al., 2021; Park et al., 2023). 박 등(Park et al., 2023)은 1990~2021년까지 SSCI(Social Science Citation Index) 저널에 게재된 논문들 중에서 '기업 시민' 'CSR' 'ESG'의 주요 키워드를 가지고 있는 1,235편 논문(701편의 CSR 논문, 296편의 ESG 논문, 238편의 CC 논문)의 키워드들을 이용하여 언어 네트워크 분석을 실시하였다. CSR과 ESG 관련 연구 결과에 주목하면 CSR 연구들은 'CSR' '기업(firm)' '수행(perform)' '환경(environment)' 순으로 키워드가 가장 많았고, ESG 연구들은 '투자(investment)' '리포트(report)' '공개(disclosure)' 'CSR' '리스크(risk)' 순으로 상위 키워드가 있었다. 이 연구는 벤다이어그램을 활용하여 CSR, ESG, CC 연구의 상위 키워드에서 중복되는 키워드와 각 영역에서의 독립적인 키워드를 구분하였는데, 세 연구 분야 모두에서 중복되는 키워드로는 'CSR' '산업(industry)' '리포트(report)'로 나타났고, CSR과 ESG 영역에서만 중복되는 키워드로는 '공개(disclosure)' '전략(strategy)'으로 확인되었다. 결론적으로 이 연구는 CSR, ESG, CC가 서로 중첩되지만 뚜렷하게 다르다고 주장했는데, "CSR

은 책임과 의무에 집중한 기업의 활동을 의미하며, ESG는 기업, 주주, 이해관계자들을 위한 기업의 ESG 위주의 활동을 의미한다."라고 구분했다(Park et al., 2023, p. 9). 국내 ESG 연구 경향을 분석한 박재현, 한향원, 김나라(2022)는 2012∼2021년까지 10년간 발행된 ESG 관련 학술 논문을 대상으로 빈도분석과 키워드 추출을 기반으로 체계적 분석을 실시하였다. 총 152개의 등재학술 논문들에서 핵심 주제어는 'ESG' '사회' '기업' '책임' '경영' '지배구조' '투자' '지속가능' 'CSR' '환경' 순으로 나타났다. 따라서 ESG에 관한 연구 경향을 실증적으로 분석한 선행연구들(박재현 외, 2022; Park et al., 2023)의 결과를 보면 공통적으로 'CSR'의 키워드가 상위에 있어 ESG와 CSR 개념과의 높은 관련성이 드러났다. 특히 박 등(Park et al., 2023)은 CSR 연구와 ESG 연구 간에서 확인된 중복 키워드로 '공개' '전략'을 확인하였는데, 이는 CSR과 ESG 영역에서의 공통 관심사가 커뮤니케이션 영역인 '공개'와 함께 전략적 접근이 필요하다는 '전략'임을 드러냈다. 따라서 이 두 개념은 높은 관련성을 보이지만, ESG는 보다 투자자 중심의 개념이며, CSR보다는 포괄적이라는 점에서 차별점이 있다고 할 수 있다.

2 ··· 그린워싱에 대한 경계

1) 그린워싱과 ESG워싱 개념

그린워싱(greenwashing)은 위장환경주의, 친환경 위장술로도 불리는데, 실제는 친환경적이지 않지만 친환경적인 면을 진실과 무관하게 과장하거나 강조하는 커뮤니케이션 행위라고 볼 수 있다. 그린워싱에 대한 개념이나 기준이 명확하게 설정되지는 않았지만, 매우 폭넓게 "친환경 이미지로 경제적 이익을 보는 모든 행위를 '그린워싱' 또는 'ESG워싱(ESG washing)'으로 지칭"(임선영, 2023, p. 9)할 수 있다.

일찍이 친환경 컨설팅 기업인 테라초이스(TerraChoice, 2010)는 그린워싱의 일곱 가지 죄악을 상충 효과 감추기, 증거 불충분, 애매모호함, 관련성 떨어짐, 두 가지 악 중 덜한 것, 거짓말, 허위 라벨 강조로 구체화했다. '상충 효과 감추기(the hidden trade-off)'는 '그린'의 의미를 상당히 좁게 강조하며, 다른 중요한 환경적 요인들은 관심을 가지지 않게 하는 방식이다. '증거 불충분(no proof)'은 쉽게 알 수 없는 정보나 믿을 만한 제3자에 의한 인증 없이 환경적 주장을 하는 경우이다. '애매모호함(vagueness)'은 소비자들이 오해할 수 있을 만큼 정확하지 않게 혹은 굉장히 넓게 정의하는 경우이며, '관련성 떨어짐(irrelevance)'은 진실이 아니거나 소비자들에게 중요하지 않은 정보를 이용하여 친환경적인 주장을 하는 경우이다. '두 가지 악 중 덜한 것(lesser of two evils)'은 그 상품의 범주 안에서는 진실일 수 있지만 전체적으로 봤을 때 더 큰 환경적 해악을 미칠 수 있음을 소비자들이 잊게 하는 경우이다. '거짓말(fibbing)'은 단순하게 거짓말을 하는 경우이며, '허위 라벨 강조(worshiping false labels)'는 단어나 이미지를 통하여 실제로는 존재하지 않는 제3자 인증을 강조하는 행위라고 할 수 있다.

최근 한국ESG기준원(2023. 3. 31.)에서는 해외와 국내 ESG 공시 규제 동향과 함께 그린워싱에 대한 개념 설명, 사례 분석에 관한 보고서를 발간했다. 이 보고서는 그린워싱을 '부적절한 라벨링'이라고 이해하며, 라벨링을 하는 주체와 목적물에 따라 '제품에 국한된 협의의 그린워싱' '투자자를 오도하는 선택적 정보공개' '기업의 가치를 향상시키기 위한 정보공개 조작'의 세 유형으로 구분하였다. 첫 번째, '제품에 국한된 협의의 그린워싱(product-level greenwashing, rather than firm-level)' 유형은 금융 상품과 관련해서 근거 없는 친환경 마케팅 혹은 일반 기업의 상품 서비스에 대한 부적절한 인증 라벨 부착이 해당할 수 있으며, 금융 상품 고객인 투자자와 일반 상품 고객인 일반 소비자가 피해자가 될 수 있다. 두 번째, '투자자를 오도하는 선택적 정보공개(selective disclosure to mislead investor)'는 펀드를 포함하는 금융 상품, 채권에 대한 부적절한 ESG, 녹색, 친환경, 지속가능성 등의 용어를 선택적으로 사용하여 투자자가 잘못 판단하게 하는 경우이다. 세 번째, '기업의 가치를 향상시키기 위한 정보공개 조작(manipulating disclosure to boost company valuation)'은 불가능한 친환경 목표 수립 공개 혹은 근거 없이 친환경 이미지를 강조하거나 친환경 라벨을 부착하는 경우이다. 이 보고서에서는 그린워싱 개념과 판별 기준이 명확하게 정립되지 않은 가운데 친환경 이미지로 경제적 이익을 보고자 하는 '그린워싱' 또는 'ESG워싱'의 사례가 급증하고 있다고 지적했다(임선영, 2023).

따라서 그린워싱의 유형은 〈표 5-2〉와 같이 '정확성이 부족한 유형' '선택적 정보를 이용하는 유형' '거짓 유형'의 세 가지로 구분된다. '정확성이 부족한 유형'은 정확하지 않은 정보를 이용하여 근거 없이 친환경을 강조하는 경우가 해당되며, '선택적 정보 이용'은 모든 정보를 공개하지 않은 채 알리고 싶은 내용만 강조하여 진실

세 가지 유형	TerraChoice (2010)	한국ESG기준원(2023. 3. 31.)
정확성 부족	상충 효과 감추기, 증거 불충분	제품에 국한된 협의의 그린워싱
선택적 정보 이용	애매모호함, 관련성 떨어짐, 두 가지 악 중 덜한 것	투자자를 오도하는 선택적 정보 공개
거짓	거짓말, 허위 라벨 강조	기업의 가치를 향상시키기 위한 정보공개 조작

과는 거리가 있는 경우이다. 마지막 세 번째 유형은 그야말로 거짓말을 하는 경우에 해당된다. 결국 그린워싱 문제는 커뮤니케이션과 실체의 불일치에 기인하기에 정확하고 투명한 커뮤니케이션의 중요성과 가치를 깨닫게 한다.

ESG워싱은 그린워싱에서 확장된 개념으로, 자산운용사가 환경뿐 아니라 ESG 전반에 걸쳐 근거가 없거나 오해의 소지가 있는 주장을 하는 경우이다(Candelon, Hasse, & Lajaunie, 2021). 칸델론 등(Candelon et al., 2021)은 자산운용사의 지속가능성 투자 약속인 커뮤니케이션 내용과 실질적인 행동인 행위 사이의 일치 여부를 비교했을 때, 특정 펀드의 이름과 인증이 자산운용사의 투자 전략과 반드시 일치하지는 않았다고 주장했다. 이러한 자산운용사의 ESG 약속과 비재무 성과의 불일치는 투자시장에서의 정보 불균형 상황인 ESG워싱 행태의 현실을 여실히 보여 주는 셈이다. 따라서 기존의 사설 제3자 인증기관(private third-party certification agencies)이 시장 기능의 장애인 ESG워싱 문제를 해결하지 못하기에 상호 펀드 산업에서의 공적 지배구조의 부족에 기인한 이러한 문제 해결을 위해 통일된 규정이 필요함을 강조했다.

2) ESG 정보 공시를 통한 투명한 커뮤니케이션 지향

ESG 정보공개는 "투자자 관점에서 기업의 ESG 정보를 '지속가능보고서'에 효과적으로 반영하여 이해관계자들에게 공시하는 개념이다. 세부적으로 기업이 당면하고 있는 ESG 리스크가 기업의 가치에 미치는 영향을 분석하고, 이에 대한 대응 방안을 '지속가능경영보고서'에 반영하여 공시해야 한다"(진성한, 양덕모, 이종희, 2023, p. 30). 따라서 ESG 정보 공시는 투자자 대상으로 ESG 관련 내용들에 대한 지속가능경영보고서를 통한 정보공개라고 정의할 수 있다.

기업들이 ESG 정보를 효율적으로 공개하고 자율적 준수가 가능하도록 하기 위해 주요 기관들은 정보공개 이니셔티브를 제공하고 있다. 대표적으로 GRI(Global Reporting Initiative: GRI)는 기업의 지속가능경영보고서의 기준 제공을 위한 국제기구로서, 홈페이지❷를 통해 11개국 언어로 지침을 상세히 제공하고 있다(2023년 기준 한국어 버전은 존재하지 않는다). GRI 기준의 목표는 "조직들이 지속가능성을 위해 어떻게 이바지하고 노력하고 있는지 투명성을 제공하고자 함이다. GRI 기준은 조직이 인권, 경제, 환경, 사람한테 미치는 조직의 가장 중요한 영향력(impacts)과 함께 조직이 어떻게 그 영향력에 대처하는지를 공적으로 공개하는 것이다. 이러한 노력은 조직의 영향력에 투명성을 더해 조직의 책무를 증가시킨다."(p. 7)라고 명시되어 있다. GRI 정보 공시의 여덟 가지 원칙으로 정확성(accuracy), 균형성(balance), 명확성(clarity), 비교가능성(comparability), 완전성(completeness),

❷ https://www.globalreporting.org/standards/download-the-standards/

지속가능성 맥락(sustainability context), 적시성(timeliness), 검증가능성 (verifiability)을 들었다. 이러한 GRI 기준의 명백한 목표와 엄격한 원칙을 확인한다면 기업의 지속가능성을 위한 행동적 실천뿐 아니라 그 실천을 엄격한 기준을 충족하며 공개할 수 있는 투명한 커뮤니케이션적 뒷받침이 얼마나 전문성을 띄는 중요한 영역인지를 이해할 수 있을 것이다.

지금까지 ESG가 강조되기 전인 CSR시대에는 CSR 커뮤니케이션이 자화자찬의 오해를 받을 수 있는 소지 때문에 최소주의(Dhanesh, 2015)부터 퍼블리시티를 통한 기사화, 홈페이지를 통한 보고서 탑재, CSR 광고 등을 포함하는 적극적인 커뮤니케이션(Servaes & Tamayo, 2013)까지 조직의 자율적 선택 영역이었다. 그러나 ESG 정보 공시가 의무화되는 시대적 흐름 속에 ESG 정보 공시 및 커뮤니케이션은 더 이상 최소화의 영역이 아니어야 할 것이며, 보다 적극적이며 전문성을 띤 고도화된 전략적 커뮤니케이션을 지향해야 할 것이다.

③ ··· ESG 커뮤니케이션 연구 경향

최근 들어 ESG가 우리 사회의 주요 화두가 되면서 커뮤니케이션학 관점의 ESG 연구들이 활발히 진행되기 시작했다. ESG 커뮤니케이션 연구 경향을 조직-공중 관계성을 다루는 PR 커뮤니케이션 입장에서 조직(기업), 미디어, 소비자의 세 가지 주제로 나누어 ESG 커뮤니케이션 관련 선행연구들을 다음과 같이 정리했다.

1) 기업 관점

ESG 커뮤니케이션을 행하는 주체인 기업 입장에서의 ESG 커뮤니케이션 현황 및 효과 등에 관한 연구는 아직 많이 진행되지 않았다. 박란희(2022)는 2021년에 대기업, 글로벌 기업, 컨설팅사 등에서 ESG 업무 담당자 10명을 대상으로 질적 인터뷰를 실시하여 미디어의 ESG 보도 증가에 따른 담당자들의 ESG 커뮤니케이션 관련 인식을 탐색했다. 연구 결과, 응답자들은 미디어의 ESG 보도 증가를 '언론의 부정적 관여(engagement)'(박란희, 2022, p. 69)로 인식했으며, 구체적으로는 언론사들이 시상식, 교육 프로그램 등을 이용해 돈벌이 수단으로 이용하는 경향을 문제 삼았다. 응답자들은 일반 국민들의 ESG 커뮤니케이션에 대한 인식 수준이 높지 않은 상황에서 이를 가시화했을 때 정말 커뮤니케이션 효과가 있을지에 대한 의문을 표하기도 했고, 기업의 ESG 미디어 채널이 없다는 점을 업무상 어려움으로 꼽았다. 또한 ESG 업무가 조직 내부의 실행 부서를 설득하여 정보를 얻거나 변화시켜야 하는데, 기업 내에서는 숙제를 내 주는 부서로 인식되는 경향이 높아 기업 내부에서 데이터 수집의 어려움이 있다고 토로했다. ESG 커뮤니케이션 내용에 있어서는 구체적인 프로그램화가 어려워서 이에 관한 메시지 개발이 어려우며, 기업 내에서 부족한 ESG 영역을 개선하는 계획을 발표하면 이것이 오히려 부정적으로 비칠까 우려를 표하기도 하였다. 응답자들은 1년에 한 번 발간하는 지속가능경영보고서로만 커뮤니케이션하는 것에 대한 큰 한계가 있다고 보며, 해외의 경우에는 수시로 홈페이지를 업데이트함을 강조하기도 했다. 또한 성과에 대한 정략적 제시의 어려움, 사회적 임팩트(impact) 측정뿐 아니라 구체적 사례 구축이 중요하다고도 지적했다. 이 연구는 기업의 ESG 커뮤니케이션을 실무 담당자들로부터 현실적인 고민과 실무적인 인사이트를 확인하였다는 데 실무적 의의가 높다.

정윤태와 안영규(2022)는 2020년도 「공정거래법」상 공시 대상으로 지정된 자산총액 5조 원 이상인 48개 기업의 자료를 활용하여 기업의 ESG 활동과 이를 외부로 커뮤니케이션하는 ESG 정보 공시 및 ESG와 관련한 전략적 커뮤니케이션이 기업의 재무 성과에 미치는 영향을 알아보았다. 이 연구에서 기업의 정보 공시에 대한 구체적 진단 항목은 정보 공시 형식·내용·검증의 세 가지로 〈표 5-3〉처럼 구분하였다. 정보 공시 형식은 방식, 주기, 범위를 포함했고, 정보 공시 내용은 ESG 핵심 이슈 및 핵심성과지표를 의미했다. 이 연구가 ESG 커뮤니케이션 진단 항목을 구체화하여 구분했다는 의의는 있지만, 각 항목별로 정확한 정의나 의미는 확인할 수 없는 아쉬움이 있었다. 또한 이 연구에서는 '불일치 지수'라는 개념을 이용하여 ESG 실제 활동과 ESG 정보 공시의 차이를 설명했다. 보다 구체적으로 기업의 실제 활동보다 정보 공시 활동이 더 비중이 높은 상황(그린워싱)일 경우에는 불일치 지수가 음(-)의 값을 띠며, 기업의 실제 활동이 정보 공시 활동보다 더 높게 나오는 상황(브라운워싱)일 때는 불일치 지수를 양(+)으로 표시했다. 연구 결과, 분석 대상 기업들의 ESG 활동과 정보 공시 간의 차이인 불일치 지수의 평균값이 -0.136으로 나타나 분석 대상 기업들의 그린워싱 가능성을 평균 수치로

3. ESG 커뮤니케이션 연구 경향

독립변수	범주	진단 항목
기업의 ESG 정보 공시 (ESG 커뮤니케이션)	정보 공시 형식	ESG 정보 공시 방식(상: 1, 중: 0.5, 하: 0)
		ESG 정보 공시 주기(상: 1, 중: 0.5, 하: 0)
		ESG 정보 공시 범위(상: 1, 중: 0.5, 하: 0)
	정보 공시 내용	ESG, 핵심 이슈 및 핵심 성과지표(상: 1, 중: 0.5, 하: 0)
	정보 공시 검증	ESG 정보 공시 검증(상: 1, 중: 0.5, 하: 0)

출처: 정윤태, 안영규(2022), p, 261.

확인했다. 또한 불일치 지수는 산업 간 특성보다는 개별 기업의 특성에 기인한 것으로 나타났고, 기업의 ESG 활동이 많을수록 재무 성과에 긍정적인 영향을 미침을 확인하였다. 그러나 기업의 ESG 정보 공시는 재무 성과에 유의미한 영향을 미치지 않는 것으로 나타나, ESG 커뮤니케이션의 재무 성과에 미치는 직접적인 영향력을 확인할 수는 없었지만 이 연구는 그린워싱과 같은 행태는 지양되어야 할 것임을 강조했다.

2) 미디어 관점

언론을 기업의 ESG 활동의 주요 이해관계자로 파악하고 기업의 ESG 정보 공시에 대한 언론 보도를 다룬 실증적 연구들이 활발히 진행되었다(예를 들면, 박준규 외, 2022; 박한나, 박대민, 2022; Burke, Hoitash, & Hoitash, 2019). 박준규 등(2022)은 국내 기업 소속 ESG 업무를 하는 PR 실무자 6명을 대상으로 ESG 언론 보도에 대한 의견을 알아보고자 질적 인터뷰를 진행하였다. 응답자들은 ESG 관련 언론 보도가 늘어나고 사회적 관심이 높아지면서 기업 내부에서도 ESG 에 대한 관심과 중요도가 높아졌다고 답했다. 또한 ESG 관련 언론 보도에 대해서는 보다 전문적이고 심층적인 언론 기사에 대한 개선 과 기대감을 가지고 있었으며, ESG 활동을 통해 기업에 대한 긍정적 인 이미지를 형성하고 위기 관리 측면의 일환으로서 ESG 활동을 이 해하고 있었다. 이 연구는 인터뷰 진행 후, 2017년 5월~2021년 5월 까지 4년간 국내 언론 ESG 기사들 중에서 853개의 기사를 대상으로 내용 분석을 실시하였는데, 연구 결과 두 개의 경제지가 전체 기사 의 80%를 차지해 ESG 보도에 대한 주요 경제지의 큰 관심도를 확 인했다. ESG 언론 기사의 내용 프레임(frame)을 살펴봤을 때는 진보 성향 언론사(한겨레, 경향신문)는 친환경 프레임, 설명 프레임, 단순 정보 프레임, 경제적 이익 프레임 순으로 기사가 많았던 반면, 보수 성향 언론사(중앙일보, 매일경제, 한국경제)는 기업 홍보 프레임, 경제적 이익 프 레임, 설명 프레임, 단순 정보 프레임 순으로 나타나 언론사 성향에 따른 ESG 프레임 차이를 확인했다. 박한나와 박대민(2022)은 2019 ~2022년 8월까지 국내 전체 54개 매체의 ESG 기사를 빅데이터 분 석하였는데, 연도별 기사 수를 봤을 때 2019년 940건, 2020년 3,490 건, 2021년 299,72건, 2022년 21,160건으로 2021년을 기점으로 관 련 기사 수와 확연히 급증함을 확인했다. 지면별 기사 수를 비교했 을 때, 경제 기사가 가장 많았고(66.3%) 지역(12.5%), IT/과학(9.7%) 순으 로 나타나 경제 기사가 압도적이었는데, 특히 경제면에서 최태원 SK그룹 회장이 다수 언급되어 국내 ESG 담론의 주요 생산자로 파 악되었다. 전체 기사에서 가장 많이 언급된 주요 키워드는 'ESG'였고, '친환경' '지배구조' '기업들' '코로나19' '지속가능' '경쟁력' '중소기업' '한국' '지역사회' 순으로 나타났다. 박한나와 박대민(2022)은 SK그룹처럼 ESG 경영에 대해 적극적으로 커뮤니케이션하는 노력이 PR 커뮤니케이션 관점에서 중요하다고 강조했다.

버크 등(Burk et al., 2019)은 2007~2014년까지 미국 공기업의 종단데이터를 활용하여 기업의 ESG에 관한 부정적 뉴스 기사에 대한 회계사의 반응을 알아보았다. 연구 결과, 고객사의 부정적 뉴스 기사는 회계사가 해당 고객사의 일을 그만두게 하는 동시에 회계사 비용을 더 늘리는 데 유의미한 영향을 미침을 확인했다. 따라서 이러한 결과는 ESG와 관련한 소셜미디어와 블로그 등 다양한 미디어 정보에 의해 회계사가 영향을 받음을 확인함으로써 ESG 커뮤니케이션의 영향력을 실증적으로 보였다는 데 의의가 있다.

3) 소비자 관점

기업의 ESG 경영에 대한 소비자들의 인식(강윤지, 김상훈, 2022)이나 ESG 경영을 내세운 기업광고에 대한 소비자들의 인식(김은희, 2023; 마우신이, 고은영, 2023; 유재웅, 진용주, 이현선, 2021)을 살펴본 실증적 연구들이 진행되었다. 흥미로운 점은 ESG라는 주제와 관련해서, 특히 MZ세대에 집중한 연구들이 많았다는 점이다(예를 들면, 강윤지, 김상훈, 2022; 김은희, 2023; 마우신이, 고은영, 2023). 한 예로, 강윤지와 김상훈(2022)은 MZ세대 그룹(1980~2001년생) 100명과 비MZ세대 그룹(1952~1979년생) 100명을 비교해 그들의 ESG 경영에 대한 인식을 비교했다. 흥미로운 점은 비MZ세대라고 칭하는 그룹은 매우 폭넓은 베이비부머와 X세대를 합친 그룹이었는데, 이들 그룹을 '비MZ세대'라고 칭하며 철저히 MZ세대 위주의 소비자 인식을 연구의 주요 관심사로 보았다는 점이다. 그러나 연구 결과, ESG 경영에 대한 인식과 이해도에 있어서 두 세대 간에 차이가 나타나지 않았지만 비MZ세대 응답자들의 관심도가 MZ세대 응답자들보다 더 높게 유의미하게 나타났다. 마우신이와 고은영(2023)은 한국의 SK그룹, 하나금융그룹, 한화그룹의 ESG 광고가 중국 MZ세대의 브랜드 태도에 미치는 반응을 알아보았다. 세 기업의 광고를 보기 전과 후를 비교했을 때, 참가자들의 브랜드 태도가 유의미하게 차이를 나타내어 긍정적인 광고 효과를 확인할 수 있었다. 브랜드 선호도에 있어서는 한화그룹(디지털 광고), SK그룹(E-Like S Thinking Good 광고), 하나금융그룹(이별이여 안녕) ESG 광고 순으로 나타났는데, 저자들은 한화그룹은 감성 요소를, SK그룹은 귀여운 키즈 요소를 잘 활용한 것으로 파악했다. 김은희(2023)는 국내에서 ESG 경영을 잘한다고 알려진 삼성, SK, LG, 오뚜기, 유한킴벌리를 제외하고 소비자와 밀접한 관계에 있다고 판단한 롯데그룹의 ESG 광고를 실험처치물로 활용하였다. 연구 결과, Z세대 소비자들의 기업에 대한 신뢰가 높을수록 ESG 광고 메시지에 대한 이해도 역시 높게 나타났으며, 그 기업의 제품에 대한 호감도도 높은 것으로 나타났다. 이 연구에서 Z세대의 ESG 참여도 수준은 평소 개인적이고 친환경적인 생활 습관과 노력을 의미하며, Z세대 응답자들의 ESG 참여도 수준은 낮았지만 기업에 대한 신뢰가 높을 때, ESG 광고 메시지와 내용에 대한 인지 수준은 높게 나타났다. 그러나 ESG 수준이 높을 때는 기업의 ESG 광고 메시지와 내용에 대한 인지 수준이 오히려 낮아지는 것을 확인할 수 있었다.

따라서 이 연구에서는 개인의 ESG 참여 수준이 높을 때는 기업에 대한 ESG 경영의 기대감이 더욱 높아져서 광고 효과가 오히려 떨어질 수 있다고 해석하며, 개인별 ESG 관련 관심도를 주요 독립변인으로 파악했다.

④ ··· 결론 및 미래 연구의 방향성 제언

일반 소비자들이 기업의 CSR 활동을 인지하고 이해하여 기업에 대한 신뢰를 쌓기 위해서는 CSR 프로그램의 진행뿐 아니라 CSR 커뮤니케이션이 동반되어야 한다(김수연, 2021). 그러나 의무 영역이 아니었던 CSR 커뮤니케이션의 필요성에 대해서는 자화자찬을 경계하는 최소주의부터 광고를 활용한 적극적인 커뮤니케이션까지 그 의견은 다양했다. CSR과 비교했을 때, 보다 투자자 중심의 개념인 ESG는 정보 공시 의무화가 정책적으로 요구되면서 ESG 커뮤니케이션은 의무 영역이기에 기존의 CSR 커뮤니케이션과는 확연히 차이가 있다. 그러나 현실을 보면 기업의 그린워싱 혹은 ESG워싱이 많이 확인되는데(정윤태, 안영규, 2022; Candelon et al., 2021), 그린워싱 혹은 ESG워싱은 실체와 커뮤니케이션이 불일치하는 경우로, 현실에 비해 선택적으로 혹은 허위로 과장되어 커뮤니케이션하는 경우가 해당된다. 이러한 문제는 커뮤니케이션의 전문성 부족에 기인할 수도 있으며, 실제보다 더 좋게 포장하려는 속임수를 쓰고자 하는 기업의 어리석음에 기인할 것이다.

ESG가 강조되는 지금은 보다 전문화된 커뮤니케이션을 요하는 시대이다. GRI가 제시하는 정보 공시의 여덟 가지 원칙, 즉 정확성, 균형성, 명확성, 비교가능성, 완전성, 지속가능성 맥락, 적시성, 검증가능성의 엄격성을 확인해 본다면, 커뮤니케이션을 한다는 것에 얼마나 높은 수준의 전문성과 투명성이 필요한지 쉽게 이해할 수 있을 것이다. 더 이상 과거의 과장이나 포장이 쉽게 통하는 시대가 아니라는 뜻이다.

그러나 현실을 들여다보면 국내 ESG 커뮤니케이션 실무 담당자들은 ESG 커뮤니케이션과 관련한 프로그램화의 어려움으로 인한 메시지 개발의 어려움, ESG 개선 계획이 오히려 약점을 드러내는 결과를 초래할 것이라는 우려(박란희, 2022) 등으로 ESG 커뮤니케이션의 어려움을 토로하고 있다. ESG라는 용어가 우리 사회의 주요 키워드로 급부상했지만 정작 그 개념은 투자자 중심의 개념이기도 하며, 그 의미는 폭넓고 전문적이기에 일반인들이 쉽게 이해하기 힘든 것도 사실이다. 또한 그린워싱 이슈는 잘하고 있는 것만 보여 주어야 하는 결과 지향의 우리 사회의 한 단면일 수도 있다. 기업이 불리한 정보를 커뮤니케이션하더라도 이에 대해 용납하고 기다려 줄 수 있는 중장기적 시각이 우리 사회를 위해서도 필요한 시점이다.

ESG 커뮤니케이션은 정보 공시의 의무 영역뿐 아니라 다양한 채널(신문, TV, 소셜미디어, 홈페이지 등)을 활용한 자율적 커뮤니케이션 영역까지를 포함한다. 시전(CISION, 2023)에서는 2021년 7월~2023년 3월까지 미국, 캐나다, 영국, 프랑스, 독일, 이탈리아, 스페인에서 ESG 관련 주제로 데이터를 수집하여 ESG 커뮤니케이션 트렌드 보고서를 발표했다. 이 보고서에 따르면, 소셜미디어상에서는 E(환경) 영역

4. 결론 및 미래 연구의 방향성 제언

이 57%로 가장 활발히 논의되었고, 그다음으로 S(사회) 영역(26%), G(지배구조) 영역(17%) 순으로 나타난 반면, 전통 매체에서는 S(사회) 영역(37%), E(환경) 영역(35%), G(지배구조) 영역(28%) 순으로 나타나 매체별 ESG 영역에 대한 관심도 차이를 확인했다. 또한 각 영역별로 구체적 내용을 확인하면 E(환경) 영역에서는 탄소 배출과 넷제로, 기후변화, 재활용과 폐품, 공기 오염 순으로 중요했으며, S(사회) 영역에서는 다양성과 평등, 포용, 지역사회와 자선, 인권, 임금 지불 순으로 중요하게 나타났다. G(지배구조) 영역에서는 감독과 회복, 윤리, 부정 부패, 최고경영진의 보수 순으로 나타났다. 이처럼 ESG라고 불리는 영역에는 너무나도 다양한 주제와 구체적인 사안들이 존재하며, 다양한 국가와 매체에서 그 중요 사안은 달라질 수 있기에 ESG 커뮤니케이션의 영역은 전문성을 요하는 분야임이 분명하다.

최근 ESG에 주목한 커뮤니케이션 관련 연구들이 탐색적으로 진행되기 시작했다. 이 장에서 보았듯이, 기업, 미디어, 소비자의 세 관점에서 보았을 때 미디어 관점, 특히 전통 매체인 언론 기사에서 다룬 기업의 ESG에 주목한 연구들이 진행되기 시작했고, 소비자의 관점에서는 소비자들의 기업의 ESG 경영에 대한 전반적 인식을 알아보는 연구들이 진행되었다. 상대적으로 기업의 ESG 커뮤니케이션 자체에 대해서 깊이 있게 확인하기는 아직 어려웠다. 앞으로 ESG 커뮤니케이션 분야의 연구가 이론적 · 실무적 함의를 가지기 위해서는 ESG 개념을 추상적으로 접근하기보다는 구체화된 실제적 개념으로 접근해야 할 것이다. 한 예로, 조재영(2023)은 ESG 시대의 광고 규제를 주제로 현행 환경 표시, 광고 법률을 확인해 보고 이에 대한 재정비를 주장했다. 이 연구는 그린워싱 문제 해결을 위한 광고 규제의 측면에서 ESG 커뮤니케이션을 다루었기에 실무 담당자들에게 그린워싱을 경계하기 위해 필요한 법률적 지식을 구체적으로 제시했다는 점에서 실무적 의의가 높다고 파악된다. ESG 개념은 정책적 함의를 담고 있으며, 다양한 사안을 포괄하는 매우 폭넓은 개념이기에 상당히 구체적으로 접근되어 연구가 진행되어야 할 것이다. ESG는 전문성을 요하는 개념인 만큼 다양한 분야의 학자들이 관심을 가질 만한 주제이지만, 이 개념이 추상적인 개념으로 접근된다면 연구의 실제적 의의를 찾기는 어려울 것이다. ESG 커뮤니케이션 관련 연구들은 그린워싱 문제 해결을 위한 구체적인 지침을 제시할 수 있어야 하며, 기업 커뮤니케이션을 보다 고도화시키고 전문성을 띌 수 있는 영역으로 발전시킬 수 있도록 뚜렷한 방향성을 지녀야 할 것이다.

4. 결론 및 미래 연구의 방향성 제언

참고문헌

강윤지, 김상훈(2022). 기업의 ESG 경영에 대한 소비자 인식에 관한 연구: MZ
　　세대를 중심으로. 광고학연구, 33(3), 7-39.

김수연(2021). 디지털 시대의 PR학신론. (pp. 131-154). 학지사.

김수연, 권지현(2017). 국내 대기업 사회공헌 담당자들이 인식하는 사회공헌
　　활동의 기대 효과와 PR의 역할에 대한 질적 고찰. 한국광고홍보학보, 19(3),
　　38-67.

김은희(2023). 기업의 신뢰도와 ESG 광고 메시지 이해, 제품태도의 관계에
　　서 소비자 ESG 인지와 참여 수준의 조절된 매개효과. 인문사회 21, 14(2),
　　1857-1972.

박란희(2022). 미디어의 ESG 보도 증가에 따른 기업 담당자들의 ESG 커뮤니케
　　이션 인식 연구: 근거이론을 중심으로. 커뮤니케이션학 연구, 30(3), 57-85.

마우신이, 고은영(2023). 기업의 ESG 캠페인이 MZ세대의 브랜드 태도에 미치
　　는 영향-SK그룹, 하나금융그룹, 한화그룹의 ESG 광고를 중심으로. 브랜드
　　디자인학연구, 21(1), 177-187.

박준규, 오유선, 심승범, 이승원, 조재희(2022). ESG (Environmental·Social·
　　Governance) 언론 보도에 대한 실무자 인식 및 보도 프레임 연구. 홍보학연
　　구, 26(2), 117-149.

박재현, 한향원, 김나라(2022). 국내 ESG 연구동향 탐색: 2012~2021년 진행된
　　국내 학술연구 중심으로. 벤처창업연구, 17(1), 191-211.

박한나, 박대민(2022). ESG 이슈에 관한 뉴스 빅데이터 분석 연구. 광고PR실학
　　연구, 15(4), 146-176.

신창엽, 김형석(2022). 기업의 ESG 활동에서 마케팅 메시지와 컬러의 적합성이
　　기업 평가에 미치는 영향: 처리 유창성의 매개 효과. 커뮤니케이션 디자인학
　　연구, 79, 108-118.

유재웅, 진용주, 이현선(2021). ESG 경영을 주제로 활용한 기업이미지 광고가
　　브랜드 태도에 미치는 효과-KT&G의 기업이미지 광고를 중심으로. 브랜드
　　디자인학연구, 19(2), 49-62.

임선영(2023). 그린워싱 유형별 사례 분석. KCGS 리포트(pp. 9-19).

전국경제인연합회(2022). 2022 주요 기업의 사회적 가치보고서.

정윤태, 안영규(2022). 기업의 ESG 활동과 정보 공시가 재무성과에 미치는 영향. e-비즈니스연구, 23(3), 255-273.

조재영(2023). ESG 시대의 광고 규제 연구: 지속가능한 녹색 소비를 위한 환경 관련 표시·광고를 중심으로. 차세대융합기술학회논문지, 7(2), 309.

진성한, 양덕모, 이종희(2023). 중견·중소 기업과 스타트업의 ESG 완전 정복. 학지사비즈.

한국ESG기준원(2023. 3. 31.). KCGS 리포트. 13권 3호(통권 제159호).

Burke, J. J., Hoitash, R., & Hoitash, U. (2019). Auditor response to negative media coverage of client environmental, social, and governance practices. *Accounting Horizons*, *33*(3), 1-23.

Candelon, B., Hasse J-B., & Lajaunie, Q. (2021). ESG-Washing in the mutual funds industry? From information asymmetry to regulation. *Risks*, *9*(11), 199. https://doi.org/10.3390/risks9110199

Carroll, A. B. (1991). The pyramid of corporate social responsibility: Toward the moral management of organizational stakeholders. *Business Horizons*, *34*(4), 39-48.

Dhanesh, G. S. (2015). The paradox of communicating CSR in India: Minimalist and strategic approaches. *Journal of Public Relations Research*, *27*(5), 431-451.

CISION & The Institute for Public Relations. (2022). The perceptions of sustainability. https://instituteforpr.org/cisionipr-the-perceptions-of-sustainability/

CISION. (2023). ESG communication trends.

Gillan, S. L., Koch, A., & Starks, L. T. (2021). Firms and social responsibility: A review of ESG and CSR research in corporate finance. *Journal of Corporate Finance*, *66*, 101889.

https://www.globalreporting.org/standards/download-the-standards/

Kent, M. L., & Taylor, M. (2002). Toward a dialogic theory of public

relations. *Public Relations Review*, *28*(1), 21–37. doi:10.1016/S0363-8111(02)00108-X

Park, J. G., Park, K., Noh, H., & Kim, Y. G. (2023). Characterization of CSR, ESG, and corporate citizenship through a text mining: Based review of literature. *Sustainability*, *15*, 3892. https://doi.org/10.3390/su15053892

Servaes, H., & Tamayo, A. (2013). The impact of corporate social responsibility on firm value: The role of customer awareness. *Management Science*, *59*(5), 1045–1061.

TerraChoice. (2010). The sins of greenwashing: Home and family edition.

기업시민 포스코의 ESG 커뮤니케이션 전략과 사례
: 투명한 정보공개와 브랜드 리포지셔닝

| 박정석[포스코 기업시민실]
문병걸[포스코 커뮤니케이션실]

포스코는 창립 50주년을 맞이한 2018년에 기업시민 경영이념을 선포하였다. 포스코의 기업시민 경영이념의 핵심적인 의미는 기업이 현대의 시민처럼 자발적으로 사회 발전을 위한 공존, 공생의 책무를 다하여 경제적 이윤 창출에서 나아가 사회적 가치 창출에도 적극적으로 그 역할과 책임을 다한다는 것이다. 현재 기업경영의 뉴노멀로 자리 잡은 이해관계자 자본주의와 ESG 경영과 맥락을 같이하는 것이다. 포스코는 기업시민 경영이념을 기반으로 ESG 경영을 추진하고 있으며, 기업시민과 ESG 성과에 대한 투명한 정보공개와 스토리텔링을 통해 이해관계자들의 신뢰를 얻고 공감대를 형성하고자 노력하고 있다. 이와 더불어 저탄소 순환경제 시대에 철강의 가치를 재조명하고, 친환경 소재 대표 기업의 이미지를 구축하기 위한 PR 활동도 전개하고 있다. 이 장에서는 포스코의 기업시민 경영이념과 ESG 전략을 알아보고, ESG 관점에서 포스코의 커뮤니케이션 추진 방향과 주요 사례를 살펴보도록 한다.

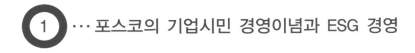

1 ··· 포스코의 기업시민 경영이념과 ESG 경영

1) 왜 기업시민인가

대중들에게도 잘 알려진 포스코의 창업정신 제철보국(製鐵報國)은 1968년 창립 이후 50년간 포스코의 사명감이자 문화 정체성으로 자리 잡았다. 제철보국에는 산업의 기초 소재인 양질의 철을 값싸게 만들어서 우리나라의 산업화, 경제성장에 기여함으로써 국부를 증대시키고 국민의 삶을 풍요롭게 만드는 데 이바지하자는 정신이 깃들어 있다. 하지만 창립 50주년을 맞이한 2018년에 포스코를 둘러싼 시대적 변화는 새로운 문화 정체성을 요구하고 있었다. 먼저, 공기업이던 포스코는 2000년에 국내외의 다양한 주주로 구성된 사기업으로 새출발하였고, 철강을 넘어 에너지, 무역, 소재 등 포스코그룹 차원의 다각화된 비즈니스를 영위하는 회사로 성장하였다. 이처럼 사업 정체성과 기업 정체성의 진화를 토대로 글로벌 기업으로 거듭나 있었다. 이와 동시에 외부적으로는 기후 위기, 양극화, 전염병 등 범지구적 도전 과제를 해결하기 위해 국가, 국제기구, 시민단체 등은 물론이고 기업의 적극적인 참여가 필수적이라는 시대적 요구가 확대된 상황이었다. 이런 내외부적인 변화를 고려할 때, 철강과 국가 중심의 제철보국 정신만으로는 포스코그룹 전체를 아우르기에 한계에 도달했고, 다각화된 사업 포트폴리오에 적합하고 글로벌 차원의 이해관계자의 기대에 부응하기 위해서는 한 단계 업그레이드된 새로운 경영좌표가 필요하게 된 것이다. 이에 따라 포스코의 존재 이유를 되돌아보고 향후 100년 지속가능한 기업으로 거듭나기 위해 '더불어 함께 발전하는 기업시민'을 새로운 경영이념으로 선포했다.

기업에 시민이라는 인격을 부여한 개념의 기업시민은 실질적으로 시민권을 가진 시민은 아니지만 '시민과 같은' 역할을 수행해야 하고, 시민권을 부여받지는 않았지만 시민권 증진을 위해 사회·경제 역할을 담당하는 것을 본질로 한다(송호근 외, 2023). 또한 기업시민은 기업의 성장 및 혁신 전략에 내재화될 수 있는 매우 강력한 전략적 개념이기도 하다(곽수근 외, 2020). 포스코 기업시민 경영이념의 핵심은 경제 활동의 주체인 기업이 이윤 창출뿐만 아니라 우리 사회가 직면한 문제를 해결하는 데 적극적으로 동참하여, 경제적 가치와 사회적 가치 창출이 선순환되는 비즈니스 모델을 만들어가며 더 큰 기업의 가치를 창출하는 데 있다. 일회적이고 시혜적 성격의 CSR 활동이 아니라 비즈니스 본연의 가치 창출을 목적으로 한다. 무엇보다 주주 중심의 경영을 넘어 고객, 구성원 등 모든 이해관계자와 끊임없이 소통하고 공감하면서 공존, 공생의 가치를 만들어가는 것을 추구하고 있다. 2019년 미국 BRT 선언, 2022년 대한상공회의소의 '신기업가 정신' 선포 등 세계적으로 이해관계자 자본주의 논의가 확대되고 ESG 경영이 확산되는 시대적 흐름에 선제적으로 대응한 것이라고 자부할 수 있는 부분이다.

1. 포스코의 기업시민 경영이념과 ESG 경영

2) 기업시민과 ESG 경영

포스코는 기업시민 경영이념 확산과 내재화 노력의 일환으로 2019년 7월에 '기업시민헌장'을 제정하였다. 기업시민헌장은 포스코 기업 문화의 근간이자 의사결정 방향을 알려 주는 나침반이라고 할 수 있다. 기업시민헌장은 기업시민의 개념과 포스코가 나아가야 할 지향점을 담은 전문과 영역별로 임직원들이 항상 마음에 새겨야 하는 실천 원칙들을 담고 있다. 실천 원칙에는 "환경보호, 강건한 산업 생태계 조성, 안전, 다양성 포용" 등 ESG의 핵심 이슈들에 대한 가치 추구를 포함하고 있다. 기업시민헌장의 원칙들을 잘 실천하면 자연스럽게 ESG 성과가 창출되는 기반을 마련한 상황이다. 즉, 기업시민은 포스코 ESG 경영의 출발점인 것이다.

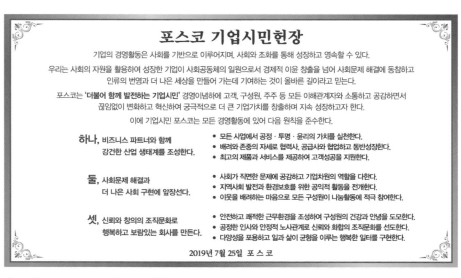

● 그림 6-1 **포스코 기업시민헌장**

제6장 기업시민 포스코의 ESG 커뮤니케이션 전략과 사례

포스코는 기업시민 경영이념을 토대로 친환경 리더십을 주도하고, 지속가능한 사회공동체를 조성하며, 경영 체계 선진화로 ESG 경영을 실천하고 있다. 포스코는 2022년 3월에 지주회사 체제로 전환하면서 친환경 미래 소재의 의미를 담은 'GREEN'을 키워드로 그룹 차원의 5대 ESG 전략을 수립했다. ESG 경영을 구체화하고 성과를 체계적으로 관리하기 위해 GREEN 프레임워크 연계 중점 영역을 선정하였으며, 이를 토대로 ESG 경영 공감대를 형성하고 임직원의 이해도를 높이고 내재화하고 있다. 특히 포스코그룹의 모든 임원은

● 그림 6-2 **포스코그룹 ESG 전략 체계**
출처: 포스코홀딩스(2022).

1. 포스코의 기업시민 경영이념과 ESG 경영

중점 영역과 연계하여 ESG 혁신 과제를 수행하면서 ESG 성과 창출
을 위해 전방위적인 노력을 전개하고 있다.

② ··· 포스코 ESG 커뮤니케이션

이제부터 ESG 경영 관점에서 포스코의 커뮤니케이션 전략과 사
례에 대해 본격적으로 살펴보도록 한다. 포스코의 ESG 커뮤니케이
션은 크게 두 가지 경로로 나눠 볼 수 있다. 첫 번째는 기업시민과
ESG 경영 성과를 외부에 투명하게 공개하고 제대로 알리는 것이다.
지속가능보고서를 통한 ESG 공시나 투자자·고객사 커뮤니케이션,
적극적인 ESG 평가 대응이 있다. 이와 더불어 기업시민 5대 브랜드
를 중심으로 한 기업시민 제대로 알리기 활동을 포함하고 있다. 두
번째는 ESG 경영 시대에 걸맞은 친환경 미래 소재 대표 기업으로
의 기업 브랜드 리포지셔닝 활동이다. 아시아 철강사 최초로 2050
탄소중립을 선언한 포스코의 저탄소 이행 노력을 대중들에게 알기
쉽게 전달하는 것을 목표로 한다. 아울러 철강은 저탄소 순환경제
시대를 실현할 수 있는 핵심 소재라는 내용을 설명하면서 철강회사

● 표 6-1 **포스코의 ESG 커뮤니케이션 추진 방향**

활동 영역	투명한 정보공개와 기업시민과 ESG 성과 제대로 알리기	기업 브랜드 리포지셔닝: 저탄소 순환경제 관점에서 철의 재조명
주요 이해관계자	투자자, 고객사, 일반 대중	일반 대중
주요 소통 채널	홈페이지 공시(기업시민보고서 등), 세미나 발표, 전문잡지 등	언론, SNS

포스코에 대한 일반 소비자들의 인지도를 전환하고자 하는 것이다.

1) 투명한 정보공개와 기업시민과 ESG 성과 제대로 알리기

포스코는 1995년에 우리나라 최초로 환경보고서를 발간하였고, 2004년에는 포스코 최초 지속가능보고서를 발간하여 지금까지 지속하면서 지속가능보고 분야에서 선도적인 역할을 해 오고 있다. 2018년 기업시민 경영이념 선포 이후에는 기업시민보고서로 이름을 변경하였으며, 2023년에 발간한 『2022 기업시민보고서』를 통해 20번째 지속가능보고서 발간을 이루게 되었다.

투명한 정보공개는 ESG 경영의 핵심 활동의 하나이다. 투자자, 고객사, 평가기관 등 기업을 둘러싼 이해관계자들은 기업의 ESG 성과를 확인하기 위해 기업이 투명하게 정보를 공개해 주기를 요구하고 있다. 실제 세계 최대 자산운용사인 블랙록의 경우, 포스코가 기후(탄소) 정보는 기후변화 관련 재무정보 공개 협의체(Task Force on Climate-Related Financial Disclosures: TCFD), 그 외 ESG 정보는 지속가능성 회계기준위원회(Sustainability Accounting Standards Board: SASB) 기준에 맞춰 공시해 주기를 직접적으로 요구하기도 하였다. 그동안 ESG 정보공개에 대한 확고한 기준이 없어 비교가능성을 높이기 위한 노력들이 전개되었고, 그 결과 글로벌 ESG 공시 기준의 표준화가 진행되고 있다. 포스코는 주요 글로벌 공시 기준을 준용하여 기업시민보고서를 통해 이해관계자들의 관점에서 정보를 공개하고자 노력하고 있다. 포스코는 지속가능보고서의 기준으로 널리 활용되는 GRI뿐만 아니라, 2020년부터는 TCFD, SASB 등 글로벌 기준을 선제적으로

1995~2003	2004	2010	2011	2014	2019	2023
국내 최초「환경보고서」 발간	포스코 최초 「지속가능보고서」 발간	「탄소보고서」 발간	「통합보고서」 발간 *연차보고서와 「지속가능성보고서」 통합	「POSCO Report」로 명칭 변경	「기업시민보고서」로 명칭 변경	「2022 기업시민 보고서」 발간 *20번째 지속가능 보고서

● 그림 6-3 **포스코 지속가능보고서 발간 연혁**

적용했다. 또한 2020년 12월에는 탄소중립을 선언하면서 한국 최초로 TCFD 기반의 기후보고서를 발간한 바 있다. 아울러 2022 기업시민보고서에서는 글로벌 ESG 공시 기준으로 여기는 국제지속가능성기준위원회(International Sustainability Standards Board: ISSB)의 기준을 준용하면서 글로벌 ESG 공시를 선도하고 있다.

또한 포스코는 기업시민을 브랜드화하여 회사가 창출한 성과에 대해 제대로 알리는 활동을 추진하고 있다. 아무리 기업시민 활동 프로그램이 우수하고 진정성이 있더라도 커뮤니케이션이 부족하면 성과를 내지 못하며, 성과가 없으면 기업시민은 의미를 가질 수 없다(송호근 외, 2023). 회사를 둘러싼 이해관계자들을 대상으로 효과적인 커뮤니케이션을 통해 기업시민 활동에 대한 진정성을 인정받고, 나아가 기업경영 활동에 대한 지지와 응원을 받을 필요가 있다.

이러한 전략적인 커뮤니케이션 관점에서 포스코는 '기업시민 5대 브랜드'를 탄생시켰다. 기업시민의 지향점과 가치 그리고 실질적인 활동 성과에 대한 대내외의 공감대를 확대하고, 대중의 인지도를 높이기 위한 노력의 일환으로 기업시민의 가치와 ESG 성과를 높이기 위해 필요한 5개의 중점 추진 활동 테마를 정했다. 그리고 경영비전인 With POSCO를 매칭하여 브랜드별로 목표하는 이미지를 설정함으로써 궁극적으로 함께하고 싶은 회사라는 메시지

● 그림 6-4 **기업시민 5대 브랜드**
　　자료: 포스코 홈페이지.

를 전달하고자 하였다. 기업시민 5대 브랜드는 시그니처 브랜드인 Green With POSCO(함께 환경을 지키는 회사)를 중심으로 Together With POSCO(함께 거래하고 싶은 회사), Challenge With POSCO(함께 성장하고 싶은 회사), Life With POSCO(함께 미래를 만드는 회사), Community With POSCO(지역과 함께하는 회사)로 구성되어 있다.

　기업시민 5대 브랜드의 주요 특징으로는 경영비전을 활용한 워드플레이(Wordplay)로 일관성과 친숙함을 잘 활용했으며, 새롭고 다양한 대표 사업들을 손쉽게 담아내는 바구니 역할을 하도록 함으로써 브랜드 활용도를 높였다는 점을 들 수 있다(포스코홀딩스, 2023). 또한 브랜드별 대표 사업을 책임지고 리딩할 관련 부서 임원을 오너로 지정함으로써 브랜드 관리에 대한 오너십을 높이도록 했다.

포스코는 5대 브랜드를 활용하여 회사가 창출한 성과에 대해 이해관계자들과 적극적으로 공감하고 커뮤니케이션하기 위해 노력하고 있다. 5대 브랜드 영역에서 시의성, 대중 관심도 등을 고려하여 이해관계자의 눈높이에서 스토리를 콘텐츠화하고, 전략적 채널을 활용하여 대중에 확산하고 있다. 기업시민 제대로 알리기라는 활동을 통해 대외 강의, SNS 활동 등을 통해 기업시민 실천 활동을 외부에 적극적으로 소개하고 있다. 이를 토대로 다른 기업과 일반 시민들도 기업시민을 이해하고 지속가능한 내일을 위해 노력하는 포스코의 진정성을 이해해 주기를 기대하고 있다. 기업시민 5대 브랜드는 우리 사회가 당면한 사회경제적 이슈와 문제 해결을 위해 포스코가 기업시민으로서 사회적 책임을 다하며 실천하기 위한 해결 방안을 가시적으로 보여 주는 사례로 평가받고 있다(곽수근 외, 2021).

STEP 1	이해관계자에 어필 가능한 임팩트 있는 스토리 주제 발굴
	• 기업시민 5대 브랜드, ESG 성과 개선 활동 중 대중의 관심도, 시의성, 커뮤니케이션 대상 등을 고려해 선정
STEP 2	발굴된 스토리를 이해관계자 눈높이에서 콘텐츠화
	• Outside-in 관점에서 이해관계자의 몰입을 고려하고, 전문가들이나 대학생(기업시민 교과과정) 등과 협업
STEP 3	콘텐츠화된 스토리를 전략적 채널을 활용하여 확산
	• 이해관계자의 특성을 반영하여 언론, 유튜브, 인스타그램, 쇼츠 등 다양한 채널을 선택

● 그림 6-5 **기업시민 ESG 성과 스토리텔링 전략**

2) 기업 브랜드 리포지셔닝: 저탄소 순환경제 관점에서 철의 재조명

두 번째는 대중을 대상으로 하는 홍보이다. 대중들을 대상으로 하는 홍보 전략에는 실질적인 ESG 성과에 대한 부분을 넘어 포스코의 기업 이미지와 포스코가 영위하는 철강 사업에 대한 대중들의 인식 변화에 주안점을 두고 있다. ESG 경영이 추구하는 지속가능한 미래와 저탄소 순환경제 시스템에서도 철강은 필수 소재라는 사실을 대중들에게 알리고자 하는 것이다. 철은 지각에 풍부하게 존재하고, 저렴한 가격으로 용도에 맞게 다양한 성질을 부여할 수 있다는 장점 덕분에 우리가 사용하고 있는 금속의 약 90%를 차지할 만큼 현대 문명을 지탱하는 기초 소재로 사용되고 있다. 실제로 철강은 건물, 자동차, 선박, 그리고 의료기기나 식기에 이르기까지 현대인의 삶과 경제 활동 곳곳에서 사용되고 있는데, 세계철강협회에 따르면 철강은 물리적 · 화학적 · 환경적 속성의 차이에 따라 3,500개가 넘는 강종이 존재할 정도로 용도별로 다양하게 사용되고 있다.[1] 그럼에도 불구하고 철강산업은 태생적으로 특성상 이산화탄소를 배출함에 따라 기후변화의 주범으로 손꼽히고 있다. 실제 포스코는 국내 1위 온실가스 배출 기업이기도 한데, 이산화탄소 배출은 철강업의 특성으로 인해 피할 수 없는 숙명과도 같은 것이다. 이처럼 이산화탄소를 대량으로 배출하는 철강이 지속가능한 미래의 필수 소재라는 주장에 언뜻 공감하기 어려울 수 있다. 이를 이해하기 위해

[1] https://worldsteel.org/about-steel/about-steel/

서는 철강 생산에서 탄소 배출의 역사적 의미를 되짚어 보고, 문명사적 전환이라고 부를 만한 철강산업의 탄소중립 이행 노력을 이해하는 것이 필요하다.

먼저, 철을 획득하는 원리에 대해서 알아보자. 우리가 접하는 지각의 철은 금속 상태가 아닌 산소 등과 결합하여 적철석(Fe_2O_3)이나 자철석(Fe_3O_4) 같은 광석의 상태로 존재하는데, 이를 금속 형태의 철로 변환시키려면 철광석을 녹여 철과 결합된 산소를 떼어 내는 환원 과정을 거쳐야만 하며, 예나 지금이나 얼마나 에너지 효율적으로 철을 분리해 내느냐가 철강 기술의 핵심이라고 할 수 있다(국립중앙박물관, 2017). 그리고 지금까지 탄소가 환원제로 사용되어 온 것인데, 고대 나무를 구운 목탄부터 시작해 석탄을 거쳐 현대의 코크스로 진화 발전한 것이다.[2] 청동기시대를 거쳐 본격적인 철기시대에 돌입하기까지는 오랜 시간이 걸렸는데, 철광석이 완전히 녹아 쇳물이 되는 온도까지 끌어올리는 기술이 그만큼 어려웠기 때문이다(국립중앙박물관, 2017).

대량의 철 생산을 이룬 최초의 국가 히타이트는 목탄을 사용해 뛰어난 철기 제작 기술을 확보할 수 있었다. 기원전 1200년경 히타이트가 멸망한 후 히타이트의 제철 기술이 세계 각지로 퍼져 나가면서 본격적인 철기시대에 돌입했고, 이후 오랜 기간 인류는 목탄을 이용해 철강을 생산해 왔다. 이후 1619년 더들리 더들리가 목탄

---

[2] 목탄은 나무를 구워 내어 숯으로 만든 것으로, 숯에는 83~95%의 탄소가 함유되어 있다. 코크스는 석탄 내의 유황과 수분을 비롯한 잡다한 성분들을 제거하여 순수한 탄소에 가까운 상태로 만든 것으로, 철강 생산의 효율과 품질을 높이는 데 더 유리하다(국립중앙박물관, 2017).

대신 생석탄을 이용해 제련을 시작했고, 1709년 영국의 에이브러햄 다비가 코크스를 연료로 하는 코크스 제철법을 고안하면서 철강의 대량 생산의 토대를 마련하였으며, 철강산업은 비약적으로 발전하게 됐다(국립중앙박물관, 2017). 이처럼 인류는 본격적인 철기시대에 돌입한 이후 3천 년 이상 자연 상태의 철을 금속 형태의 철로 변환하는 과정에서 탄소를 사용해 왔으며, 이 과정에서 불가피하게 이산화탄소를 배출해 왔던 것이다.

하지만 이제는 인류가 직면한 최대 난제인 기후변화를 억제하고 지속가능한 미래를 만들어 가기 위해서는 이산화탄소 배출이 없는 새로운 제철 기술이 필수인 시대에 돌입한 것이다. 따라서 글로벌 철강업계는 탈탄소라는 문명사적 전환기를 맞이하게 되었으며, 탄소가 발생하지 않는 철강 생산 시스템을 구축하기 위한 노력에 박차를 가하고 있다. 대표적으로 탄소를 대체할 새로운 환원제로 수소가 주목받고 있고, 현재 전 세계 유수의 철강사들이 수소환원제철 기술을 개발하고 상용화하기 위해 박차를 가하고 있다. 이처럼 철강업계의 탈탄소화가 실현되면 철강은 우수한 내구성, 범용성, 거기에 뛰어난 재활용성에 힘입어 미래 저탄소 순환경제를 실현할 수 있는 핵심 소재로 거듭날 수 있는 것이다.

그러나 여전히 대중들에게 철강은 미래 지향적이지 않고 ESG와는 거리가 먼 산업으로 여기는 경향이 있다. 또한 포스코를 바라보는 대중의 인식은 철강회사로서 제철보국, 산업의 쌀 등의 이미지에 국한되어 비치는 경우가 많다. 수소환원제철, 친환경 에너지용 강재 개발 등 포스코의 그린스틸을 위한 차별화된 기술과 제품은 일반 소비자들에게는 익숙하지 않아 지루한 이야기로 들리고, 특히 젊

2. 포스코 ESG 커뮤니케이션

은 세대들에게는 낯설고 어려운 기업으로 비치고 있다.

이렇기 때문에 포스코 ESG 경영 노력을 제대로 알리는 관점에서도 철의 가치와 중요성, 철강회사 포스코에 대한 대중들의 인식을 전환할 필요가 커졌다. 이에 따라 B2B 기업의 딱딱하고 어려운 내용을 대중들이 보다 쉽게 이해하고 한층 더 공감할 수 있는 색다른 방법을 고민했다. 일련의 광고 캠페인을 통해 대중들이 포스코와 철강을 바라보는 생각에 변화를 주고자 하였다. 지금부터는 실제 포스코와 철강에 대한 대중의 수용성을 확보하기 위해 진행한 광고 캠페인의 대표적인 사례를 소개하고자 한다.

🌲 사례1. Green Tomorrow 캠페인

첫 번째 사례는 유튜브로 공개한 Green Tomorrow 광고 캠페인이다. Green Tomorrow 광고는 포스코의 탄소중립 이행 노력과 친환경 미래 소재 대표 기업으로 거듭나기 위한 전략과 브랜드를 소개하는 데 초점을 두고 있다. 글로벌 기업들의 탄소중립 레이스가 시작된 가운데 포스코도 2020년 12월에 아시아 철강회사 최초로 '2050년 탄소중립' 목표를 선언하고, 탄소중립 시대의 선도 기업으로 도약하기 위해 노력 중이다. 대표적으로 수소환원제철 기술을 개발하고 있고, 저탄소 친환경 산업을 촉진할 수 있는 다양한 철강 제품을 개발하여 판매하고 있다. 회사는 이러한 다양한 탄소중립 이행 노력을 커뮤니케이션함으로써 대중들의 응원과 지지를 받을 수 있다. 하지만 수소환원제철이나 친환경 철강 제품과 같은 내용은 철강업계나 관련 산업에 종사하는 이들은 이해하기 쉽지만, 일반 대중들에게 굉장히 낯설고 지루한 이야기로 들릴 수 있다.

이러한 문제점을 해결하고자, 소비자들에게 일방적으로 메시지를 전달하는 전통미디어 대신 포스코의 탄소중립 이행 노력을 알기 쉽게 알리기 위해 소셜미디어에 특화된 홍보로 소통 방식을 혁신하고자 하였다. 특히 재미와 공감을 중시하는 젊은 세대의 특성에 집중해서 양방향 채널, 유튜브에 업로드하는 웹드라마형 콘텐츠를 제작했다. 자칫 무겁게 느낄 수 있는 브랜드 스토리를 거부감 없이 즐길 수 있도록 철저히 재미에 기반한 소통 포맷을 적용한 것이다. 사건의 실마리를 하나씩 풀어 가는 전개 방식에서 시청자들에게 긴장감과 흥미를 안겨 주는 미스터리 스릴러 장르의 웹드라마 특징을 활용하고자 하였다.

오랜 준비 끝에 2022년 초에 포스코의 첫 번째 미스터리 스릴러 Green Tomorrow 캠페인을 유튜브에 공개했다. 총 3편의 에피소드로 구성해 포스코만이 할 수 있는 이야기를 시리즈형 웹드라마로 풀어냈다.

첫 번째는 기존 고로 공법과 달리 CO2 배출 없이 철을 생산할 수 있는 '수소환원제철'에 대한 내용, 두 번째는 친환경에너지용 강재 통합 브랜드인 '그린어블'을 통해 철강이 풍력, 태양광 등 재생에너지에 어떻게 기여하고 있는지, 마지막 세 번째는 포스코그룹이 만들어 가는 이차전지 소재 밸류체인에 대한 이야기 등을 지루하지 않게 스토리텔링했다.

온드미디어 채널뿐만 아니라 콘텐츠 성격에 부합하는 영화 유튜버와 컬래버레이션을 진행하기도 했다. 발신자-수신자 사이에 커뮤니케이션 범퍼(bumper)를 적용해 직접적 메시지 전달에 대한 거부감을 최소화한 것이다. 이는 두터운 팬덤을 형성한 인플루언서를 통해 파급력을 극대화시켰고, 콘텐츠 재확산으로 이어지는 등 긍정

● 그림 6-6 **Green Tomorrow 웹드라마 시리즈 메인 포스터**
출처: 포스코 뉴스룸.

적인 반응을 이끌어 냈다.

영상 시청 외에도 인게이지먼트 강화를 위해 푸쉬(Push)가 아닌 풀(Pull) 형태로 이벤트를 설계해서 흥미를 더했다. 이를 테면 SNS 광고를 통해 전화번호를 노출(웹드라마상 비밀 코드)하고, ARS 연결 시 주인공의 육성 안내와 함께 대중의 참여를 이끌어 냈다. 또 스토리와 밀접한 연관성을 지닌 이벤트(텔레포트 해킹 퀴즈, 미래 소재 캡슐 뽑기) 페이지를 오픈해서 쌍방향 소통에 박차를 가하고, 시청자와 유대감을 형성하기도 했다.

뿐만 아니라 대한민국 대표 상업지구이자 금융기관, IT 기업, 대기업 본사들이 즐비하게 늘어선 테헤란로의 중심에 옥외광고를 게재해 다각도로 홍보 활동을 전개했다. 운전자와 보행자에게 탁월한 시야각과 주목도를 제공하는 디지털 미디어인 점을 감안하여 OTT 채널에서 신규 오리지널 드라마가 론칭하듯, 시선을 사로잡는 30초 예고편을 제작 및 노출해서 웹드라마형 디지털 캠페인에 대한 기대감을 한껏 높였다.

이러한 입체적인 캠페인 전개를 통한 결과는 고무적이었다. 총 4편(에필로그, 에피소드1, 에피소드2, 에피소드3)의 콘텐츠가 조회 수(2,120만 뷰),

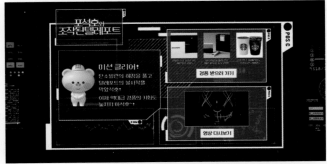

● 그림 6-7 Green Tomorrow 캠페인 참여형 이벤트

댓글 수(4,994건), 좋아요 수(5,937개)를 기록했다.[3] 또한 '포스코＝철강 기업'에서 친환경 미래로 도약하는 새로운 기업 이미지를 형성하고, 젊은 세대와 소통을 확대한다는 내용의 주요 언론사의 자발적 언론 보도와 250건 이상의 개인 미디어 확산으로 이어지는 등 대중들의 많은 관심을 받았다.

🌲 사례2. 판타스틸 광고 캠페인

두 번째 소개 사례는 '판타스틸' 광고 캠페인이다. 해당 광고는 철강이 인류와 문명의 발전에 기여한 가치와 소중함을 재조명하는 데 초점을 두고 있다. 특히 포항제철소 1기 종합준공 50주년이라는 뜻깊은 해를 맞이해 대중들에게 인류와 문명의 발전에 기여한 철의 가치와 소중함을 다시금 상기시키고, 철의 친환경성을 알리기 위해 캠페인을 론칭했다.

광고 슬로건 '우리의 내일을 판타스틸하게'의 '판타스틸(FANTASTEEL)' 은 판타지(Fantasy)와 철(Steel)의 합성어로서 친환경 철강을 통해 미래 세대가 꿈꾸고 바라는 판타지 같은 '더 좋은 세상(better world)'을 만들 겠다는 의미를 갖고 있다. 이는 2023년 7월 포스코가 선포한 비전 슬로건 'Better World with Green Steel'을 젊은 세대의 눈높이에 맞 춰 광고 슬로건으로 재해석한 것이다.

2023년 8월 중순에 공개한 1편 '신철기시대의 서막'은 철의 특성 을 2030 세대가 친근한 게임 판타지 스토리로 흥미롭게 풀어냈다는 점과 철강회사와 게임회사의 컬래버레이션이라는 의외성으로 큰

---

[3] 2022년 12월 기준.

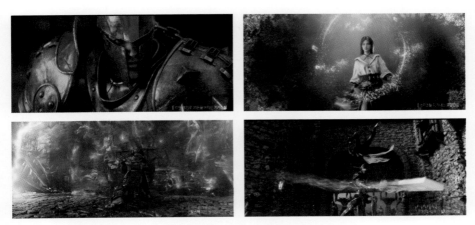

● 그림 6-8 **판타스틸 Ep.1 신철기시대의 서막 편 광고 영상 갈무리**
　　　　　　출처: 포스코 유튜브.

화제를 모았다. 포스코는 자체 제작 및 국내 대표 게임회사인 넥슨
(NEXON)이 올해 출시한 '프라시아 전기'의 시네마틱 영상을 일부 활용
해 포스코가 구축한 판타스틸 왕국의 서사를 그렸고, 우수한 특성을
가진 포스코의 제품과 기술력은 게임 아이템에 빗대어 쉽게 표현
했다.

　특히 2분 분량의 장초수 광고는 압도적인 스케일과 뛰어난 영상
미로 영화관, 옥외 전광판 등 대형 스크린을 통해 광고를 접한 관객
들의 이목을 집중시켰다. 1편은 유튜브 포스코TV 채널 공개 한 달
만에 풀버전 영상 단독 기준 2천만 뷰를 돌파했고,[4] 2천여 개의 댓
글이 달렸으며, 언론 기사 및 매거진에 MZ 세대를 사로잡은 우수
캠페인 사례로 소개되었다.

　뒤이어 2023년 10월 초에 공개한 2편 '그린스틸이 만든 미래'는

[4] 2023년 10월 12일 기준 3,200만 뷰.

● 그림 6-9 **판타스틸 Ep.2 그린스틸이 만든 미래 편 광고 영상 갈무리**
　　　　　출처: 포스코 유튜브.

포스코의 친환경 제철 기술을 전수받아 황폐해진 세상을 되살린 판
타스틸 왕국의 미래를 표현했다. 1편이 우수한 철강 기술력을 강조
했다면, 2편은 하이렉스(HyREX), 그리닛(Greenate) 등 친환경 제철 기술
과 브랜드를 강조해서 '그린스틸로 더 나은 세상'을 만들어 가겠다
는 포스코의 의지를 담았다.

　　영상 광고와 병행하여 캠페인 사이트 판타스틸 닷컴(www.fantasteel.
com)에서 다양한 연계 이벤트를 추진함으로써 2030세대와의 인게이
지먼트를 높였다. 캠페인 사이트에는 총 61만 명이 방문해 다양한
이벤트에 참여했으며, 넥슨의 '프라시아 전기' 게임 속에서도 판타
스틸을 체험할 수 있는 '판타스틸 제전' '그린스틸 제전' 이벤트를 진
행하여 게임 플레이어들에게도 큰 호응을 얻었다.❺ 이러한 전형적

---

❺ 판타스틸 광고 캠페인 영상은 유튜브 '포스코TV'(www.youtube.com/helloposco)
　등 포스코 SNS 채널에서 시청이 가능하다.

● 그림 6-10 **판타스틸 캠페인 사이트 화면 갈무리**

인 기업 홍보 형식을 탈피한 새로운 시도와 노력은 '2023 대한민국 광고대상' 금상, '2023 대한민국 디지털 광고대상' 그랑프리 등 대외 수상으로 이어지며, 2030세대들에게 새로운 기업 브랜드 이미지를 구축했다는 평가를 받았다.

③ ··· 결론

지금까지 포스코의 기업시민 경영이념과 ESG 경영전략, 그리고 이를 토대로 한 대외 커뮤니케이션 전략 방향과 주요 사례를 살펴보았다. 포스코는 탄소중립 시대에 철강을 넘어 친환경 미래 소재 대표 기업으로 거듭나기 위해 노력하고 있다. 이해관계자 자본주의와 ESG 경영이 본격화하는 시대적 변화 속에서 선도적으로 2018년에 기업시민 경영이념을 선포하고, 이를 토대로 ESG 경영에 박차를 가하고 있다. 또한 아시아 철강사 최초로 2050 탄소중립 목표를 선언하면서 3천 년이 넘는 철기시대 동안에 이어져 온 탄소 기반의 철강 생산 시스템에서 탈피하여 탄소중립 시대를 선도하고자 한다. 포스코가 이런 문명사적 전환을 성공적으로 완수하기 위해서는 무엇보다도 모든 이해관계자의 지지와 응원이 필요하다. 그렇기 때문에 보다 이해관계자들과 지속적으로 소통하고 공감하기 위해 다양한 커뮤니케이션 활동을 추진하고 있다. 이 책에 담긴 포스코의 사례 소개를 통해 포스코와 철강이 대중에게 보다 친숙한 이미지로 다가가는 데 도움이 되길 바란다. 궁극적으로 포스코의 기업시민과 ESG 경영에 대한 포스코의 진정성이 잘 전달되어 이해관계자들의 진심 어린 공감과 응원으로 이어지기를 희망한다.

참고문헌

곽수근, 송호근, 문형구, 김용학, 김동재, 김용진, 이경묵, 한종수, 박경서, 배영, 김태영, 김인회, 신호창, 김은미, 조준모, 이병훈, 윤정구, 캐서린 스미스, 염재호(2020). 기업시민, 미래경영을 그리다. 나남.

곽수근, 유규창, 송호근, 문형구, 김동재, 이상현, 김용진, 신호창, 전상인, 배영, 은기수, 구자숙, 전재욱, 신현상(2021). 기업시민, 미래경영의 길이 되다. 나남.

국립중앙박물관(2017). 『쇠 · 철 · 강 – 철의 문화사』 특별전.

세계철강협회. https://worldsteel.org/about-steel/about-steel/

송호근 외(2023). ESG 시대의 지속가능경영 기업시민. 플랜비디자인.

포스코 뉴스룸. https://newsroom.posco.com

포스코 유튜브. https://www.youtube.com/@posco

포스코홀딩스(2023). 2022 기업시민보고서.

포스코홀딩스(2023). 기업시민 포스코 5년 스토리북.

포스코 홈페이지. https://www.posco.co.kr/

제7장

SK이노베이션 '산해진미(山海眞美)' ESG 프로그램

– ESG PR과 기업 브랜드 관점에서의 시사점 –

| 박현섭[SK이노베이션 Value Creation Center 팀장]
임유진[Ph.D., 숭실대학교 경영대학원 겸임교수, 한국PR협회 사무국장]

현대 사회에서 플라스틱이 없는 세상을 상상할 수 있을까? 의외로 쉬운 일이 아닐 것이다. 주변을 돌아보면 플라스틱이 들어가지 않은 것이 없을 정도로 우리는 플라스틱 시대에 살아가고 있다. 무분별하게 버려진 폐플라스틱은 지구 생태계의 한복판에서 걷잡을 수 없는 크나큰 위협이 되어 버렸으며, 앞으로도 플라스틱 사용량이 현저하게 증가할 것이라는 전망이 우세하다. 국제사회는 각종 정책과 규제를 통해 정부, 기업의 책임 있는 행동을 요구하기 시작했으며, 플라스틱 원천 저감과 재활용 확대를 위한 기업들의 근본적인 변화도 필요한 실정이다. 하지만 정부와 기업, 시민들이 공감대를 가지고 순환경제(circular economy)를 위해 실천을 한다는 것은 요원한 일이다.

이러한 상황에서 SK이노베이션은 2021년 5월에 처음으로 사내 구성원들의 자원봉사활동으로 '산해진미(山海眞美)'라는 환경 실천 ESG 프로그램을 시작하여 현재까지 지속적으로 전개해 오고 있다. 산해진미(山海珍味)는 본래 '아름답고 청정한 산과 바다에서 나오는 귀한 물건으로 차린 맛있는 음식'을 의미한다. 그런데 지금의 산과 바다는 폐플라스틱을 포함한 쓰레기들로 인해 오염되어 있는 것이 사실이다. 우리가 앞으로도 계속 산해진미를 원한다면 산과 바다를 예전의 것으로 되돌려 놓아야 할 것이다. 즉, 산해진미(山海眞美)는 환경오염의 주범인 폐플라스틱과 쓰레기로부터 산(山)과 바다(海)를 지켜 참(眞)으로 아름다운(美) 지구를 만들자는 의미를 담고 있는 ESG 환경 실천 프로그램이다. 지금은 범국민 프로그램으로 크게 확대되었다.

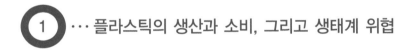

① ⋯ 플라스틱의 생산과 소비, 그리고 생태계 위협

점심 식사를 마치고 저마다 일회용컵에 담긴 커피를 들고 즐겁게 대화를 나누는 모습은 요즘 직장인들의 일상적인 모습이다. 우리가 일상생활에서 사용하고 있는 플라스틱의 한 해 생산량은 4억 6천만 톤에 달한다고 한다. 이는 1950년에 2백만 톤이었던 것과 비교하면 230배나 증가한 수치이다(OECD, 2022). 지난 2022년 경제개발협력기구(OECD)는 글로벌 플라스틱 전망을 담은 보고서(Global Plastic Outlook)를 발표했다. 2060년대가 되면 지금보다 3배가 더 늘어난 12억 3,100만 톤의 플라스틱을 사용하게 될 것이라고 전망하고 있다. 앞으로 플라스틱에 대한 의존도가 높은 경제성장이 계속되고, 인구의 증가에 따라 플라스틱 수요는 계속 늘어날 것으로 보는 것이다(OECD, 2022).

플라스틱 사용량이 많아진다는 것은 그만큼 폐플라스틱의 발생 기회도 증가한다는 의미가 된다. 미국에서는 매 시간마다 250만 개의 플라스틱 병이 버려진다고 한다. 플라스틱은 쉽게 분해되지 않는 특성이 있다. PET 생수병은 분해되는 데 400년이나 걸린다. 결국 매년 엄청난 양의 플라스틱이 지구 어딘가에 축적되고 있다는 의미이다(Abbing, 2020). 백 년의 플라스틱 역사를 고려하면 처음 만들어진 플라스틱도 아직 분해되지 못한 상태로 어딘가에서 떠돌고 있을지 모르는 일이다.

현재 플라스틱의 재활용 비율은 10%에 채 미치지 못하고 있다고 한다(OECD, 2022). 수거된 플라스틱도 재질과 성상의 차이로 인해서 재활용되지 못하는 경우도 많다. 유엔환경계획(UNEP)에 따르면, 플라스틱의 22~43%가 매립된다고 한다. 강이나 바다로 흘러들어 가는 폐플라스틱의 양도 엄청나다. 『플라스틱 수프』의 저자 미힐 로스캄 아빙(Michiel Roscam Abbing)은 매년 생산되고 있는 플라스틱 중 3%가 바다에 버려지며, 그 물량은 1,000만 톤에 해당한다고 주장하였다. 이들 중 상당 부분은 미세플라스틱으로 분해되어 해저 물고기들의 뱃속으로 들어간다고 경고하였다(Abbing, 2020). 한 세기 동안에 인류의 삶을 편리하고 윤택하게 만들었던 플라스틱은 이제 지구 생태계를 가장 위협하는 존재로서 공공의 적이 되는 국면을 맞은 것이다.

해양 생물들은 바다에 떠도는 플라스틱을 먹이로 착각한다. 뱃

1. 플라스틱의 생산과 소비, 그리고 생태계 위협

속에 플라스틱 조각들이 가득 찬 고래의 사체가 해변으로 밀려오고, 플라스틱 빨대로 고통받고 있는 바다거북의 영상은 많은 사람에게 경각심을 불러일으켰다. 폐어망에 걸린 생물들, 비닐봉지에 덮인 채 사라져 가는 산호초 등 바다 속에서는 죽음의 사투가 끊임없이 벌어지고 있다. 한반도의 7배 크기의 플라스틱 섬(Great Pacific Garbage Patch: GPGP)이 대양 한가운데에 떠돌고 있다는 소식은 더욱 암울하다(최원형, 2015). 이런 비극은 해양 생물들에게만 그치지 않는다. 어느새 인간에게도 보이지 않는 침범이 일어난다. 세계경제포럼(WEF)은 매년 '글로벌 위험 보고서(Global Risk Report)'를 발표하고 있다. 여기에는 10년 내에 인류에게 가장 큰 영향을 미칠 수 있는 위협 요인에 대한 조사 결과를 반영하고 있다. 물론 기후변화를 최상위 위협으로 보지만, 최근에는 생물의 다양성 손실과 생태계 파괴에 대한 위험을 비중 있게 다룬다(WEF, 2023). 생태계 파괴는 거의 비가역적이어서 돌이킬 수 없다. 플라스틱 문제도 인류를 포함한 전체 생태계의 관점에서 심각한 문제인 것이다.

2 ··· 플라스틱 저감을 위한 정부와 기업의 노력

1) 국제사회의 규제 강화와 정부의 노력

기후 위기, 탄소중립에 대해 큰 목소리를 내던 국제사회는 최근에는 폐플라스틱 문제에 대해서도 심도 있게 다루기 시작했다. 유

럽연합(EU) 등 선진국을 중심으로 플라스틱 생산량 감축과 재활용
비율에 대한 규제들을 내놓고 있다. 각국의 정부는 재생 플라스틱
사용 비율을 의무화하고 일회용기에도 부담금을 부여하는 정책들
을 실행하고 있다. 2022년 3월 케냐 나이로비에서 개최된 제5차 유
엔환경총회에서 해양 플라스틱 문제 해결을 위한 정부간협상위원
회(INC)를 구성하고, 플라스틱 오염에 대응하기 위해 2024년까지 법
적 구속력이 있는 국제협약을 성안하자는 결의안이 채택됐다. 앞으
로 5차례에 걸친 정부간협상위원회(INC)를 통해 협약 성안을 마무리
할 계획에 있다. 한국은 최종 협상회의 개최국으로 선정되면서 내
년 하반기에 제5차 정부간협상위원회 회의(INC-5)를 개최하기로 하
였다(한경 ESG, 2023). 한국은 2019년 기준으로 전 세계 플라스틱 생
산량의 4.1%를 담당하는 주요 플라스틱 생산국이다. 이번에 최종
협상회의 개최국이 되면서 높아진 위상만큼 책임 있는 리더십이 요
구되고 있다. 한국 정부는 지난 2020년 12월에 국무총리 주재로 열
린 제120차 국정현안점검조정 회의에서 '생활폐기물 탈플라스틱 대
책'을 확정했다. 2025년까지 플라스틱 폐기물의 20%를 감축하고,
분리 배출된 폐플라스틱의 재활용 비율을 54~70%까지 끌어올린
다는 내용이다. 또한 일회용 플라스틱 감축은 물론이고 플라스틱
생산 단계에서부터 전 주기에서의 발생을 저감한다는 내용을 담고
있다(환경부, 2020).

2) 플라스틱 순환경제를 위한 기업의 접근

기업들의 행보도 분주해졌다. 폐플라스틱 재활용을 위한 본격

적인 움직임이 나타나고 있다. 이것은 예전의 CSR, 공헌(貢獻)과는 사뭇 다른 양상으로 나타난다. 갈수록 강화되고 있는 국제사회의 규제로 인해 경영전략과 사업구조에도 큰 변화가 일어나고 있다. 유럽연합(EU)의 재활용 비율 의무화 규제는 기업 매출에 직접적인 영향을 줄수 있다. 전체 플라스틱 생산량의 40%를 차지하는 포장재(Abbing, 2020)에 대한 규제도 엄격해지고 있다. 따라서 기업들은 재활용이 쉬운 소재로 단일화하거나 제품의 경량화를 통해 플라스틱의 사용량을 줄이는 노력을 하고 있다. 불필요한 과대 포장을 줄이고 라벨이 없는 생수병을 출시하는 것도 그런 노력의 일환이다. 최근에는 열분해나 해중합을 통해 폐플라스틱을 다시 원료로 전환하는 기술이 각광받고 있다. 혼합 재질이거나 첨가제로 인해 성상이 복잡한 경우에는 소각이나 매립을 할 수밖에 없었지만, 이제는 재처리를 통해 원료로 만들 수 있다. 도시의 폐플라스틱을 한데 모아 다시 원유 정제유로 만들어 낸다고 하여 '도시유전'이라고 불린다(한경 ESG, 2021).

3) SK지오센트릭의 도시유전 건설

SK이노베이션의 자회사인 SK지오센트릭은 약 2조 원을 투자하여 울산에 플라스틱 리사이클 클러스터(Plastic Recycle Cluster)를 조성한다고 밝혔다. 2025년에 준공 예정으로, 연간 32만 톤 규모의 폐플라스틱을 처리할 수 있게 된다. ARC(Advanced Recycling Cluster)라고 불리는 이 시설은 고순도 PP 추출 기술, 열분해 기술, 해중합 기술이 집대성된 세계 최초의 대규모 폐플라스틱 원료화 프로젝트라고 볼 수 있다(이춘봉, 2023). 그동안 성상과 순도 등의 이유로 재활용이 어려웠던 폐플라스틱도 이 세 가지 기술을 활용하면 효과적으로 재처리를 할 수 있다(SK이노베이션 전문 보도채널, 2022). 나아가 SK지오센트릭은 프랑스 수자원 및 폐기물 관리 기업 수에즈(SUeZ), 플라스틱 재활용 해중합 기술을 보유하고 있는 캐나다 기업 루프 인더스트리(Loop Industries)와 함께 프랑스 북동부에 위치한 생타볼(Saint-Avold) 지역에 플라스틱 재활용 합작공장을 설립하기로 했다. 2027년에 완공되는 이 시설은 연간 약 7만 톤 규모의 재생 플라스틱(PET) 공급 능력을 갖추게 된다. 이는 재활용 플라스틱을 활용한 제품 생산을 목표로 하는 기업들에게 해결 방안을 제공할 뿐 아니라 유럽 환경 규제로 증가하고 있는 재생 플라스틱 수요에도 효과적으로 대응할 수 있다

원료		기술 개요	파트너
고순도 PP 추출	PP PE	폐플라스틱을 솔벤트(Solvent)에 녹여 고순도 PP 추출 고온/고압 / 솔벤트 + PP / 오염물질	퓨어사이클 테크놀로지 (PureCycle Technologies) PURECYCLE TECHNOLOGIES
PET 해중합	PET	중합된 PET 고분자를 해체해 원료 물질로 회귀 해중합	루프인더스트리 (Loop Industries) loop INDUSTRIES
열분해 및 후처리	OTHER 복합재질	폐플라스틱을 열분해해 화학 연료화 열분해 글로벌 기술도입 / 열분해유 / 후처리 / 정제유 / 석유화학 공정 투입 저식·개방형 첨가 반응 기술로 질소증가	열분해 및 후처리 자체 기술 SK geo centric

● 그림 7-1 **플라스틱 리사이클링 클러스터의 3대 적용 기술**

2. 플라스틱 저감을 위한 정부와 기업의 노력

● 그림 7-2 **프랑스 생타볼 지역의 플라스틱 재활용 공장 조감도**

는 점에서 큰 의미를 가지고 있다(SK이노베이션 전문 보도채널, 2023).

플라스틱 재활용 시설에 대한 기업들의 투자는 앞으로 계속 늘어날 것으로 보인다. 폐플라스틱 재활용은 하나의 거대한 시장으로 형성되면서 폐플라스틱 가격도 증가하고 있는 추세이다. 글로벌 시장조사기관인 포춘 비즈니스 인사이트에서는 2030년에는 글로벌 재활용 플라스틱 시장 규모가 115조 원에 이를 것이라고 전망하였다(윤수은, 2023).

4) 개개인의 일상 속 친환경 실천 행동과 습관의 중요성

플라스틱이 완전한 천연재로 대체되지 않는 한 플라스틱의 지속 가능한 활용을 위한 순환경제의 완성은 매우 절실하다. 플라스틱의 생산-소비에 이르는 전 주기에 걸쳐 정부와 기업의 저감 노력은 참으로 다행스러운 일이다. 하지만 여전히 일회용 컵에 담긴 커피를 선호하고 비닐봉지를 계속해서 사용한다면 우리가 원하는 완전한 순환경제를 만들지 못한다. 마치 구멍 난 주머니에 담긴 모래처럼 계속해서 줄줄 새는 것이다.

한 세기 동안에 우리는 편리함을 이유로 플라스틱을 너무나 무분별하게 사용하고 버려 왔다. 길가 화단 한구석에 버려져 있는 PET 병이―언제부터 그곳에 놓여 있었는지 모르지만―다시 재활용될 확률은 얼마나 될까? 언젠가는 강으로, 바다로 흘러갈 것이고 해양 생태계에 위협이 될 것이다. 그러다 시간이 지나면 미세플라스틱으로 분해되어 먹이사슬을 거쳐 인간에게 돌아올 것이다. 오랜 세월 동안에 우리가 무심결에 버려 온 폐플라스틱은 산과 바다를 심각하게 오염시키고 있다. 폐플라스틱 재활용 기술이 아무리 발달된다고 하더라도 개개인이 일상 속에서 자원을 잘 활용하고 관리하는 습관을 가지지 않고서는 답을 찾기 어렵다. 개개인의 습관과 행동, 양식이 바뀌지 않는 한 선순환계를 만드는 것은 불가능하다. 개개인 스스로가 올바른 습관으로 삼고, 선한 영향력으로 확산될 때 비로소 산과 바다는 원래대로 돌아올 것이다.

③ ⋯ 산해진미(山海眞美) 범국민 ESG 프로그램의 기획과 전개

SK이노베이션은 2021년부터 폐플라스틱에 대한 실천 행동을 촉구하기 위하여 산해진미 ESG 프로그램을 전개해 오고 있다. 산해진미(山海珍味)는 본래 산과 바다에서 나는 귀한 물건으로 차린 맛있는 음식을 의미하는 말이다. 산해진미는 아름답고 청정한 산과 바다로부터 온다. 그런데 지금의 산과 바다는 폐플라스틱을 포함한 쓰레기들로 인해 오염되고 있다. 앞으로도 산해진미(山海珍味)를 계속 원하고자 한다면 산과 바다를 예전의 것으로 되돌려 놓아야 할 것이다. 산해진미(山海眞美) 프로그램은 산해진미(山海珍味)에서 한자를 살짝 바꿔서 쓰고 있다. 산해진미(山海眞美)는 환경오염의 주범인 폐플라스틱과 쓰레기로부터 산(山)과 바다(海)를 지켜 참(眞)으로 아름다운(美) 지구를 만들자는 의미를 담고 있는 환경 실천 운동이다. 이 프로그램은 사내 구성원들의 참여에서 시작해 이제는 범국민을 대상으로 확대되었다.

1) 시행 배경

SK이노베이션이 실행한 환경 실천 프로그램은 이번이 처음은 아니다. 2018년에 일회용품 사용을 줄이자는 내용으로 '아그위그(I Grean We Green)' 프로그램을 시작했다. 구성원들은 일회용 컵 사용을 줄이기 위해 텀블러를 가지고 다녔고, 사무실 층마다 공용 머그컵이 비치되면서 종이컵은 찾아볼 수 없게 되었다. 구성원들은 SNS를 활용해서 텀블러를 사용하는 모습의 인증 사진을 남기기도 하였으며, 팀 단위의 릴레이 인증 사진도 인기를 끌었다. 아그위그 프로그램은 그 이름에서 각각의 목적성을 가지고 있었다. 아이 그린(I Green)은 개인의 행동을 의미하고, 위 그린(We Green)은 조직과 단체의 행동을 의미한다. 위 그린의 명칭 다음에는 행동이 유발된 지역이나 단체의 이름을 붙이는 형식이었다. 예를 들면, 울산에서는 지역의 여러 단체가 함께 일회용 사용 줄이기 프로그램에 동참하면서 '위그린

● 그림 7-3 아그위그 챌린지 홍보 썸네일

울산'이라고 명명하는 것이다. 이러한 형태의 운동은 인천, 제주, 울릉도 등으로 확산되었다.

이듬해에는 아그위그 시즌 2로 이어지면서 뚜껑, 라벨 등 각기 다른 재질로 구성된 PET 병을 재질별로 뜯어 버리는 '뜯버 캠페인', 다회용기 사용을 장려하는 '용기 내 캠페인', '잔반 Zero 운동' 등 일상생활 속에서 실천할 수 있는 지침이 훨씬 다양한 형태로 제시되었다. 아그위그 시즌 3로 등장한 것이 바로 산해진미 프로그램이다.

산해진미의 등장은 앞선 2개의 아그위그 시리즈와는 상황적 배경이 조금 달랐다. 당시는 코로나로 인해 전 세계가 패닉에 빠져 있는 시기였다. 첫 번째는 코로나 감염 등의 우려로 일회용컵, 배달음식 포장재 등 일회용기의 사용이 크게 늘어나고 있었고, 아그위그 시즌에 대한 참여율은 다소 위축되었다. 두 번째는 자원봉사활동 참여율의 감소이다. SK이노베이션은 ESG 경영에 있어서 구성원들의 참여와 실천을 매우 중요하게 여겨 왔다. 특히 구성원들이 자원봉사에 참여하는 것은 의무라기보다는 SK인으로서 기본적으로 갖추어야 할 자세이자 권리라는 인식을 갖게 되면서, 매년 거의 모든 구성원이 독거노인이나 발달장애아동 돌봄을 위한 활동에 참여해 왔다. 그러나 대부분의 활동이 대면 형태로 진행되어 왔기 때문에 사회적 거리두기로 인해서 전면적으로 제동이 걸려 버렸다. 회사로서는 자원봉사활동 감소로 인해 사회에 대한 구성원의 관심이 멀어질 것을 우려하면서 대안이 필요하게 되었다. 세 번째는 ESG 전략 실행과의 연관성이다. 회사는 폐플라스틱이 야기하는 환경 문제에 대해 크게 주목하고 있었다. 자회사인 SK지오센트릭은 기존의 플라스틱을 100% 재활용 성상으로 바꾸는 것을 주요 목표로 삼았다. 울산을 비롯해 프랑스 생타볼에 플라스틱 재활용 클러스터를 준공하는 것도 이러한 비전에 다가가기 위한 전략이다. 여기에 걸맞게 구성원의 참여 행동이 합리적으로 균형을 이루게 될 것이라고 기대하고 있었다. 산해진미의 등장 배경은 아그위그 취지의 지속, 자원봉사 문화의 계승과 확대, 그리고 구성원 참여를 기반으로 한 ESG 전략의 실행력 강화를 위한 것으로 볼 수 있겠다.

2) 산해진미 프로그램의 재구성과 함축적 의미

코로나19는 정부의 일회용품 사용 규제도 상당 부분 후퇴하게 만들었다. 감염의 우려 탓에 일회용품은 다시 늘어나기 시작했고, 배달음식에 의한 포장재도 급증했다. 산해진미 프로그램은 일회용품과 폐플라스틱에 대한 사회행동 변화를 집중적으로 다루기로 하였다. 2016년에 스웨텐에서는 플로깅(Plogging)이라는 환경운동이 시작되었다. 플로깅은 스웨덴어로 '줍는다'는 뜻을 가진 'Plocka Upp' 과 'Jogging'의 합성어로서, 가볍게 산책이나 조깅을 하면서 쓰레기를 줍는 행동이다. 소셜 네트워크가 발달하면서 입소문을 타고 전 세계로 확산되었다. 한국에서 '쓰담, 줍깅' 등의 이름으로 사용되기도 하였다. 언제 어디서나 자유롭게 참여할 수 있는 데다가, SNS에 인증 사진을 올려 자신의 행동을 남에게 알릴 수 있어서 한동안 인기를 끌었다. 한편으로는 홍보의 수단으로 일회성이나 보여 주기식의 활동에 그치는 경우도 없지 않았다. 그럼에도 개인이나 소규모 그룹으로 실행할 수 있다는 것은 큰 장점이었다. 체계와 실행력을 갖춘다면 매력적인 환경운동으로 탄생할 법했다.

우선 실행력을 높이기 위한 구심점을 만들기 위해서라도 새로운 ESG 프로그램 브랜드를 만들기로 했다. 활동의 취지를 충분히 살리면서 매력적이고 신선한 접근이 필요하다고 판단하였다. 자연, 산, 바다가 이미지에 남을 수 있도록 새로운 브랜드인 '산해진미(山海眞美)가 탄생하게 되었다. 우리가 살고 있는 지구의 자연, 즉 산과 바다를 아름답게 만들어 보자는 슬로건을 갖게 된 것이다. 실천적 노력을 통해 오염된 지구를 회복하고 육상 및 해양 생태계의 안전을 도모하자는 의미를 함축적으로 내포하고 있다. 플라스틱 문제에 대해 기술에만 의존할 것이 아니라 개개인의 인식과 습관의 변화로 접근할 필요가 있다. 함부로 자원을 남용하고 무분별하게 폐기하면 그만큼 많은 수요는 다시 발생한다. 늘어난 수요는 생산을 부추기게 된다. 만약 올바른 사용 습관과 재사용이나 재활용에 대한 의식만 만들어져도 순환경제에는 한층 더 빨리 도달할 수 있게 될 것이다. 궁극적으로 폐플라스틱이 자연으로 유입되는 것을 방지하기 위해서는 철저하게 닫힌 순환계를 만들지 않으면 안 된다. 그 중심에 인류의 행동 양식이 있다. 산해진미도 플로깅과 내용과 구성 면에서는 크게 다르지 않지만 프로그램 확산과 실행력에 대한 부분에서 눈여겨볼 만하다. 개인의 활동뿐 아니라 지역사회 연대를 동시에 이끌어 내면서 사회 인식 변화에 긍정적인 영향을 만들어 가는 것이다.

3) 핵심 추진 전략

프로그램 초기에는 사내 구성원을 대상으로 진행되었다. 아그위그 시즌을 이어 가고자 하는 의미도 있었고, 사내 자원봉사 활성화에 대한 목적도 있었다. 코로나19로 인해 봉사활동의 기회가 크게 줄어든 탓에 누구나 언제 어디서나 가능한 산해진미 활동은 자원봉사활동 참여율을 높이기 위한 좋은 대안이 될 수 있었다. 시행 전에는 사회 활동이 위축된 분위기 탓에 얼마나 호응을 얻을지 미지수였다. 하지만 구성원의 참여는 예상을 훨씬 뛰어넘는 수준이었다. 2주 만에 국내 구성원의 절반 이상이 참여했다. 개인으로 참여하기도 하고, 동료들과 삼삼오오 짝을 이루어 참여하기도 했다. 일부 구성원은 가족과 함께 플로깅에 참여하고 SNS에 인증 사진을 올리기도 했다. 단기간에 보여 준 구성원들의 관심과 참여는 회사가 범국민 프로그램 확산을 결정하는 데 큰 영향을 미치게 된다. 그 결과, 시행 넉 달 만에 범국민 프로그램으로 확대되었다. 이 프로그램은 구성원에서 가족, 지역사회, 전국으로 확대되는 동심원 전략으로 진행되었다. 구성원이 먼저 솔선수범하고 선한 영향력을 전국으로 점점 확대하여 나간다는 내용이다. 전 구성원의 참여에 이어 지역사업장을 중심으로 지역사회 기관과 단체와 연대하여 지역사회 커뮤니티 활동으로 확대하기로 하였다. 그리고 범국민 실천 확산을 위해서 전국 246개 지역자원봉사 네트워크를 보유한 한국중앙자원봉사센터와 협력하기로 하였다. 나아가, 이러한 모델을 해외 법인을 거점으로 하여 글로벌 산해진미로 발전시켜 나가고자 하였다.

산해진미 ESG 프로그램의 확산 전략
• 전략적이면서 호감 있는 전술적인 슬로건(브랜드) 사용
• 전 구성원의 산해진미 활동 참여
• 지역사업장을 중심으로 지역사회 연합 활동 전개
• 전국 네트워크를 보유한 범기관 업무 협력 확대
• 범국민 산해진미 프로그램 확산
• 해외 사업장을 거점으로 글로벌 프로그램 전파

● 그림 7-4 **산해진미 ESG 프로그램의 확산 전략**(동심원, 제공: SK이노베이션)

4) 산해진미 ESG 프로그램의 성과

🌲🌲 1단계: 환경 문제 정의 및 전략과의 연계성 공감 확대

회사 차원에서 ESG 경영을 핵심 전략으로 삼고 탄소중립과 생물의 다양성에 대한 책임과 개선을 위한 적극적인 노력을 표명하였다. 2021년 탄소중립에 대한 구체적인 실행 계획을 포함한 '넷제로 특별보고서'를 공표하고 모든 사업부에서 탄소중립을 위한 사업구조 혁신을 추구하도록 했다. 특히 생물의 다양성을 위한 노력으로 베트남에서 맹그로브숲 복원사업을 추진하고 있으며, 울산에서 발생한 산불로 폐허가 된 산림에 대한 복원도 나섰다. 폐플라스틱 문제에 대해서도 적극적으로 대응하는 중이다. 플라스틱 재활용률을 획기적으로 높여 순환 경제를 달성하고자 도시유전 설립에 적극 나서고 있다. 산해진미는 플라스틱 순환경제의 한 축이며, 도시유전의 구성 요소이다. 회사는 ESG 전략과의 연계성을 강조하면서 구성원들의 적극적인 참여를 당부하였다.

🌲🌲 2단계: 전략적이고 호감 있는 '산해진미' ESG 브랜드 반영

플로깅은 이미 대중에게도 알려진 이름이기는 하지만 보다 실행력을 갖추기 위해 프로그램 취지를 잘 반영할 수 있는 ESG 브랜드를 개발했다. 플로깅은 어원에서 볼 수 있듯이 행동과 수단을 의미하는 반면, 산해진미는 궁극적으로 추구하는 가치를 담고 있다. '산과 바다를 아름답게 만들어 보자'는 지향점을 담고 있어서 왜 여기에 참여하는지에 대한 의문에 답을 준다. 그러면서 환경에 책임을 부여하고 적극적인 참여를 유발하는 것이다. 변형하기 전의 단어인 산해진미(山海珍味)는 꽤나 친근한 용어이다. 커다란 식탁 위에 맛깔나게 차려진 음식이 상상되면서 기분을 좋게 한다. 산해진미(山海珍味)는 자연으로부터 얻을 수 있는 산물이다. '산해진미(山海眞美)'는 자연을 원래대로 다시 돌려놓는다는 뜻이다. 이런 면에서 '산해진미(山海眞美)'와 '산해진미(山海珍味)'는 깊이 연결되어 있다.

산해진미는 부르기도 편하고 쉽게 이해할 수 있어서 ESG 프로그램 홍보에서 유리한 점이 많았다. 무엇보다도 이미 일반화되어 버린 플로깅과는 달리 신선하고 차별화된 이미지를 제공했다. 유명한 트로트 오디션 프로그램 출신인 한 가수와 합작하여 산해진미 송을

제7장 SK이노베이션 '산해진미(山海眞美)' ESG 프로그램

제작하면서 더욱 친근감이 돋보이게 되었다. CEO를 비롯한 경영층들은 B급 감성이 풍만한 산해진미 뮤직비디오에도 직접 출연하면서 화제를 모았다(유튜브, 산해진미 플로깅, 2021). 이 브랜드는 범국민 프로그램에도 그대로 적용하기로 했다. 국내 최대 자원봉사 연계기관인 한국중앙자원봉사센터는 '안녕 ○○ 함께할게'라는 명칭으로 다양한 자원봉사활동을 실행해 오고 있다. 안녕 다음에 놓인 ○○에다가 실질적인 활동을 삽입하는 형식이다. 한국중앙자원봉사센터가 SK이노베이션과 함께 범국민 산해진미 프로그램을 협력하기로 하면서 범국민 ESG 활동의 공식 명칭은 '안녕 산해진미 함께할게'로 결정되었다.

안녕! 함께할게 기본 로고

산해진미 기본 로고

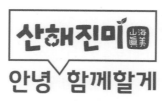
안녕! 산해진미 함께할게 로고

● 그림 7-5 범국민 산해진미 ESG 브랜드 로고 구성

🌲🌲 3단계: 집중 실천 기간 '산해진미 위크' 시행

산해진미 프로그램은 연중 무휴로 진행된다. 누구나 언제 어디서나 활동이 가능하다. 회사에서는 자원봉사활동을 근무시간으로

인정해 주고 있기 때문에 스스로 업무를 잘 조정하면 언제든 가능하다. 그럼에도 불구하고 구성원들로부터 언제 어떻게 하면 되냐는 질문을 수시로 받게 된다. 왜 이런 질문을 하는지 의아해할 수도 있다. 아무 때나 나가서 하면 되는데도 말이다. 사람들은 무언가를 할 때 처음에는 머뭇거리기 마련이다. 손잡이를 잡고 아래위로 움직여서 우물물을 퍼 올리는 펌프를 기억하는가? 처음에는 물 한 바가지를 먼저 붓고 빠르게 아래위로 펌프질을 해 주어야 한다. 그러다 물이 한 번 올라오기 시작하면 조금 수월하게 물을 퍼 올릴 수 있다. 그때 사용했던 한 바가지 물이 바로 마중물이다. 행동을 유발하기 위해서는 마중물이 필요하다. 전사 차원에서 진행하는 프로그램일 때는 더욱 그렇다. 프로그램을 일 년 내내 긴장을 유지하면서 운영하기도 어렵다. 음악 시간에 '강약 중간약' 하면서 수업을 받던 기억이 있을 것이다. 처음부터 끝까지 힘을 줘서 실행하다가 보면 금방 지치게 된다. 그렇다고 하는 듯 마는 듯 약하게만 하면 관심과 열정이 모두 식어 버리게 된다. 프로그램을 실행하는 과정도 강약 중간약이 필요하다. 구성원의 관심을 최고조로 끌어올리기 위한 집중 실천 기간인 산해진미 위크를 2주간 운영한다. 이것은 '강'이다. 이 기간에는 회사의 경영층도 솔선수범해서 적극 참여하면서 전사적인 운동으로 이어진다.

산해진미 위크 기간에는 구성원을 대상으로 환경보호 및 산해진미 실천을 다짐하는 댓글 이벤트와 활동 소감과 사진을 남기는 인증 사진 이벤트 등이 실행되었으며, 산해진미 인스타그램 공식 계정을 운영했다. 구성원, 가족, 친구들의 활동 모습도 동시에 공유할 수 있다. 이것은 팀 단위 조직의 형태로도 참여하는 동기가 될 수 있다. 2021년 첫해에 운영한 산해진미 위크에서는 7,382명의 구성원이 참여하였다. 2023년 4월에 2주 동안 시행한 산해진미 위크에는 5,484명이 참여하였으며, 총 활동 시간은 11,094시간을 기록하였다. 집중 실천 기간에 국내 구성원의 절반이 동시에 참여하였다는 것을 의미한다. 산해진미 위크 이후에는 각 조직별, 개인별로 자율적으로 시행되어 오고 있다.

🌲 4단계: 지역사회 연대의 확산

SK이노베이션은 울산, 인천, 대전, 서산 등의 지역에 사업장을 두고 있다. 이들 지역사업장은 소재 지역의 다양한 이해관계자와 함께 산해진미 연합 활동에 나서고 있다. 각 지역을 대표하는 기관이나 기업, 그리고 주민단체와 같은 커뮤니티 중심으로 연대가 일어난다. SK이노베이션 울산 Complex는 울산 자원봉사센터와 함께 2022년 4월에 범기관 산해진미 발대식을 가졌다. 이 연대에는 울산 해양수산청, 울산항발전협의회, 울산항만공사, 울산광역시 여성자원봉사회, 울산 해경 '다솜봉사단' 등 지역의 대표적인 기관들이 함께했다. 제주에서는 제주유나이티드FC를 중심으로 주제주중국총영사관, 한중경제문화교육협회(KCCEA), 제주도청 해양수산국, 제주중앙상인회 등이 참여한 가운데 제주 귀덕포구 일대에서 산해진미 플로깅 활동을 실천하였다. 한중경제문화교육협회(KCCEA)는 이어 10개 지회를 중심으로 전국적으로 활동을 확대했다. 광명에서는 SK 핸드볼구단인 SK슈가글라이더즈가 안양천, 목감천 등지에서 구단 팬들과 시민, 복지기관 등과 함께 하천 정화를 위한 EM흙공 던지기를 비롯하여 산해진미 플로깅을 실행해 오고 있다.

🌲🌲 5단계: 범기관 연대를 통한 거점 네트워크 확대

지역사회에서 산해진미가 확산되고 있는 동안에 공공기관들의 전국 네트워크의 협력 체계도 강화되어 왔다. 산해진미의 산(山)을 대표하는 기관으로서 전국의 국립공원을 총괄하는 국립공원공단, 시민들이 이동하는 도로를 관리하는 도로교통공단이 참여하고 있다. 도로교통공단은 라디오 채널을 통해서 산해진미 프로그램의 공공성을 알리는 데에도 힘쓰고 있다. 더불어 산해진미의 해(海)를 대표하는 기관으로서 해양경찰청, 한국환경공단이 참여하고 있다. 바다의 안전을 책임지고 있는 해양경찰청은 각 지역의 해양경찰서 직원들부터 먼저 산해진미 활동에 참여하도록 적극 독려하고 있다. 부산, 울산, 창원, 부안, 목포 등의 각 해양경찰서는 소속 직원들과 지역사회 내 유관기관, 개인 및 단체 자원봉사자들과 함께 수차례 산해진미 연합 활동을 실행했다. 2022년에는 모두 7차례에 걸쳐 315명의 해양경찰이 자원봉사에 나서 해양쓰레기 9톤을 수거했다.

🌲🌲 6단계: 산해진미 ESG 프로그램의 범국민 활동 확산

2021년 9월에 산해진미 프로그램은 범국민 활동으로 확산되었다. 사내 활동으로 처음 시작한 지 넉 달도 채 안 된 시기에 일어난 일이다. 산해진미 프로그램을 전국으로 확산하기 위한 수행기관으로는 한국중앙자원봉사센터가 그 역할을 맡기로 했다. 한국중앙자원봉사센터는 전국에 246개의 지역 자원봉사센터를 보유하고 있으며, 자원봉사 운영에 대한 우수한 역량을 가지고 있는 기관이다. 한국중앙자원봉사센터는 환경에 관심을 가지고 있는 개인 및 단체

자원봉사자들의 모집은 물론, 공식 홈페이지, SNS 채널을 활용하여 다양한 이벤트와 콘텐츠를 전달하였다. 우수 참여자들의 소감도 공유하면서 산해진미 ESG 프로그램의 의의와 중요성을 적극적으로 강조하기도 하였다. 범국민 프로그램에 시민들이 쉽게 참여할 수 있도록 활동을 실시간으로 기록하고, 봉사활동 실적을 인증할 수 있는 어플리케이션도 개발해서 적용하였다. 지역 곳곳에서 자원봉사자, 지역환경운동가, 그리고 인플루언서들의 참여가 이어지면서 전국적으로 확산되어 갔다. 시행 첫해(2021)에는 162,976명의 시민이 참여하였다. 이들이 활동한 거리는 31만 5천km로, 지구를 무려 8바퀴나 돌 수 있는 거리이다. 또한 활동에는 111,327시간이 소요되었으며, 수거된 쓰레기는 243톤에 달했다. 프로그램에 참여한 한

● 그림 7-6 **경주여고 도시재생동아리 뚜껑 챌린지**

3. 산해진미(山海眞美) 범국민 ESG 프로그램의 기획과 전개

지역활동가는 3개월 동안 155회나 참여한 기록도 가지고 있다. 경주에 있는 고등학교 환경동아리는 플로깅을 하면서 2만 개의 병뚜껑을 따로 모아 기부하였다. 이 뚜껑들은 업사이클링 화분으로 재활용되어 독거노인 등 취약 계층에게 반려식물로 전달되기도 하였다.

이듬해(2022)에는 개인, 단체, 그리고 대규모 연합 활동으로 더욱 확대되면서 참여 인원이 총 278,498명으로 큰 폭으로 증가하였다. 참여자 중 266,389명은 직접 기관을 통해 참여하였으며, 12,109명은 데이터플로깅 웹앱(eco1365.kr)을 통해 참여하였다. 총 수거된 쓰레기는 1,195톤에 이르며, 탄소 배출량으로 추산하면 대략 234톤의 저감 효과를 나타낸다. 참여자 1인당 평균 0.84kg의 이산화탄소를 저감한 것에 해당한다. 쓰레기 유형별 수거 비율은 담배꽁초 22%, 종이류 21%, 비닐류 18%, 그리고 매립 소각류, 플라스틱과 캔류가 39% 비중을 나타냈다(SK이노베이션 전문 보도채널, 2023).

데이터플로깅 웹앱은 참여자에게 플로깅 활동 정보나 분리수거 가이드와 같은 편의를 제공하였다. 지역자원봉사센터와 같은 특정 기관을 통하지 않더라도 자유롭게 플로깅에 참여하고 실적도 입력할 수 있다. 참여자는 스마트폰을 활용하여 자신이 활동한 지역, 이동 거리, 소요 시간, 성상별 쓰레기 수거량 등을 기록할 수 있다. 기록된 데이터를 활용해서 탄소 저감량 등 사회적 가치를 측정할 수 있으며, 개인별 활동 성과뿐만 아니라 전체 이용자의 활동 성과도 확인할 수 있다.

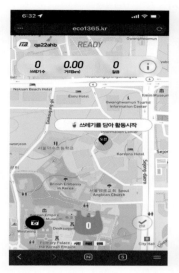

| 사용 화면 | 기록 화면 |

| 개인 기록 | 전체 기록 |

그림 7-7 **데이터플로깅 웹앱 구성 화면**(eco1365.kr)

🔺🔺 7단계: 산해진미의 글로벌 확산

국내에서 산해진미 프로그램이 진행되는 동안에 해외 사업장에 근무하는 구성원들의 참여도 이어지고 있다. 산해진미는 한국 사람에게는 이해되지만 외국에서는 소통이 쉽지 않다. 해외 구성원들도 쉽게 이해하고 전파할 수 있도록 해외 구성원을 대상으로 공모를 하여 영문 버전 슬로건('EnviRun For the Earth')을 만들었다. 중국에서는 산해진미의 중국식 음을 따서 사용하였으며, 폴란드와 같은 일부 국가에서는 현지어로 슬로건을 만들어 사용하기도 하였다.

● 그림 7-8 **산해진미 프로그램 심벌**

글로벌 산해진미(EnviRun For The Earth)는 운영 체계 및 참여 규모 면에서 국내와 비교할 정도는 아니다. 현지 국가의 인식과 문화도 함께 고려하여야 할 필요가 있다. 환경 문제에 대한 공통적으로 인식되는 부분이 많고, 플로깅이 유럽 국가에서 먼저 확산되었던 점을 고려하면 한국의 확산 모델과 유사하게 구성원부터 시작해서 지역사회 연대, 나아가 현지 국민적 참여도 충분히 기대해 볼 수 있다. 현지 법인에서 근무하는 구성원들부터 솔선수범을 하면서 지역 이해관계자들과 적극적인 소통을 하도록 당부하고 있다. 2022년 기준으로 산해진미(EnviRun For The Earth)에는 12개국 19개 해외법인이 참여하였다.

● 그림 7-9 SK이노베이션 계열 글로벌 구성원의 산해진미 참여 현황

🌲🌲 8단계: 개인 및 사회 변화 수준 측정

　범국민 ESG 프로그램 '안녕 산해진미 함께할게'의 수행기관인 한국중앙자원봉사센터는 기후변화센터와 함께 산해진미 ESG 프로그램을 통한 개인 및 사회 변화의 수준을 측정하였다. 조사는 데이터플로깅 웹앱을 통해 참여한 시민 1,312명을 대상으로 온라인 설문 형태로 진행되었다. 설문지는 환경에 대한 인식, 친환경 실천 의식과 행동, 친환경제품 활용 등 총 32개의 문항으로 구성되었으며, 플로깅 활동 실태 및 자원봉사 실적 현황, 기후와 환경에 대한 감수성 변화, 자원봉사 참여에 따른 생활 습관 변화, 그리고 후속활동 참여 여부 등을 알아보고자 하였다.

3. 산해진미(山海眞美) 범국민 ESG 프로그램의 기획과 전개

조사 결과에 따르면 응답자의 사회문제 인식 정도와 생활 습관의 변화, 유관 활동 참여율이 평균적으로 이전보다 25% 높게 나타났다. 이를 통해 산해진미 프로그램은 환경오염에 대한 시민의 위기의식 제고에 유의미한 영향을 미치는 것으로 확인하였다. 특히 노지에 버려진 쓰레기를 의식하고 줍는 행위로 이어진 실천 행동도 현저히 높아졌다는 변화가 나타났다. 수차례에 걸친 산해진미 활동 동참 이후에 평소 보이지 않던 쓰레기가 눈에 잘 띄게 되어서 자연스럽게 버려진 쓰레기를 줍는 행위가 늘어나게 된 것이다. 또한 폐기물로 배출되는 일회용품 소비 및 사용을 자제하게 되었다는 응답도 크게 늘어났다. 친환경 또는 재활용 마크가 표기된 제품을 구매하고 사용하게 되었다는 응답도 기존 대비 30% 가까이 증가해 애초부터 쓰레기가 배출되지 않도록 생활 습관을 바꾸었다고 하는 유의미한 변화도 나타났다.

범국민 산해진미 ESG 프로그램은 시민들이 기후 위기 대응을 위한 다양한 활동에 참여할 수 있도록 기회를 제공하는 역할을 해내기도 하였다. 산해진미 활동을 바탕으로 다른 유관기관을 통해 환경보호를 위한 다양한 활동에도 관심을 가지고 참여하게 되었다는 응답이 25% 향상된 것이 그 방증이다. 즉, 산해진미 ESG 프로그램이 기후 위기 및 환경보호에 대한 시민들의 의식 제고와 관심 증대에 긍정적인 영향을 만들어 내고 있다.

ESG 프로그램을 통한 사회 변화를 측정하는 노력도 이어졌다. 데이터플로깅 웹앱에서는 수거된 쓰레기의 성상이나 개수가 기록되기 때문에 이 앱을 통해 참여한 시민 22,324명을 대상으로 측정하였다. 2021년 9월 1일부터 2022년 11월 30일까지 기록된 데이터

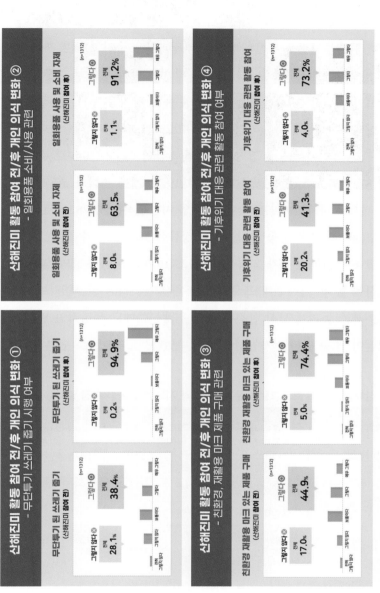

● 그림 7-10 산해진미 ESG 프로그램 참여 전후의 인식 변화

3. 산해진미(山海眞美) 범국민 ESG 프로그램의 기획과 전개

를 기반으로 사회에 미치는 영향력을 측정하였으며, 조사는 기후변화센터에서 수행하였다. 무단 투기로 인해 발생하는 쓰레기의 성상별 환경부하량을 추산하여 환경적 성과를 도출하고, 플로깅을 통해 발생하는 도심 내 오염제거면적 및 빗물받이 정화 효과를 추산하고자 하였다. 미세플라스틱의 해양 유입 방지량은 11,130kg으로 추산되었는데, 이는 5g짜리 비닐봉지 2,225,907개에 해당한다. 도시 안전 측면에서는 총 집적환경오염 저감면적은 2,330m²로 추산되어 315×375mm 빗물받이 기준으로 19,726개를 정화한 효과가 있는 것으로 나타났다. 총 노지환경오염 저감면적은 37,282m²로 나타나 3,000m² 학교 운동장 12.4개를 정화한 효과로 볼 수 있다. 또한 재활용에 의한 온실가스 저감량은 12.71ton-CO_2로 추정되었다. 이 조사를 통해, 산해진미 프로그램은 온실가스 저감 및 해양 보호에 기여하는 동시에 도시 안전과 국민 위생수준에도 긍정적인 변화를 이끌어 낼 수 있다는 가능성을 보여 주었다.

● 표 7-1 **산해진미 ESG 프로그램을 통한 사회 각 지표별 변화량 측정 결과**

구분	세부지표	총량
해양 보호	미세플라스틱 해양 유입 방지량	11,129,533,350mg
	비닐봉지(5g) 해양 유입 환산 개수	2,225,907개
도시 안전 증진	총 집적환경오염 저감면적	2,330m²
	빗물받이(315×375mm) 기준	19,726개
국민 위생 증진	총 노지환경오염 저감면적	37,282m²
	학교 운동장(3,000㎡) 기준	12.4개
자원 순환/탄소 저감	쓰레기 성상별 재활용에 따른 탄소저감량	12.71톤

참고: 상기 지표는 범국민 산해진미 ESG 프로그램 전체 참여 인원과 수거한 쓰레기의 총량 중 데이터플로깅 웹앱을 통해 집계된 인원 수(22,324명)와 쓰레기 수거량(932,047kg)에 한정해 추산되었음.

제7장 SK이노베이션 '산해진미(山海眞美)' ESG 프로그램

④ ··· ESG PR과 기업 브랜드 관점에서의 시사점

1) 조직 구성원과 시민 참여의 확대 단계적 노력

산해진미 ESG 프로그램이 진행되는 동안에 많은 참여를 이끌어 내기 위해 일차적으로 사내 구성원들을 대상으로 PR 활동을 전개했다. SK이노베이션 사내 방송 및 블로그를 통해 산해진미의 의미와 시행 성과를 수시로 공유하고, SK이노베이션 자체 전문 보도채널인 'Skinno News'를 통해 국내 사업장은 물론이고 해외에서 진행된 활동에 대해서도 알 수 있도록 했다.

특히 산해진미 위크 등 특정 기간에는 인스타그램 공식 계정을 운영하면서 구성원과 가족들이 플로깅에 참여하고 인증한 사진들을 공유하도록 하면서 최대한 많은 사람의 관심을 불러일으켰다. 유튜브를 통해서는 프로그램의 의미를 명확하게 전달하면서 일반 시민들의 참여 동기를 유발하고자 하였다.

범국민 참여 확산을 위해서 지역별 자원봉사센터가 주도성을 가지고 지역별 특성이 충분히 반영되도록 스스로 소통 활동을 기획해서 운영하도록 하였다. 지역 자원봉사센터는 도시, 해안, 산림 등 주요 테마별 프로그램을 운영하고, 플로깅 키트(플로깅 백, 집게, 손수건, 가이드 등)도 제공하였다. 또한 산해진미 엠버서더라는 리딩그룹을 두어 활동을 더욱 촉진하였다. 참여자의 편의를 위한 시스템적 요소도 보강되었다. 데이터플로깅 웹앱은 플로깅에 관한 구체적인 가이드를 제공하면서 개인 및 전체의 활동 성과를 모니터링할 수 있게 구성되어 참여자들의 지속적인 참여 동기를 유도하였다.

　다수의 시민을 대상으로 참여율을 높이고 기업의 브랜드 인식 제고를 위한 다양한 PR 콘텐츠가 제작되었다. 포스터, 카드뉴스, 참여 이벤트와 같이 다양한 형태로 적용했으며, 산해진미 ESG 프로그램의 의미 및 활동 정보를 전달했다. 2022년의 경우, 이들 콘텐츠에 도달한 건수는 632,646건으로 나타나기도 했다. 다수의 시민을 대상으로 환경 문제와 기후변화에 대한 개개인의 인식과 행동 변화를 유도하고, 자원봉사 참여 동기 및 기회를 제공하기 위한 계기를 마련하였다.

2) 기업경영으로서 ESG PR의 시사점

　기업경영으로서 ESG 활동에 있어서 간과할 수 없는 중요한 포인트는 '기업은 왜 존재하는가'라는 물음에 대한 응답으로서 '커뮤니케이션'의 역할이다. 이때 커뮤니케이션은 ESG 활동을 통한 다양한 공중과 관계의 구축을 이끌어야 한다(신호창, 2023). 이를 위해서는 해당 기업이 기업시민으로서 사회 공동의 문제를 해결하는 데 기여하기 위한 ESG 활동의 순수성과 지속성을 다양한 공중과 의미를 공유해야 한다.

　조직과 공중 간의 개방적(openness)이고 상호호혜(mutuality)적인 대화적 커뮤니케이션(dialogic communication)과 이를 통한 신뢰(trust) 구축의 중요성은 이미 오래전부터 제기되어 왔다(Yang et al., 2015). 기업 ESG 활동의 일방적인 내용 전달이 아닌 진정한 커뮤니케이션을 통해 의미 공유와 상호 이해, 궁극적으로 다양한 공중과의 관계 형성을 목적으로 한다는 점에서 ESG PR은 다양한 공중과의 관계 관리를 목적으로 하는 PR 커뮤니케이션의 본질과 궁극적으로 맞닿아 있다.

SK이노베이션의 산해진미 프로그램은 PR 커뮤니케이션 측면에서 내부 조직 구성원들의 참여에서 시작되어 다양한 비영리 기관들의 협력, 국내외 일반인들의 광범위한 참여를 성공적으로 이끌어 냈다. 이는 다양한 목표 공중을 아우르면서도 자발적인 확산을 단계적으로 이끌어 낸 ESG PR의 자연스러운 형태이다. 더구나 '산해진미'라는 ESG 브랜드를 통해 명확한 핵심 메시지를 일관되게 공유하고, TV, 신문 등 매스미디어와 인스타그램, 유튜브 등 SNS를 비롯한 다양한 채널을 통합적으로 활용했다. 스토리텔링 측면에서도 SK이노베이션의 ESG 가치와 철학, 미션을 담아 단계적으로 프로그램과 성과에 대한 의미를 공유했다. 이는 ESG PR 커뮤니케이션이 목표 공중과 핵심 메시지 채널 등 전략 측면에서 정석대로 수행되었음을 보여 준다. 무엇보다도 산해진미 ESG 프로그램을 통해 플로깅이 조직 구성원들의 자발적 참여라는 조직 내 ESG 문화를 만들어 내는 데까지 성공했다는 점에서 그 의미는 더욱 높이 살 만하다. 또한 앞서 언급했듯이 SK이노베이션의 산해진미 프로그램이 실제 사회적 가치를 창출했다는 점은 이미 증명되었으며, PR 커뮤니케이션을 통한 기업 브랜드 가치 제고 역시 긍정적인 결과를 예상할 수 있다.

다만, 사회 전반적으로 시민들의 지구환경보호에 대한 인식과 실생활에서의 습관 실천 행위로까지 변화를 이끌어 내기 위해서는 아직 많은 과정이 남아 있을 수 있다. 산해진미 프로그램의 취지가 PR 커뮤니케이션을 통해 실제 우리 사회 전반의 시민 실천 의식의

4. ESG PR과 기업 브랜드 관점에서의 시사점

개선과 행동 변화, 실생활에서의 실천 습관으로 완전히 정착되기까지 바람직한 PR 커뮤니케이션 전략에 대한 많은 연구와 실행이 요구되는 시점이다.

… 결론

　인류에게 유용함을 제공해 왔던 플라스틱이 지구환경과 생태계, 심지어 인류에게 위협이 되는 존재가 되고 있음을 알아보았다. 앞으로 플라스틱의 사용량은 지금보다 더 늘어나게 될 것이고, 그만큼 위협의 수준도 높아질 것이다. 플라스틱에 대한 완전한 친환경 대체재가 나오지 않는 이상 우리는 순환경제 체제로 접근할 수밖에 없는 상황이다. 플라스틱에 대한 재활용 기술 등 다양한 접근으로 대응하고 있지만, 결국 인류 스스로 일상생활에서의 습관과 문화로 극복할 수 있음을 주장하였다. 우리가 일상 속에서 지속가능한 활용을 실천하는 습관을 가진다면 플라스틱 순환경제계는 조금 더 빨리 이루어지게 될 것이다. 지속가능한 활용이란 플라스틱의 유용한 가치를 지속적으로 시스템 내에 유지하도록 하는 것이다. 그리고 순환경제계를 벗어나 자연에 위해를 가하지 않도록 철저히 차단하는 것이다. 그래서 개인 습관의 중요함이 강조되어야 한다. 올바른 습관이 지속되고 쌓이면 올바른 문화를 이루고, 올바른 문화는 훌륭한 가치를 형성하게 된다.

　기억해야 할 포인트는 산해진미는 단순히 환경보호를 위한 쓰레기 줍기 활동이 아니라는 것이다. 프로그램의 이름을 플로깅으로 하지 않고 산해진미로 명명한 이유에서 그러한 사실을 언급했다. 개개인이 작은 플라스틱 조각 하나를 줍는 것 자체가 중요한 게 아니라, 처음부터 버려지지 않도록 하는 습관에 대한 중요성이 더욱 강조되어야 하는 것이다. 실제로 해 보면 어려운 일이 아니지만, 이를 지속하기는 매우 어려운 일이다.

SK이노베이션의 산해진미 프로그램을 통해 폐플라스틱에 대한 경각심을 인식하고, 시민의 참여와 실천을 통해 긍정적으로 변해 가는 사회의 모습을 보았다. SK이노베이션은 구성원들의 실천을 우선시했다. 전 구성원의 결집된 행동은 결국 사회의 참여를 이끌어 낼 수 있었다. 지역사회의 연대를 통한 접근이나 범기관의 연합을 구축한 것은 산해진미 ESG 프로그램 확산에 매우 중요한 촉매로 작용했다. 그리고 불특정 다수의 시민이 이러한 선한 영향력에 화답했다. 그러나 이것은 가능성에 대한 이야기일 뿐 실현과는 아직 거리가 멀다. 지난 2년간 범국민 프로그램에 참여한 시민의 수는 44만 명에 달했다. 지구에는 여전히 70억 명이 넘는 인간이 살아가고 있다. 올바른 인식을 통해 습관을 형성하고 나비효과처럼 선한 영향력이 확산되어야 한다. 환경에 대한 책임은 개인, 기업, 정부 모두에게 있다. 이제 인류는 참된 지성으로 지구에게 답을 해야 할 때이다.

참고문헌

(재)기후변화센터(2022). 2022년 범국민 플로깅 캠페인 성과측정 운영 용역 최종 결과보고서.

범국민 산해진미 캠페인 데이터플로깅 웹앱(eco1365.kr)

산해진미 인스타그램 공식 계정. http://www.instagram.com/skinnovation_envirun/

신호창(2023). 기업 시민과 성과 사이에는 커뮤니케이션이 있다. ESG 시대의 지속가능경영 기업시민. Plan b.

유튜브, Plastic Soup-The Great Pacific Patch, 플라스틱으로 오염된 바다와 해양 생물의 고통과 피해

윤수은(2023. 8. 10.). 폐플라스틱 재활용에 앞장 서는 국내기업은?. 이코리아.

이춘봉(2023. 08. 07.). SK지오센트릭 2조 사업 울산 ARC 11월 첫 삽. 경상일보.

최원형(2015). 10대와 통하는 환경과 생태이야기. 철수와영희 출판사.

한경 ESG(2021. 10.). 폐기물 자원화에 대규모 투자.

한경 ESG(2023. 8.). 속도 내는 플라스틱 국제협약... 최종무대는 한국.

한국중앙자원봉사센터(2022). 안녕 산해진미 함께할게 플로깅 캠페인 결과보고서.

환경부 보도자료(2020. 12. 24.). 생활폐기물 탈플라스틱 대책.

Abbing, M. R. (2020). 플라스틱 수프: 해양오염의 현 주소. (김연옥 역). 서울: 양철북출판사, pp. 19-20, 38-39.

OECD. (2022). Global plastic outlook: Economic drivers, environmental impacts and policy options (pp. 21-22). https://read.oecd-ilibrary.org/environment/global-plastics-outlook_de747aef-en#page21

OECD. (2022). Global plastic outlook: Policy scenarios to 2060 (p. 24). https://read.oecd-ilibrary.org/environment/global-plastics-outlook_aa1edf33-en#page24

OECD. (2022). Global plastic outlook: Policy scenarios to 2060 (pp. 28-30, 64-65). Plastics use is projected to almost triple by 2060.

Skinno News SK이노베이션 전문 보도채널(2018. 12. 11.). 지구를 위해 텀블러

를 쓰자 '아.그.위.그(I Green We Green) 챌린지'.

https://skinnonews.com/archives/45237

Skinno News SK이노베이션 전문 보도채널(2021. 11. 18). 선한 영향력 무한 확산 중! '안녕, 산해진미 함께할게' 캠페인 참여 자원봉사자들의 SNS로 들여다보는 생생 후기.

https://skinnonews.com/archives/90090

Skinno News SK이노베이션 전문 보도채널(2022. 11. 02). 폐플라스틱을 다시 석유로! 울산에 세계 최대 도시유전 기업 만든다-SK지오센트릭, '플라스틱 리사이클 클러스터' 조성.

https://skinnonews.com/archives/99361

Skinno News SK이노베이션 전문 보도채널(2023. 01. 16.). 2022년 범국민 산해진미 프로그램 총정리.

Skinno News SK이노베이션 전문 보도채널(2023. 01. 16.). 지구를 지키기 위해 전국 27만여 명 시민들이 함께 달린 한 해! – 2022년 범국민 산해진미 캠페인 총정리

https://skinnonews.com/archives/102043

Skinno News SK이노베이션 전문 보도채널(2023. 02. 17). SK지오센트릭, 국내 첫 유럽 플라스틱 재활용 합작공장 프랑스 부지선정 완료.

https://skinnonews.com/archives/103302

WEF. (2023). The global risks report (18th ed., pp. 29–30).

Yang, S., Kang, M., & Cha, H. (2015). A study on dialogic communication, trust, and distrust: Testing a scale for measuring Organization Public Dialogic Communication (OPDC). *Journal of Public Relations Research, 27*(2), 175–192.

Youtube(2021). SK이노베이션 CEO총출동, 산해진미 플로깅 Official MV. https://www.youtube.com/watch?v=aKgb2E16WZc

제8장

ESG 커뮤니케이션 콘셉트 '플라스틱 리터러시' 개발과 GS칼텍스 캠페인 적용 사례 분석

| 강함수[에스코토스컨설팅(주) 대표이사]
GS칼텍스 브랜드커뮤니케이션팀

'리터러시'라는 개념을 차용해서 ESG 커뮤니케이션 콘셉트로 '플라스틱 리터러시'를 도출했다. 조작적 정의는 "플라스틱 라이프사이클에서 발생하는 다양한 문제를 깊이 들여다보고, 이해관계자를 직접 참여시켜서 함께 문제를 해결하며, '플라스틱 리터러시'를 높이도록 기업의 리소스를 투입한다."이다. GS칼텍스는 해당 콘셉트를 기업 철학과 상황을 고려하여 이론적인 개념을 실질적인 캠페인으로 발전 및 적용시켰다. 플라스틱 관련 활동가, 전문가를 직접 인터뷰하여 플라스틱 생산, 사용, 배출, 수거, 재생산 과정에 대한 세부 정보를 수집 정리 및 취재 발굴하여 인터랙티브 웹 콘텐츠를 개발해서 오픈했으며, 해당 내용을 알리는 커뮤니케이션 활동을 전개했다. 또한 플라스틱 리터러시를 기반으로 각종 플라스틱 환경 문제와 연계해서 활동하는 플레이어들을 취재하여 그들의 정보를 발굴하고 공개 및 확산하는 활동을 전개 중이다. 해당 캠페인의 콘셉트 수립과 적용 과정을 살펴보고자 한다.

① ··· ESG 경영에 대한 인식

2022년 ESG 트렌드 해외 조사에 따르면, 기업 ESG에 대한 사람들의 인식 평가가 전년 대비 낮아진 것으로 나타났다. 2020년 코로나19로 사회적 · 정치적 · 환경적 변화와 갈등이 발생하면서 많은 기업이 ESG와 관련된 다양한 변화를 약속하고 적극적으로 알렸지만, 기업들이 ESG 약속을 이행하지 않거나 이행하더라도 그 내용과 과정을 사람들에게 제대로 알리지 않아 실망감이 반영된 것으로 진단하고 있다(RepTrak, 2022).

이 실망감은 MZ 세대를 중심으로 ESG 경영의 목적을 바라보는 인식의 발생에서 알 수 있다. MZ 세대는 기업이 ESG 경영을 수행하는 이유가 기업의 이미지 개선과 사회적 분위기 때문이라고 인식하는 경향이 다른 세대보다 높은 것으로 나타났다(강윤지, 김상훈, 2022). ESG 경영의 동기를 기업의 지속가능성 강화, 환경과 사회적 위험에 대한 예방보다는 기업의 이미지 제고 등으로 파악하는 경향이 크다. ESG에 대한 진정성을 의심하는 것이다.

또한 실제 ESG 경영을 현업에서 실질적으로 실행해서 얻어지는 성과는 인식하는 정도와 다르게 크지 않고 시간이 많이 걸려서 이해관계자가 체감하기 어려운 측면이 있다. 특히 환경 성과는 더욱 그렇다. 탄소 저감으로 기후 대응의 비전을 제시하지만, 후속적인 실행 추진의 의사결정, 실행의 속도, 그에 따른 이행의 결과물은 '서약'했던 것과 다른 모습이다. '선언'과 '계획'만 있고 실질적인 변화의 과정을 공중 또는 이해관계자와 능동적인 소통을 하지 않는다. 기업 조직 관점에서 보면 ESG 실행과 관련된 사업부서의 업무 추진 과정과 커뮤니케이션 부서의 참여에는 간극이 있는 것을 쉽게 볼 수 있다. RepTrak 조사에 따르면, 기업 ESG 활동과 사람들의 인식과는 차이가 있다고 지적하였다. 사람들은 기업 10개 중 9개의 ESG 노력을 제대로 파악하지 못하는 것으로 나타났다(RepTrak, 2022).

기업은 비즈니스 차원에서 ESG 경영 비전과 전략을 수립해서 추진하는 것과 별개로 공중에게 세 가지의 인식 개진을 위해 전략적 커뮤니케이션을 통합적으로 연결시킬 필요가 있다. 기업마다 추진하는 ESG 경영의 차별점을 확보하고 이해관계자의 참여에 대한 동기를 확보해서 지속적으로 추진해 나갈 수 있는 동력을 얻을 수 있기 때문이다.

우선 ESG를 하나의 여정(ESG journey)이라는 관점에서 공중에게 제대로 설명하고 이해시켜야 한다. ESG 가치(value)가 무엇인지 설명할 수 있는 이야기가 필요하다. 비즈니스 성과는 단기적이고 즉각적으로 나타나는 것이 아니며, 각 기업마다 비즈니스의 다양한 상황 요인으로 어려움이 발생할 수 있다. 그 장애 요인이 ESG 비전과 목적에 부정적인 영향을 미치는 것은 아니다. ESG 스토리는 이와 같은 맥락을 이해시켜서 이해관계자의 공감대를 높일 수 있다.

둘째, 기업의 ESG 경영 활동과 실제 이해관계자가 인식하는 '진정성'의 정도는 다를 수 있다. 인식의 차이를 해소하기 위해서 ESG

1. ESG 경영에 대한 인식

경영을 통해서 해결하고자 하는 문제의식을 명확하게 하고 추진 과정의 내용과 성과를 전략적으로 공유하는 것이 필요하다.

셋째, 기업이 가지고 있는 환경 인식을 기업 이해관계자뿐만 아니라 일반 공중에게도 지속적으로 전달할 필요가 있다. 환경에 대한 거시적 트렌드가 해당 기업과 어떤 관련이 있는지, 조직은 어떻게 생각하고 어떤 문제의식을 가지고 있는지, 일반 공중들의 인식 전환과 참여를 위해 기업은 어떤 노력을 하는지를 보여 줌으로써 ESG에 대한 사회적 담론을 확대시켜야 한다. 기후 대응을 위한 환경 활동은 어느 하나의 주체만으로 성과를 얻을 수 없다. 사회 모든 구성원의 관심과 참여가 수반되는 일이다. 참여를 독려하고 실제 활동으로 연결되는 것, 환경 활동이 지속적으로 수행될 수 있는 제반의 지원책 등이 마련되기 위해서는 ESG에 대한 사회적 인식과 맥락이 형성되어야 한다.

2 ··· 플라스틱이 지닌 ESG 상징성과 커뮤니케이션 콘셉트 도출

플라스틱 개발의 시작은 인류 환경을 고려한 결과물이다. 나무, 철, 기타 금속 등 천연자원으로 해결했던 많은 제품의 원료를 대체할 수 있었다. 한정된 자연 소비를 줄일 수 있는 효과와 편의성을 인류에게 주었다. 그러나 현재 인류가 사용하고 폐기된 플라스틱은 자연환경을 파괴하는 원인이 되기도 하고, 더욱 생산량이 늘어나는 과정에서 발생하는 탄소는 기후변화에 영향을 미치게 되었다. 플라스틱은 인류에게 딜레마의 발명품인 셈이다. 만약 플라스틱이 발명되지 않았다면 인류 환경이 지금보다 절대적으로 좋아졌을 거라고 확신할 수도 없다. 플라스틱의 대체가 오히려 환경을 악화시키는 결과를 초래할 수도 있기 때문이다.

분명한 사실은 '플라스틱'은 기후 대응, 해양 보존 등과 같은 지구적 환경과 지속가능성이라는 어젠다와 직접적으로 관련이 있는 대상이다. '플라스틱 어젠다'를 다루는 과정은 단순히 '플라스틱 용기 사용 줄이기'와 같은 캠페인으로 해결되는 문제가 아니다. 우리가 표면적으로 볼 수 없는 복잡한 이해관계, 지역적으로 발생하는 이슈, 그것을 해결하기 위해 투입되는 자원의 문제, 실질적인 참여와 실천의 주체 문제까지 그 내면은 매우 복잡하다.

'플라스틱 어젠다'가 기후 대응과 해양환경 보존이라는 주제와 연결된다고 했을 때, 산업계와 개별 기업은 비즈니스 과정에서 어떤 실천적 행동을 할 것인가를 물을 수밖에 없다. 우선, 회사 건물 내에 일회용 용기를 없애는 하나의 프로그램의 결정에서 멈추는 것이 아니라 기업의 철학, 비즈니스 전략과 연결되어야 한다.

두 번째로는 기업뿐 아니라 사회 구성원 모두가 '플라스틱'의 태생부터 폐기 이후의 상황까지 복잡한 라이프사이클을 이해하고 그 과정에서 어떤 문제와 이슈가 있는지를 이해해야 한다. 단계적이고 점진적인 실천 과제와 그에 따른 성과를 연결시키는 방안을 모색할 필요가 있다.

세 번째로는 '플라스틱' 어젠다를 다루고 대응하는 실천적 주체들을 연결해야 한다. 제주도 앞바다에서 플라스틱을 포함해 해양 쓰레기를 줍고 처리하는 사람들, 폐플라스틱을 활용해 신제품을 개발하는 기업, 폐플라스틱을 수거하고 재처리하는 분들, 폐플라스틱

2. 플라스틱이 지닌 ESG 상징성과 커뮤니케이션 콘셉트 도출

을 양질의 원료로 재생산할 수 있는 기술적 개발에 투자하거나 직접 활용해 새로운 사업을 일으키는 사람들, 이런 주체들이 상호 연결되어 '플라스틱 어젠다'를 기반으로 기후 대응 실천의 생태계를 조성할 필요가 있다.

에스코토스컨설팅은 플라스틱 어젠다를 중심으로 앞과 같은 방향성을 기반으로 기후 대응을 위한 이해관계자의 참여와 점진적 변화를 이끌 실천적 개념을 설계하는 것이 필요하다고 판단했다.

실제 친환경을 위한 자원을 투입하고 지속적으로 실행하지만, 그에 대한 시장과 이해관계자의 관심과 참여는 한정적이다. 사실, 친환경을 위한 지구적 과제는 기업 하나만의 힘으로 단기적으로 해결할 수 있는 문제가 아니며, 실행의 결과물이라는 것이 즉각적으로 나타나기 어렵다. 탄소 저감을 위한 비즈니스 실체의 변화를 추진하는 것은 기업마다 비즈니스 상황, 내부 조직의 구조, 주요 산업의 생산 과정 등을 고려할 때, 실질적인 변화와 성과는 점진적으로 생성될 수밖에 없다. 따라서 ESG 경영 변화와 맥을 같이하면서 '환경'과 관련된 이해관계자의 관심과 주의를 지속적으로 이끌어 내고, 작은 문제라도 함께 고민해 해결 방안을 모색해 실행해 나가는 프로그램이 필요하다. 기후 대응에 대한 정보와 지식을 확충하는 일은 그 의제가 가지고 있는 전반적인 내용을 이해하고 활용할 수 있는 역량을 키우는 것과 같다. 기업의 ESG 경영 활동의 과정을 이해하고 사회적 맥락을 이끌어 내는 효과가 있을 것이다.

에스코토스컨설팅은 '플라스틱'의 상징성, 기후 대응과 관련한 기업의 전략적 커뮤니케이션의 방향성 등을 고려해 플라스틱의 생산, 활용, 폐기, 수거, 재활용 등 플라스틱의 라이프사이클에 대한 전반적인 이해를 바탕으로 인류의 미래에 긍정적인 영향력을 주기 위한 플라스틱의 올바른 활용 능력을 향상시키는 일련의 모든 행위를 아우르는 커뮤니케이션 콘셉트로 '플라스틱 리터러시(Plastic Literacy)'[1]라는 새로운 키워드를 도출했다.

플라스틱을 제대로 이해하고 잘 사용하고 제대로 폐기 및 재활용에 필요한 역량을 키우자는 미시적 의미에서부터 기후 대응에 대한 다양한 이해관계와 당면한 문제를 구체화하고 점진적으로 극히 작은 문제부터 여러 이해관계자의 자원과 역량을 연결해 해결할 수 있는 과정을 진행시키는 일련의 활동을 규정하고자 했다. 그런데 이 커뮤니케이션 콘셉트는 이론적이고 구체적이지 못한 한계가 있었으나, GS칼텍스를 통해 구체적이고 실질적인 캠페인으로 적용할 수 있게 되었다.

③ ··· GS칼텍스의 플라스틱 리터러시 캠페인 실천

GS칼텍스는 석유로부터 플라스틱 제품의 원료를 생산하고 있어서 플라스틱에서 발생하는 환경 문제로부터 자유로울 수 없다. GS칼텍스는 환경적 책임을 다해야 한다는 인식을 가지고 있으면서 탄소감축과 환경을 위한 노력으로 2005년부터 기업의 '지속가능경영

[1] 새로운 콘셉트를 도출하는 과정은 '플라스틱' '기후 위험'과 관련된 저서, 책, 연구보고서, 정부 부처의 주요 정책 보고 등을 수집하여 이해를 높일 수 있는 정보와 지식 데이터베이스(DB)를 확보했다.

보고서'를 통해 지속적으로 환경 실천 내용을 시장과 이해관계자에게 보고하고 있다. 2010년부터 친환경 복합수지 생산을 통해 순환 경제를 강조하고 있으며, 폐플라스틱을 활용한 친환경 복합수지를 생산해 내는 비즈니스 가치 체계 과정을 수립해 실행하고 있다. 비즈니스 전 과정에서 현재는 시작 단계이지만, 계속적으로 확장하면서 지속가능한 미래 환경을 만들겠다는 목적을 수립해 놓고 있다.

다만, 폐플라스틱 수거 및 재생산, 해당 복합수지를 활용해 상품-제품을 만들고 다시 고객에게 공급되는 과정은 단순하지 않으며, 각 과정별로 다양한 이해관계가 존재하는 상황이다. 환경 변화 대응을 위한 경영 정책적 노력을 추진하는 것과 더불어 '플라스틱이 야기하는 위험'을 위해 활동하는 다양한 주체(이해관계자)가 있는데, 그 실천 과정에 GS칼텍스는 어떻게 참여하고 어떤 영향을 만들 것인가에 대해 고민이 있었다. 플라스틱의 순환경제 내용과 과정을 이해관계자에게 이해시키고, 앞서 언급한 '플라스틱' 중심의 기후 환경에 대한 기업의 역할을 고려한 지속적인 친환경 캠페인 콘셉트와 실행 방안 설계가 필요한 상황이었다.

화학-에너지 기업의 친환경 활동 및 프로그램의 특징을 살펴보면, 기업들이 비즈니스 벨류 체인 과정에서 플라스틱의 문제를 해결하고자 하지만, 용어와 공정의 설명이 어려워서 이해관계자의 관심과 주의를 이끌기가 어렵다. 둘째, 플라스틱 관련 커뮤니케이션 캠페인을 실행하지만, '플라스틱 사용 줄이기'와 같은 주제에서 크게 벗어나지 못하며 내부 구성원의 참여 정도로 국한되는 경향이 있다. 마지막으로는 '사용'의 영역에서 '수거와 재생, 그리고 재활용'이라는 과정에 기업뿐 아니라 이해관계자의 참여를 이끌어 내는 캠페사전 조사 GS칼텍스는 메플라스틱의 환경 문제로 대두되고 있는 해양쓰레기 주제를 연결해서 현장 상황 파악이 필요하여 사전 조사를 진행했다. 현재 국내의 현황에 어떤 문제가 있는지, 현장에서 활동하는 사람들은 어떤 어려움이 있고 정책적으로는 무엇을 고려하고 있는지, 해양쓰레기 관련 전문가, 정부기관 정책 담당자, 수거 활동가, 수거업체 대표 등 100여 명의 리스크를 확보하고, 30여 명을 대상으로 서면 인터뷰 및 전화 조사를 진행했다.

	발생 및 유형	수거 및 선별	보관 및 처리
공공기관	• 관리사각지대(성 및 접근이 어려운 지역의 해양쓰레기가 지속적으로 발생	• 관리사각지대 수거를 위한 선박 접안이 어려움 • 관리사각지대 인력 충원 및 예산 활용의 문제	• 관리사각지대 해양쓰레기 수거 후 처리를 위해 육지 및 처항 접근지역으로 이동하는 데 어려움
전문가	• 재해(태풍, 홍수 등) 이후 많은 양의 쓰레기가 지속적으로 유입 • 해양쓰레기 발생량 및 원인에 대한 객관적인 규명자료 부재	• 해양쓰레기 저감을 위한 지배구조(정부, 민간사회 등) 구축 마음 • 근본적인 처리 방안에 대한 역할 분담 마음 • 해양쓰레기 수거활동 예산의 한계 및 인력 충원의 어려움	• 높은 처리비용으로 인한 경제성 상실 • 수분 함유 및 염분 등으로 처리가 어려움 • 해양쓰레기 부착 생물로 인한 부패 및 처리 어려움
개인	• 해양쓰레기가 동일한 장소에 항상 존재 • 지속적으로 발생 및 유입되는 해양쓰레기 • 관광객의 해안가 방문 시 쓰레기 투기가 빈번 발생 • 개인 수거 활동 이후 자연 처리의 제한이 잘 안됨 • 불법적인 수거활동에 해양쓰레기가 많아	• 해안쓰레기 수거 시 해동으로 인해 수거 활동의 제약 존재 • 적절한 해양쓰레기 수거 장비 및 지원의 부재(개인적 수거 활동 시 50L 봉투 3~개 이상 들 수 없는 수거) • 해안쓰레기 수거 과정의 상태 및 여름 등 위험성 존재 • 해양쓰레기 수거 활동 이전에 처리에 대한 고려를 하지 않으면 처리가 안 되어 2차 불법투기가 필요 수 있음 • 지자체의 예산 관련 수거가 이슈로 개인 및 단체의 수거 활동등을 거절 당함 • 자발적으로 해양쓰레기를 수거하는 데 주변인의 의식, 부담스러운 등을 방해 요인이 존재 • 수거 이후 배출 및 처리에 대한 가이드(가이드라인의 미비하며, 가이드라인이 없는 경우 종량제 봉투로 배출하여 처리	• 불법수거 후 장기간 야적장에 방치되면서 악취 발생 • 폐기물에 해양쓰레기가 담겨 수거를 하기에 어려움 • 악취로 인한 인명 피해 및 수거 활동의 거점 등 문제 존재 • 수거한 쓰레기를 세척하기 위한 장비 미흡 등 한계 존재 • 수거한 쓰레기 부마가 커서 마대자루에 담지 못하면 처리가 안 됨
수거업체	• 해저 상황의 변동으로 실제 과업 시 침적쓰레기 설계양과 다른 경우 빈번 • 수거 현장에서 선박과 장비가 투입되어야 침적쓰레기의 실물량을 확인할 수 있음	• 기상(풍황, 여장 작업 등 변수의 제약이) 많음 • 수거 과정에서 쓰레기 인양 시 쓰레기 발생에서 어류에 영향 • 여장 피해 최소화를 위해 세부하나 이 각에 작업하는 경우도 반반 • 관련 기관의 실물작업(지 못하) 예산 운영	• 수거 이후 야적장에 배출하면 처리까지 1년 이상 소요되는 경우도 빈번하게 발생 • 야적장 배출 후 염재 및 악취로 인한 인명 발생 • 재활용을 고려한 수거 선별 염로 처리장치 설치는 한계점 존재

출처: 에스코토스컨설팅(2021).

● 그림 8-1 해양쓰레기 관련 이해관계자 사전 조사 결과 보고

3. GS칼텍스의 플라스틱 리터러시 캠페인 실천

인이 부족했다.

GS칼텍스는 이러한 문제의식을 기반으로 '플라스틱 리터러시'의 이론적 개념과 동종 업계 현황을 함께 검토해 GS칼텍스만의 실천적 개념의 친환경 캠페인으로 발전시켰다.

폐플라스틱을 친환경 복합수지로 재생산하는 기업의 비즈니스 밸류 체인을 반영해 수거 과정, 재활용 과정에서 발생하는 문제점을 찾아 공유하고, 해당 과정에 참여하는 다양한 이해관계자를 조명하는 일련의 역할과 활동을 'GS칼텍스의 플라스틱 리터러시'로 규정했다.

우선 GS칼텍스가 '플라스틱 리터러시'의 관점에서 해결하고자 한 문제점은 '플라스틱'에 대한 정보 접근성을 해소하는 것으로 결정했다. 앞서 사전 조사를 통해서 파악된 문제점을 기업 입장에서 단독으로 해결할 수 없지만, '플라스틱'을 이해하고 제대로 사용할 수 있도록 안내하고 관심을 높일 수 있는 '콘텐츠 아카이브'를 제공하는 것도 의미 있는 역할이기 때문이다.

실제로 '플라스틱'과 '환경' 주제의 정보가 다양한 주체별로 분산되어 있으며, 폐플라스틱 관련 현황 정보(데이터)가 확실하게 조사되어 있지 않거나 각각 분산되어 있어서 통합적으로 현황을 파악하기가 어려웠다. 따라서 우리는 이해관계자 인터뷰, 연구논문, 해양수산부, 환경부, 기업연구소, 관련 출판물 등을 참고로 통합적으로 콘텐츠를 구성했다.

플라스틱과 환경 관련 기본 콘텐츠 목차

항목	주요 목차
제1장 플라스틱이란	I. 플라스틱 개발 배경 II. 플라스틱의 가치 III. 플라스틱의 종류
제2장 플라스틱 순환 단계별 내용 및 문제점 정리	I. 플라스틱 순환경제 종류 II. 플라스틱 재활용 경제 단계
제3장 플라스틱 재활용 종류	I. 기계적 재활용(Mechanical Recycle: MR) II. 화학적 재활용(Chemical Recycle: CR) III. 열적 재활용(Thermal Recycle: TR)
제4장 플라스틱 사용 환경의 변화	I. 코로나19로 인해 급증하는 플라스틱 사용량 II. 국내 플라스틱 폐기물 발생 및 재활용 현황
제5장 플라스틱의 영향력 및 대안	I. 물리적 영향력 II. 생물학적 영향력 III. 폐기물로 인한 환경적인 영향력 IV. 플라스틱 대안: 앞으로의 과제
제6장 플라스틱 관련 정부 정책의 변화	I. 국내 플라스틱 관련 제도 및 현황 II. 지자체별 플라스틱 관련 활동
제7장 플라스틱 재활용과 관련된 기업들의 활동 변화	I. ESG 경영 개선과 기업들의 환경적 의무 증대 II. 주요 기업들의 플라스틱 관련 활동 III. 플라스틱 폐기물 처리 환경 영향
제8장 해양 플라스틱 쓰레기 처리를 위한 현안 및 방안	I. 해양 플라스틱 처리를 위한 국내 저감 및 개선 노력 II. 국제 현안으로 부각된 해양 플라스틱 III. 향후 해양쓰레기 문제 해결을 위한 보완 사항

출처: GS칼텍스(2021).

기본 콘텐츠 내용 중 데이터는 시각화해서 웹상에서 일반 공중
뿐 아니라 이해관계자에게 쉽게 정보를 획득할 수 있도록 인터랙티
브 형태의 마이크로사이트(www.gscaltexplasticliteracy.com)를 구축했다. 이
웹사이트에는 재활용을 위한 기술적 내용을 쉽게 풀어서 정보를 제
공하고 있으며, 친환경 복합수지 생산을 하는 GS칼텍스 기술도 함
께 상세히 설명하고 있다.

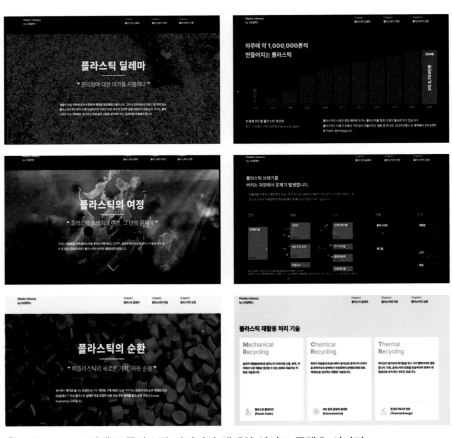

● 그림 8-2 GS칼텍스 플라스틱 리터러시 캠페인 사이트 콘텐츠 이미지
출처: GS칼텍스(2021).

제8장 ESG 커뮤니케이션 콘셉트 '플라스틱 리터러시' 개발과 GS칼텍스 캠페인 적용 사례 분석

인터랙티브 마이크로사이트의 주요 구성은 크게 세 개의 영역으로 나뉘어 있다. 우선 '플라스틱 딜레마' 영역에서는 플라스틱의 편리함과 가공이 용이한 특성이 인류에 도움을 준 내용과 역설적으로 환경에 피해를 주는 내용을 데이터와 이미지로 표현했다. 두 번째로 '플라스틱의 여정' 영역에서는 플라스틱 제품의 라이프사이클을 따라가며, 각 단계에서 존재하는 문제점과 해결 방안을 흐름도(flow chart)로 표현했다. 각 과정에서 이해관계자 사전 조사를 한 현장의 내용이 포함되어 있다.

마지막 콘텐츠 내용은 '플라스틱의 순환' 영역으로, 궁극적 해결책으로 자원 순환 체계를 제시하고 이해관계자들의 노력을 설명한다. GS칼텍스의 기술력을 인터랙티브하고 직관적 이미지로 표현했다.

④ ⋯ GS칼텍스 플라스틱 리터러시 캠페인 확장: 플레이어를 조명하자

'플라스틱 리터러시' 사이트에 대한 직접적인 방문자 수를 늘리는 것도 중요하지만, GS칼텍스의 기업 공식 블로그인 '미디어허브(www.gscaltexmediahub.com)'를 통해 기존에 유입 및 구독하고 있는 이용자들을 대상으로 '플라스틱 리터러시' 캠페인 개념을 이해시키고 해당 활동을 알리는 데 초점을 맞추었다. 우선, GS칼텍스의 플라스틱 순환경제와 관련된 다양한 활동을 온라인상에 확산시킬 수 있도록 공식 블로그의 콘텐츠를 기획하고 제작을 집중했다.

폐플라스틱의 수거, 선별, 재활용 과정에서 활동하는 이해관계 자들을 조명하기 위해 해당 관계자들을 '플라스틱 플레이어(Plastic Player)'로 명명하고 플라스틱 문제 해결을 위한 각각의 노력을 '미디어 허브' 방문자에게 소개하는 기획 콘텐츠를 제작하여 발행했다.

🌲 플라스틱 플레이어 취재 대상자

- 모든 플라스틱은 자원이다.
  (https://gscaltexmediahub.com/esg/gscaltex_plasticplayer1)

  (주) 도원 김성배 대표

- 일회용품도 지속가능할 수 있다면.
  (https://gscaltexmediahub.com/esg/plasticplayer2)

  (주) 리와인드 김은정 대표

- 플라스틱 재사용이 당연해지는 사회가 되려면.
  (https://gscaltexmediahub.com/esg/plasticplayer3)

  트래쉬버스터즈 곽재원 대표

- 변화의 시작은 가치를 전달하는 디자인으로부터.
  (https://gscaltexmediahub.com/esg/plasticplayer4)

  로우리트콜렉티브 최재식 대표

- 변화의 움직임을 위한 우리 지역 공간의 가치.
  (https://gscaltexmediahub.com/esg/plasticplayer5)

  청춘발산협동조합 송명은 대표

- 해양에 버려진 플라스틱, 이제는 관리해야 할 때.
  (https://gscaltexmediahub.com/esg/plasticplayer6)

  포어시스 원종화 대표

제8장 ESG 커뮤니케이션 콘셉트 '플라스틱 리터러시' 개발과 GS칼텍스 캠페인 적용 사례 분석

- 환경을 위해 가장 효율적인 방법으로 생활쓰레기 배출문제를 해결한다.

  (https://gscaltexmediahub.com/esg/plasticplayer7)

  어글리랩 서호성 대표

- 열분해 기술로 화학적 재활용에 기여한다.

  (https://gscaltexmediahub.com/esg/plasticplayer8)

  에코인에너지 이인 대표

인터뷰 사전 전단 질문

Q1. 주식회사도원에 대해 간단한 소개말씀 부탁드립니다.

Q2. GS칼텍스와 협력하고 계신 (주)도원의 사업 프로세스가 궁금합니다.

→ MR 사업 추진과정에서 (주)도원의 역할은 구체적으로 무엇인가요? (전처리과정에 대한 전반적인 답변)

→ GS칼텍스 협력업체로 되면서 기존 전처리공정에서 달라진 점이 있으신가요? (전처리과정 노하우 답변)

→ 전처리 공정외, GS칼텍스의 재활용 사업을 통한 노하우로 변화된 것들이 있을까요? (협력업체 노하우 답변)

→ 전처리 공정을 통해 생산하는 '고부가가치제품'은 어떤 의미이며, 어떤 형태인가요? (전처리 결과물 답변)

Q3. 폐플라스틱은 어떤 과정을 거쳐 전처리되는 건가요?

→ 단일 소재, 복합 소재 등 플라스틱 재질 별로 전처리과정에 어떤 차이가 있나요? (OTHE 재질 재활용 답변)

→ 플라스틱 크기와 색깔에 따라서도 전처리과정이 달라지나요? (커피캡슐, 가전제품 등 플라스틱 처리 답변)

→ 이물질이 있는 경우, 전처리과정에서 어떻게 처리되나요? (네슬레 커피캡슐 이물질 관련 답변)

Q4. 2000년대 초반과 지금의 폐플라스틱 전처리공정에는 어떤 변화가 있었나요? (전처리공정기술적 발전 답변)

Q5. 폐플라스틱 전처리과정에서의 애로사항은 없으셨나요?

→ 폐플라스틱의 전처리공정이 가장 어려운 경우는 어떤 경우인가요?

→ 한달을 기준으로, 플라스틱폐기물의 양과 전처리되는 양의 차이가 궁금합니다. (잔재물 양 관련 답변)

→ 전처리 공정을 통해 생산하는 '고부가가치제품'은 어떤 의미이며, 어떤 형태인가요?

Q6. 재활용률을 높이기 위해, 전처리 가능성을 높이기 위해 어떤 노력을 기울여야 할까요?

→ 일반인들이 분리 배출 과정에서 반드시 고려해야 할 배출 방법이 있나요?

인터뷰 섭외 요청서 시안

〈심화 질문〉

Q7. 전처리 공정 중 '조색'이란 공정이 있는데, 단순히 분쇄에서 끝나는 것이 아닌가요?

→ '조색'은 분쇄한 플레이크를 조색해 특정 색상의 펠렛으로 변형되는 공정인가요?

→ 도시락 용기, 커피캡슐 등 대부분의 제품은 검은색인데, 검은색 플레이크도 조색이 가능한가요?

4. GS칼텍스 플라스틱 리터러시 캠페인 확장: 플레이어를 조명하자

Q8. 폐플라스틱을 재활용한다고 해도 물성이 안좋아질텐데, 그럼 재활용 가능한 제품이 한정되는 것인가요?

→ 전처리공정에서 플라스틱의 물성을 보완할 수 있는 특별한 방법이 있으신가요?

→ 전처리공정을 통해 물성을 높일 수 있다면, 플라스틱을 무한하게 순환시킬 수 있는 건가요?

Q9. 일반적으로 생각할 때, 단일 재질은 한 번에 분쇄하면 될 것 같은데, 복합 재질은 어떻게 전처리가 이루어지나요?

→ 복합 재질은 재질이 분류되는 등 추가적인 처리 공정이 들어가는 건가요?

〈플라스틱 리터러시 공통 질문〉

Q. 플라스틱을 올바르게 활용하기 위한 플에이어로서 활동하고 계신데, 현재 플라스틱 문제의 가장 큰 문제점 한 가지는 무엇이라고 생각하시나요?

→ 선정하신 문제를 해결하기 위해 가장 중요한 해결방안은 무엇일까요?

Q. 사회적으로 문제가 되고, 여러 사람들이 노력하고 있음에도 불구하고, 왜 여전히 플라스틱을 쓰고 있을까요?

Q. 생각하시기에 '플라스틱을 올바르게 활용한다.'는 것은 어떤 의미라고 생각하시나요?

※ 인터뷰 진행 전, 인터뷰 요청서 사전 피드백 수렴 후 섭외 진행

● 그림 8-3 **GS칼텍스 플라스틱 리터러시 실행 콘텐츠 개발 인터뷰 질문지 사례**
출처: 에스코토스컨설팅(2022).

플라스틱을 중심으로, 각자의 영역에서 다양한 기술과 사업 방식으로 기후와 환경의 문제를 대응해 가는 '플라스틱 플레이어'의 고민과 활동 여정을 조명해 그들의 목소리를 통해 우리가 함께 고민해야 할 플라스틱의 딜레마 해결을 위한 당위성, 문제와 해결 방법을 찾아보았다.

회사와 직접적인 비즈니스 관계가 없지만, 사람들에게 플라스틱의 순환경제 구성에 기여하는 여러 기업 활동을 소개함으로써 직간접적으로 '플라스틱'에 대한 올바른 이해도를 높이고자 했다. 해당 콘텐츠는 단순히 칼럼이나 기고를 아니라 직접 취재 과정을 통해 '플라스틱 플레이어'의 경영철학, 사업의 전개 과정, 위험과 기회 등을 담아 '플라스틱' 순환경제를 구축하는 과정을 이해할 수 있는 실질적인 정보와 이야기를 전달하려고 했다.

기획적인 콘텐츠 개발 과정은 미디어 보도자료 개발이나 기업 블로그의 포스팅을 개발하는 것과 비교했을 시 전문적인 배경 지식부터 해당 기업의 사업을 구성하는 기초적인 정보가 반영이 되어야 콘텐츠의 가독성과 이해도를 높일 수 있었다. 그래서 인터뷰 대상 기업의 사업 활동, 범위, 사업 환경 분석 등의 정보를 인터뷰 이전에 충분히 조사 분석해서 콘텐츠 제작에 활용했다.

● 그림 8-4 GS칼텍스 플라스틱 리터러시 실행 중 인터뷰 콘텐츠 이미지
출처: 에스코토스컨설팅(2022).

⑤ ⋯ 결론: GS칼텍스 플라스틱 리터러시 캠페인 시작의 의미

기업마다 친환경 캠페인 형태를 살펴보면 사회적 인식을 제고하는 방식의 영상 캠페인, 일회용품 사용 줄이기, 현장에서 쓰레기 줍기 등과 같은 참여형 캠페인 활동이 주를 이룬다. 다른 한편으로는

5. 결론: GS칼텍스 플라스틱 리터러시 캠페인 시작의 의미

앞서 소개한 '플라스틱 플레이어'와 같은 산업 주체들에게 직간접적인 사업 협업의 기회를 발굴하거나 투자하는 방향으로 적극적인 참여를 꾀하기도 한다.

해당 캠페인은 기존 형태와 다르지만, 그 성과를 규정하면 우선 지속가능한 콘셉트 개발을 통해 조직 내부에서 친환경과 플라스틱을 중심으로 사업, 정책, 커뮤니케이션 등의 영역에 혼재되어 있는 관점을 하나로 통합해 이끌어 갈 수 있는 기반을 마련했다.

둘째, 개별적인 아이디어 중심으로 진행할 수밖에 없는 친환경 관련 커뮤니케이션을 지속가능한 캠페인 콘셉트 중심으로 추진할 수 있는 기반을 조성했다. 기업 커뮤니케이션 관점에서 디지털 콘텐츠 크리에이티브 중심으로 접근하던 차원에서 플라스틱 라이프 사이클 전 과정에서 친환경 활동을 추적할 수 있게 되었다.

셋째, 플라스틱 환경의 문제점을 위험적이고 감성-충격적 요인으로 알리는 관점에서 최소한의 데이터 및 문제점 기반으로 논리적·이성적으로 조명하고 알릴 수 있는 정보 기반을 기업의 리소스를 통해 구축했다. 수거, 전처리, 재생산 전 과정에 참여하는 이해관계자 관점에서 어려움이나 문제점을 파악하고 흩어져 있는 정보와 상황을 수집해 놓아 향후 해당 정보를 기반으로 확장된 활동을 전개할 수 있게 되었다.

마지막으로, 향후 GS칼텍스의 사업 비즈니스 과정에서 '플라스틱'과 관련된 순환경제를 구성하고 다양한 플레이어와 관계를 맺는 과정에서 필요로 하는 자원의 투입을 낮출 수 있을 거라고 기대할 수 있다. 해당 캠페인 콘셉트의 울타리에서 여러 플레이어의 접근성이 높아지고 상호 이해 접점을 넓힐 수 있을 것이다.

제8장 ESG 커뮤니케이션 콘셉트 '플라스틱 리터러시' 개발과 GS칼텍스 캠페인 적용 사례 분석

참고문헌

GS칼텍스(2021). 플라스틱 리터러시 콘텐츠 개발 보고서.

GS칼텍스 미디어허브(2020.07.10.). 환경을 살리는 폐플라스틱 재활용 기술. https://gscaltexmediahub.com/csr/esg-environmental-common-sense-recyclingtechnology/

강신호(2021). 왜 플라스틱이 문제일까?. 반니.

강윤지, 김상훈(2022). 기업의 ESG 경영에 대한 소비자 인식에 관한 연구: MZ 세대를 중심으로. 광고학연구, 33(3), 7-39.

곽은영(2021. 07. 07.). 7가지 플라스틱. … 구분할 줄 아세요?. 그린포스트코리아. http://www.greenpostkorea.co.kr/news/articleView.html?idxno =129551

구지선(2021. 04.). 플라스틱 선순환을 위한 석유화학업계의 대응 동향. 주간 KDB 리포트.

김경민(2018. 11. 05.). 지구를 지키는 똑똑한 분리배출 방법은?. 현대해상 좋은 블로그 https://blog.hi.co.kr/2034

녹색연합(2021. 01. 27.). 플라스틱 이슈 보고서: 생분해 플라스틱의 오해와 진실.

미디어 제주(2021. 06. 01.). 코로나19가 불러온 플라스틱 대란. http://www.mediajeju.com/news/articleView.html?idxno=330763

에스코토스컨설팅(2021). 해양쓰레기 관련 이해관계자 의견 조사 결과 보고서.

에스코토스컨설팅(2022). GS칼텍스 플라스틱 리터리서 캠페인 결과 보고서.

에스코토스컨설팅(2022). 플라스틱 리터러시 플레이어 인터뷰 기획 보고서.

오현경(2021. 06. 22.). 플라스틱 대한민국: 일회용의 유혹. 그린포스트코리아. http://www.greenpostkorea.co.kr/news/articleView.html?idxno =129344

임송택, 전수원, 홍나희(2020.12). 플라스틱 비즈니스 가이드라인: 한국 기업 사례를 중심으로. WWF-Korea(세계자연기금 한국본부).

프레셔스 플라스틱 서울. 플라스틱의 기초. https://ppseoul.com/thebasicsofplastic

https://ri.reptrak.com/2022-nasdaq-esg-ranking

https://ri.reptrak.com/ultimate-esg-guide-0

Ultimate ESG Guide, RepTrak, 2022

제9장

ESG와 PR 커뮤니케이션의 미래

| 이유나[한국외국어대학교 미디어커뮤니케이션학부 교수]

ESG가 대한민국 조직 경영의 주요 패러다임이 된 현재 PR은 조직의 전략적 커뮤니케이션 기능으로서 ESG 체화 및 확산, 공중 참여 촉진, ESG 평판 관리를 직접적으로 담당하며 조직의 지속가능성 향상에 기여하는 역할을 해야 한다. 이 장에서는 PR 커뮤니케이션과 ESG의 개념적 접점에 대한 논의를 시작으로 각 장들의 핵심 내용을 관통하는 키워드들을 제시하고 있다. 키워드 추출을 통해 ESG 패러다임이 PR 커뮤니케이션 영역에 어떤 의미와 과제를 던지는가를 살펴본다.

① ··· 들어가며

쿤(Thomas Kuhn)은 과학의 발달을 설명하는 과정에서 패러다임 (Paradigm) 개념을 사용한 바 있다(Kuhn, 1996). 한 시대의 전문가 집단은 직면한 과학적 문제를 해결하기 위해 당대의 지배적인 이론, 관습, 사고, 가치관과 연구 방법을 적용하게 되는데, 이러한 요소들이나 개념의 총 집합체가 패러다임이라는 것이다. 쿤에 의해 제시된 패러다임 개념은 과학사 이외의 다양한 영역에서도 빈번히 적용되어 왔으며, 우리가 다루고 있는 ESG 움직임을 이해하는 데에도 적용할 수 있다. ESG는 어느 날 갑자기 발표된 일부 기업이나 개인의 창작물이 아니다. 1990년대에 지속가능성에 대한 논의부터 2천 년대의 PRI(Principle for Responsible Investment, 책임투자원칙)을 거쳐 최근의 글로벌 자산운용사 주도의 ESG 투자 반영 선언에 이르기까지 기업경영 방식에 대한 전문가 집단의 지속적인 성찰과 문제의식이 점진적으로 응집되어 나타난 패러다임이라고 이해할 수 있다. 이에 이 장에서는 ESG를 '패러다임'으로 지칭하고자 한다.

ESG 패러다임과 PR의 접점을 찾는 데 있어 1984년에 그루닉과 헌트(Grunig, J. & Hunt, T.)가 제시한 주장을 살펴보는 것은 적절한 출발점이 될 것이다. 그들은 PR 교과서인 『현대 PR의 이론과 실재 (Managing Public Relations)』에서 PR이 조직의 사회적 책임을 다루는 기능임을 주장했다. 당시 투자자 자본주의 시대의 극을 달리던 미국 사회에서 이러한 주장은 다소 이상한 것으로 비쳤을 것이다. 광고, 마케팅, PR은 모두 자본주의의 꽃으로서 소비자들을 대상으로 하는 이익 극대화 커뮤니케이션 기능으로 간주되고 있었기 때문이다. 그러나 그루닉과 헌트는 PR이 소비자뿐만 아니라 광범위한 공중들을 대상으로 하는 결이 다른 활동으로 이해되어야 함을 교과서 전반에서 강조했다. 조직의 활동에 대해 취재하는 언론인, 규제를 관장하는 정부 부처, 조직이 초래한 환경오염으로 인해 영향을 받은 지역사회 주민, 조직의 내부 구성원, 기업의 정책과 활동에 반대하는 시민운동가 등이 모두 PR 커뮤니케이션의 대상이라는 것이다. 그들은 기업이 존재할 수 있는 이유는 사회가 이를 용인해 주기 때문이며, 기업의 활동은 소비자 외의 다른 내외부 공중에게도 영향을 끼치므로 사회적 책임을 질 의무가 있다고 설명했다.

그들은 [그림 9-1]에서 보이는 바와 같이 CSR 범주를 세 가지 유형으로 나누어 제시하였다. 기업은 기본 임무인 질 좋은 제품 및 서비스의 생산과 공급, 수익 창출과 같은 제1범주의 책임만을 생각해서는 안 되며, 제품 생산 과정에서 발생하는 환경오염 문제 유발 등과 같은 제2범주의 책임 또한 고려해야만 한다고 설명했다. 더 나아가 조직과 직접 연관되지 않는 실업률 증가, 지역 낙후와 같은 일반 사회문제인 제3범주의 책임을 질 수도 있다는 것이다. PR은 이와 같은 CSR에 대한 소통을 담당하는 기능으로서 이해되어야 한다는 것이다. 그루닉과 헌트의 설명에 비춰 본다면 기후변화, 환경오염 등과 같은 전 지구적 문제 해결에 대한 관여를 요구하는 ESG 패러다임은 기업이 제3범주의 사회적 책임까지도 이행할 것을 주문한 것으로 볼 수 있다.

ESG 패러다임이 그루닉과 헌트가 논한 사회적 책임 개념과 차별화되는 지점은 제도적 의무화 측면이다. 기업의 사회적 책임

(Corporate Social Responsibility: CSR)은 법적인 규제나 의무보다는 기업이 미래의 규제 리스크에 대해 선제적으로 대비하는 자발적 성격의 개념이기 때문이다. 기업의 CSR 활동이나 기업의 사회적 가치(Corporate Social Value: CSV) 활동은 모두 자발적 선택을 기반으로 발달한 바 있다. 또한 그루닉 등은 사회적 책임이라는 말보다는 '공공 책임(public responsibility)'이라는 용어가 적합하다고 설명했다. 즉, PR에 있어 중요한 것은 조직이 사회에 끼친 영향보다 공중에 끼친 영향을 파악하는 것이라고 하였다. 하지만 이 책에서 살펴본 것처럼, ESG 패러다임은 비단 조직 단위의 특정 공중에만 국한되어 있지 않으며, 지구 환경보호, 조직 지배구조 차원까지 통합적으로 고려하고 있다는 점에서 차이가 있다. 이제 PR 커뮤니케이터들은 자신에게 익숙한 조직-공중 관계라는 범위를 벗어나 보다 넓은 시각에서 조직 경영을 바라보는 ESG 패러다임 리터러시를 키울 것을 요구받고 있다.

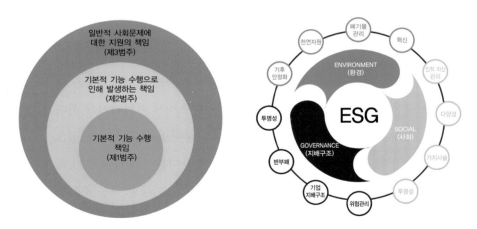

● 그림 9-1 **조직의 사회적 책임 범주 vs. ESG의 범주**
출처: 〈좌〉 Grunig & Hunt (1984). 〈표 3-1〉, p. 54 재구성.
　　　〈우〉 BWFA (2023) 참조 재구성.

2 ··· ESG 리터러시

지속가능한 경제발전에 대한 논의로 시작된 ESG는 현재 하나의 시대정신이 되었다고 할 수 있다. PR 커뮤니케이션, 법, 경영 등 조직 운영에 있어 핵심적인 역할을 하는 영역 전문가들, 투자자나 이해관계자들의 ESG에 관한 관심은 계속 높아질 전망이다. PwC(PricewaterhouseCoopers)의 2021년 보고서[1]에서는 소비자들이 ESG에 진심을 다하는 기업들을 확연히 선호하고 있음을 밝혔다. 설문 응답 소비자의 83%는 ESG 실행 기업의 제품을 택할 것이라고 했고, 이들 중의 76%는 직원, 지역사회, 환경을 제대로 처우하지 않는 기업과의 관계를 끊겠다고 응답했다. 직장인들의 86%가 ESG 가치를 구현하는 회사에서 일하기를 희망하며, 91%의 고위급 임원들은 자신의 기업이 ESG 가치를 실현할 책임이 있다고 생각하는 것으로 나타났다(PwC, 2023).

특히 PR 커뮤니케이터는 조직 내에서 다양한 부서와 긴밀하게 협조해야 하는 만큼, 영역별로 고유한 역할과 책임에 따라 ESG를 바라보는 시각과 실행 방법에 어떤 차이가 있는가를 파악하고 있어야 통합적인 PR 커뮤니케이션 관리를 수행할 수 있다. 이에 이 책에서는 상호 인접 영역이라고 할 수 있는 PR 커뮤니케이션, 법, 경영

---

[1] PwC는 미국, 브라질, 영국, 독일, 인디아 소비자 5,005명, 직장인 2,510명, 기업 임원 1,257명을 대상으로 2021년 3~4월까지 ESG 인식 조사를 실행했다(https://www.pwc.com/us/en/services/consulting/library/consumer-intelligence-series/consumer-and-employee-esg-expectations.html).

의 관점을 아우르고 있다.

제1장은 ESG의 등장 배경과 국내 기업들의 ESG 도입 현황을 PR 산업에서의 구체적인 적용 사례들을 들어 설명하고 있다. 저자는 특히 ESG를 하나의 수단(tool)이 아니라, 우수한 조직의 완성에 기여하기 위한 PR 전략 수립의 핵심 요소로서 설명하고 있다. 그는 그루닉 교수의 우수이론이 지향하고 있는 쌍방향 균형적 소통은, 결국 ESG가 구현하고자 하는 사회적·지배구조적 가치를 오롯이 담아내고 있음을 지적하였다. 여기에 환경보호 및 지속가능성의 가치들이 더해져 CSR, CSV 패러다임을 거쳐 ESG로 확장 혹은 수렴되었다는 것이 그의 설명이다. 그는 조직의 ESG 평판을 구현해 내고 이해관계자 공중들과 긍정적인 관계를 형성하는 것이 ESG 시대의 우수 PR이라고 결론지었다. 그는 기업 ESG 트렌드로 인해, 이미지 PR, 투자자 관계, 지역사회 관계, 위기 관리, 구성원 커뮤니케이션 등 PR의 영역이 더욱 확장될 것임을 설명했다.

제2장은 ESG 트렌드의 핵심 이슈라고 할 수 있는 ESG 평가를 다룬다. 글로벌 자산운용사들이 기업 가치의 판단에 ESG 평가 항목을 포함하고 ESG 공시 의무화, 공급망 실사 등을 공표하고 있으며, 우리나라 정부도 K-ESG 가이드라인을 제공하는 등 제도화에 앞장서고 있어 평가에 대한 관심은 커질 수밖에 없는 상황이라는 것이다. 그러나 세계적으로 6백여 개가 넘는 평가기관이 난립하고 있으며, 특히 저자들은 커뮤니케이션 영역에서의 평가 논의가 일반화되지 않은 가운데 혼란이 클 수밖에 없음을 지적하였다. 이 장에서는 독자들을 위해 세계의 대표적인 ESG 평가기관들과 국내 기관들의 기준에 대한 면밀한 고찰을 제공하고 있다. 더 나아가, 저자들은 'ESG

커뮤니케이션'을 개념적으로 제시하면서 구체적인 진단 방안 개발의 과정을 보여 주고 있다. ESG 커뮤니케이션 인식 조사와 행동 데이터 분석을 기반으로 하는 이러한 진단 도구의 개발 정보는 PR 커뮤니케이션 컨설팅과 실행 방안에 관심을 두고 있는 PR 전문가들에게 도움이 될 것이다.

제3장은 ESG 규제를 법무 관점에서 살펴보고 있다. 저자는 ESG 규제의 전개 과정을 국외 및 국내로 구분하여 상세하게 설명하고 있다. 저자는 ESG를 준법 리스크로 규정하고 있으며, 이러한 리스크에 대한 준비와 대응이 어떻게 구체화되어야 하는가를 논하고 있다. 저자는 한국 기업이 식별 및 관리해야 하는 ESG 리스크를 3층 주택에 비유해서 설명하고 있다. ESG 리스크 주택은 한국 국내 법령에 따른 리스크, 국제규범 및 외국 법령에 따른 리스크, 연성 규범에 따른 리스크로 각각 층을 이루고 있으며, 각 층별로 조직이 어떤 대비를 해야 하는가를 알기 쉽게 적시하고 있다. 또한 ESG와 관련된 실제 판례들을 제시하고 있어 법무적 관점에서의 ESG 실무를 이해하는 데 큰 도움을 준다.

제4장은 경영학 관점에서 이해관계자 자본주의 개념의 등장 배경과 ESG의 연계에 대해 상세히 살펴보고 있다. 저자는 주주가 기업의 주인이라는 것이 주주 자본주의의 관점이라면, 이해관계자 자본주의는 '주주를 포함한 모든 이해관계자의 공동 번영을 지향하며, 기업과 전체 생태계의 발전과 성장을 도모하는 관점'임을 설명하고 있다. 특히 그는 기업들이 ESG 경영전략 설계를 위해 적용할 수 있는 세 가지 개념 틀을 제시하고 있다. 첫 번째 '중대성 평가'는 이해관계자의 관심 이슈들과 기업이 해결하고자 하는 이슈들의 접점을

찾아 우선순위를 정하고 ESG 경영전략을 도출하는 것이다. 두 번째 '기업과 사회 간 이중 중대성' 틀은 기업의 성장과 사회 발전을 동시에 추구하는 선순환 구조 확립에 초점을 두어 ESG 경영전략을 디자인하는 것이다. 세 번째 '내재적 가치와 외부적 가치, 그리고 '공유 가치' 틀은 기업과 이해관계자가 추구하는 가치의 접점을 찾아 공유 가치 창출을 도모하는 방향으로 경영전략을 설계하여 ESG 경영을 구현하는 것이다. 이 장은 추상적으로 느껴질 수 있는 조직의 ESG 경영전략 수립 방안과 근간 개념인 이해관계자 자본주의 개념을 알기 쉽게 설명하고 있다.

제5장은 PR 커뮤니케이션학 관점에서 ESG를 바라보고 있다. 저자는 기업의 ESG 커뮤니케이션이 투자자를 대상으로 의무화되는 정보 공시와 일반 소비자 공중을 대상으로 하는 소통을 포괄하고 있다고 설명한다. 그는 ESG가 기업들의 CSR, CSV 활동의 연장선상에서 이해될 수 있음을 제시하며, 유관 연구 결과를 촘촘히 살펴보고 있다. 현재까지 진행된 ESG 관련 연구들을 기업 관점, 소비자 관점, 미디어 관점으로 나누어 상세히 살핌으로써 앞으로 PR 연구가 다루어야 할 주요 연구 주제들을 도출하고 있다. 특히 저자는 ESG 커뮤니케이션에 있어 그린워싱에 대한 우려가 존재함을 강조하고 있다. 더 나아가, 그린워싱과 같은 윤리적인 이슈를 학계에서 어떻게 연구해 왔는가를 논하고, 향후 PR 전문가들이 지향해야 하는 ESG 실무 수행 원칙들을 제안하고 있다.

ESG 개념과 영역별 실재를 다룬 다섯 개의 장은 결국 PR 커뮤니케이터가 조직의 지속가능성 혹은 우수성에 기여하기 위해서는 ESG를 둘러싼 다양한 관점과 이슈에 대한 리터러시가 높아야 함을 보여 주고 있다. ESG 리터러시가 취약한 상태에서 PR 영역이 ESG를 단순히 커뮤니케이션 주제 혹은 소재로서만 이해하고 피상적인 차원의 적용에만 골몰한다면, PR은 조직의 지속가능 경영에 기여하는 주요 기능으로서 인정받기 어려울 것이다. 즉, ESG를 하나의 시대정신 혹은 패러다임으로서 받아들이고 ESG 핵심 요소를 PR 커뮤니케이션이 어떻게 통합하고 구현해 낼지에 대해 깊이 고민해야 한다.

특히 PR 학자들은 ESG 커뮤니케이션을 개념적으로 규정하고 이를 어떻게 PR의 우수성과 연계하여 위치 지을지에 대해 탐구해야 한다. 제5장에서 논의된 것처럼, 사실상 PR학에 있어서 ESG 연구는 시작 단계에 머물러 있다. 기업 현장에서의 ESG 개념 적용과 실행이 이미 속도가 붙은 지 오래인 점을 고려하면, 실무 활동을 개념적으로 뒷받침하고 효용성을 증명해 주어야 할 유관 연구의 발달이 다소 늦어진 것이다. 이 책에서는 빠르게 ESG를 도입하고 있는 대표적인 기업 현장의 사례들을 상세하게 다루어서 ESG에 관심을 가진 PR 학자와 실무 담당자, 학생 등 독자들의 이해를 돕고 업무 및 연구 방향성을 제시하고 있다.

③ ··· 기업 현장의 ESG 사례

ESG 개념은 이를 처음 접하거나 익숙하지 않은 사람들에게는 자칫 추상적인 담론으로서 난해하게 느껴질 수 있다. 이런 경우, 실제 적용의 예를 보여 주는 기업 사례는 이해도를 높이는 데 큰 도움이 될 수 있다. 이 책에서 다루고 있는 3개의 사례는 기업의 경영철학에서부터 구체적인 커뮤니케이션 캠페인에 이르기까지 ESG 적용이 실제 현장에서 어떻게 펼쳐질 수 있는지를 잘 보여 주고 있다. 각 기업의 실무 및 프로그램 담당자들의 시각에서 2차 자료로는 얻기 힘든 상세한 과정을 기술하고 있어서 유사한 프로그램을 기획해야 하거나 ESG 적용 사례를 찾는 커뮤니케이터들과 관심을 가지고 있는 다양한 독자에게 도움을 줄 것이다.

제6장은 포스코의 ESG 경영 사례를 다루고 있다. 포스코는 경영 이념 선포를 통해 ESG 경영을 천명한 바 있다. 포스코는 사회 구성원으로서 "공존, 공생의 책무를 다하여 경제적 이윤 창출에서 나아가 사회적 가치 창출에도 적극적으로 그 역할과 책임을 다하는 기업시민"이 될 것을 창업 50주년을 기해 발표하고, ESG 패러다임을 경영전략 전반에 적용하고 있다. 저자는 포스코의 ESG 활동을 두 축으로 나눠 구체적으로 설명하고 있다. 『지속가능경영보고서』를 통한 ESG 공시나 투자자·고객사 커뮤니케이션, 적극적인 ESG 평가대응이 한 축이고, 두 번째 축은 일반 공중을 대상으로 ESG 경영 시대에 맞는 친환경 미래 소재 대표 기업으로서의 기업 이미지 리포지셔닝 활동이다. 경영 차원과 커뮤니케이션 실행 차원의 ESG 연계를 고민하고 있는 PR 커뮤니케이터들이 참조할 수 있는 유용한 자료가 될 것이다.

제7장은 SK이노베이션의 자회사인 SK지오센트릭의 ESG 캠페인 사례를 다루고 있다. 2021년 5월에 사내 구성원들이 자원봉사활동으로 시작된 '산해진미(山海眞美)' 환경 실천 ESG 프로그램이 범국민 프로그램으로 확대되는 과정을 상세히 보여 주고 있으며, 이러한 활동

이 기업 브랜딩과 어떻게 연계되는가를 설명하고 있다. SK이노베이션은 기업시민으로서 사회 공동의 문제 해결에 기여하기 위한 ESG 활동의 순수성과 지속성을 확보하는 것을 최우선으로 하면서 다양한 공중의 참여를 이끌어 내고 의미를 공유하는 데 역점을 두었다. 또한 저자들은 SK이노베이션의 산해진미 프로그램이 창출한 사회적 가치를 구체적인 데이터를 수집, 분석해서 보여 주고 있어 ESG 프로그램 기획과 평가를 고민하고 있는 커뮤니케이터들에게 도움을 줄 것이다.

제8장은 GS칼텍스의 '플라스틱 리터러시' 캠페인을 상세하게 다루고 있다. GS칼텍스는 이미 2005년부터 기업 차원에서 환경적 책임을 다해야 한다는 인식을 바탕으로 『지속가능경영보고서』를 발간해 왔으며, 친환경 순환경제의 구현을 위한 다양한 노력을 펼쳐 왔다. 최근 ESG 패러다임의 대두와 함께 폐플라스틱 문제에 대한 보다 적극적인 행동이 필요해졌으며, 환경 변화 대응을 위한 경영 정책과 더불어 GS칼텍스가 폐플라스틱 위험 감소를 위해 활동하는 이해관계자들과 어떻게 관계를 맺고 참여할 수 있을 것인가를 고민한 끝에 탄생한 프로그램이 '플라스틱 리터러시'이다. 플라스틱의 순환경제를 중심으로 기후 환경에 대한 기업의 역할을 강조하는 지속적인 친환경 캠페인 콘셉트와 실행 방안 설계 과정을 세밀하게 제시하고 있어 이해관계자 참여형 프로그램을 고민하는 PR 커뮤니케이션 실무 담당자와 학생들에게 도움을 줄 것이다.

④ ··· ESG 시대의 PR 커뮤니케이션 키워드

ESG에 대해 살펴본 여덟 개의 장에서는 공통으로 강조되거나, 반복 등장하는 키워드가 존재한다. 다음에서는 이러한 키워드들을 구체적으로 정리해 보고, 이를 중심으로 PR 커뮤니케이션이 해결해 나가야 할 과제들과 지향점을 짚어 본다.

1) 투명성

2025년 이후부터 우리나라 코스피 상장기업들은 ESG 정보 공시 의무를 지게 된다. 기업들은 ESG 책임투자 활성화를 위한 제도적 기반 조성을 해야 하며, 투자자들이 이해하기 쉽게 투명한 정보 제공을 해야 할 의무가 있다. 투자자뿐만 아니라 소비자를 포함한 비투자자 공중들 혹은 이해관계자들에 대한 ESG 커뮤니케이션도 다를 바가 아니다. 이미 온라인 중심으로 매체가 재편되고, 개인 미디어를 소유하고 활용하는 공중들로부터 조직이 숨길 수 있는 것은 그리 많지 않다. 거의 모든 정보가 공유되고 공개될 수 있는 미디어 환경에서 투명성은 ESG 커뮤니케이션의 기본적인 전제조건으로 간주될 필요가 있다.

20세기에 접어들면서 일방향적 언론 대행 모형에서 쌍방향적 모형으로 이양해 온 PR 커뮤니케이션학의 발전 방향성은 ESG 커뮤니케이션의 투명성 원칙과 결을 같이한다. 1980년대 초, 그루닉과 동료들이 조직의 이익뿐 아니라 공중의 이익도 함께 고려하며 진실에 기반한 대화형 소통을 근간으로 하는 쌍방향 균형 모형을 PR의 지향점으로 주장하고 나섰을 때, 학계와 업계에서는 PR 현장의 현실에 맞지 않는 이상주의적이며 규범적인 이론이라고 비판한 바 있다. 40여 년이 흐른 지금, 경제성장 일변도의 투자자 자본주의적 시각과 조직 중심의 사고방식의 한계에 대한 인식이 보편화되고 ESG가 새로운 패러다임으로 자리매김하면서, 쌍방향 균형 모델이 강조했던 공중 중심적 사고와 균형 있는 소통은 더 이상 이상적인 개념이 아닌 구현해야만 하는 활동이 된 것이라고 볼 수 있다.

2) 진정성

ESG 이전에도 기업들은 기부, CSR, CSV 등의 형태로 사회적 책임 활동을 진행해 왔다. 냉소적인 소비자들은 기업의 이러한 활동들이 종국적으로는 이윤 창출을 위한 행위에 불과할 것이라며 곱지 않은 시선으로 바라보기도 했다. 이는 곧 기업 행위의 진정성에 대한 문제라고 볼 수 있다. ESG 패러다임에 대해 회의적 입장을 표하는 이해관계자들과 비평가들은 ESG가 그저 조금 다른 이름으로 진행되는 마케팅적 스토리텔링에 불과할 것이라고 말한다. 그러나 ESG가 기존의 활동들과 차별되는 지점은 규제와 의무의 영역이 포함되어 있어 자발성에만 의존하지 않는다는 것이다. 이러한 의무성은 기업이 진중하게 사회적 책임에 대해 생각하도록 유도할 것이다. 향후 ESG 활동의 진정성은 지속가능한 우수 기업이나 조직의 ESG 커뮤니케이션을 평가하는 데 있어 주요한 기준으로 작용하게 될 것이다. 즉, 이해관계자들은 ESG 활동의 진정성을 증명할 것

4. ESG 시대의 PR 커뮤니케이션 키워드

을 기업에 요구할 것이다. 이러한 상황에 대비해 PR 전문가들은 진정성을 개념화하고 측정 가능한 지표를 활용해서 데이터를 기반으로 한 증빙을 제시할 수 있어야 한다. 진정성은 그간 PR학에서 일부 CSR 활동 연구를 제외하고는 다소 간과되어 온 주제라고 볼 수 있다(박성현, 김유경, 2014). ESG 시대에 진정성 개념에 대한 학술적·실무적 탐구는 PR 전문가들에게 있어 주요한 과제가 될 것으로 예상된다.

3) 그린워싱 리스크

이 책의 저자들은 그린워싱에 대한 우려를 공히 표하고 있다. 제5장에서는 그린워싱을 'ESG 지향 이미지를 과장하거나 지나치게 강조하면서 경제적 이익을 추구하는 행위'라고 설명하였다. 그린워싱은 ESG 커뮤니케이션을 담당하는 PR 전문가들이 가장 주의를 기울여야 할 측면이라고도 할 수 있다. 앞서 논한 조직의 진정성을 어떻게 보여 줄 것인가의 문제와 직결되며, 윤리적인 PR 활동의 구현으로 대응해야 할 필요가 있다.

PR 영역에서 윤리 관련 논의는 그루닉의 쌍방향 균형 세계관을 중심으로 이뤄졌다(윤여전, 이유나, 2014). 그루닉과 그루닉(Grunig & Grunig, 1996)은 조직이 수익 창출이라는 결과에만 경도되어 목적론적 윤리관만을 의사결정 기준으로 삼는 것을 경계해야 함을 주장하며, PR 실무 담당자들을 가이드할 수 있는 의무론적 원칙들이 필요함을 주장하였다. 그들은 이상적인 PR의 모습을 조직뿐만 아니라 공중의 이익을 함께 고려하고 그들의 목소리에 귀 기울이는 쌍방향

대화적 모형에서 찾았다. ESG 패러다임은 전술한 PR 윤리의 논의 범주를 확장하고 있다고 볼 수 있다. 즉, 기존의 PR 윤리가 조직이 공중에게 끼치는 영향을 중심으로 옳고 그름을 따지는 범주에 머물렀다면, 이제는 더 나아가 조직과 공중을 둘러싼 물리적 환경의 보호와 조직의 지배구조 범주로까지 확장된 것이다. ESG 패러다임은 PR 윤리에 대한 논의를 보다 거시적인 관점에서 정비해 공익성을 강화할 기회를 제공하고 있다.

PR은 조직의 ESG 경영 활동에 대한 내러티브를 구조화하고 확산시키는 역할을 담당하는 데 있어 그린워싱 리스크를 반드시 고려해야 할 것이다. PR은 조직 내부에서는 ESG 경영 가치에 대한 구성원의 이해와 동참을 이끌어 내는 데 기여해야 하며, 외부 이해관계자 대상으로는 ESG 커뮤니케이션을 전략적으로 수행하여 조직-공중의 관계성 및 조직의 ESG 평판 증진에 기여해야 한다. 이러한 과정에서 그린워싱 리스크 예방에 실패한다면 오히려 조직의 평판에 누를 끼칠 수 있는 것이다. 과연 공중들은 어떤 경우에 조직의 ESG 커뮤니케이션을 그린워싱으로 인식하는지, 그린워싱 인식이 조직의 평판에 얼마나 영향을 끼칠 수 있는지에 대한 세심한 진단을 바탕으로 한 전략적 소통 기획이 필수적인 시대가 될 것이다.

4) 공중(이해관계자) 참여

과거 기업들은 투자자를 가장 중요한 공중으로 여기며 재무적 성과, 즉 지속적인 이익 창출에만 몰두해 왔다. 그러나 ESG 패러다임은 비투자자 이해관계자들에 대한 기업의 영향력을 고려할 것을 요구하고 있다. 현재 공중들이 조직과 기업의 ESG 경영 과정에 직간접적으로 관여하고 의제 설정에 영향을 줄 수 있는 경로는 과거와 비교할 수 없을 정도로 다양하게 열려 있다. 이 책의 저자들은 반복적으로 이해관계자 참여를 ESG 패러다임의 특징으로 꼽고 있다. PR은 전통적으로 공중을 가장 중요한 소통의 대상으로 간주해 온 학문 영역이며, 소통을 통한 조직과 다양한 공중 간의 관계 형성 및 유지를 핵심 역할로 여겨 왔다. 특히 최근의 매체 환경 변화로 인해 다양한 소셜미디어 채널을 통한 공중 참여형 소통을 기획하고 실행하는 최전선에서 활동하고 있다. 사실상 ESG 패러다임에서 강조하고 있는 공중 참여 개념을 가장 잘 이해하고 해결 방안을 제공할 수 있는 영역이 PR이라고 해도 과언이 아니다. PR은 ESG 정보 공시와 비투자자 공중 커뮤니케이션의 연계를 구상하고, ESG 커뮤니케이션 캠페인을 매개로 공중의 참여를 이끌어 내는 것에서부터 조직의 지배구조 차원에서 다양한 이해관계자의 목소리에 귀 기울이고 이를 대변할 수 있는 인물을 물색하고 섭외하는 등 다차원적인 공중 인게이지먼트(engagement) 활동을 주도해야 할 것이다.

5) 투자자 관계

ESG 개념이 공식화된 이후 전 세계적으로 확산되기까지 다양한 이니셔티브가 영향을 끼쳤으나, 2018년 미국 블랙록을 필두로 글로벌 자산운용사들이 ESG 이행 여부를 투자 판단 기준으로 포함하겠다는 선언을 한 것이 결정적 변곡점을 제공한 것은 잘 알려진 사실이다. 현재 자산 관리 기업들과 경영·경제 학계는 이른바 사회책임투자(Socially Responsible Investment: SRI)에 대해 활발한 담론이 형성되어 있으며, SRI 전략에 ESG 요소를 구체적으로 어떻게 반영할 것인가를 고민하고 있다. 재무 경영 전문가들은 투자자들의 지속 가능한 상품과 기업 ESG에 대한 요구에 부응하기 위해 비재무적인 정보를 효과적으로 커뮤니케이션하는 것이 가장 큰 과제임을 설명하고 있다(Sciarelli, Cosimato, Landi, & Iandolo, 2021). Investor Relations(IR)은 통상적으로 수익의 극대화와 주주들의 자산 증식을 목표로 하는 커뮤니케이션을 기획해 왔기 때문에 이를 탈피할 필요가 있다는 것이다. 또한 단순히 의무 정보를 공시하는 것만으로는 기업의 책임 있는 모습을 보여 줄 수 없으며, 이해관계자들과 신뢰를 쌓기 위해서는 보다 전략적인 ESG 커뮤니케이션이 요구된다고 지적한다.

한편, PR 분야에서 투자자들은 오랫동안 중요한 공중으로 논의되어 왔다. 그러나 현 PR 연구와 실무의 현실은 사뭇 다르다. 투자자 관계는 PR 연구 주제로서 활발히 다루어지지 않으며, 투자자 관계에서 일하는 실무자들은 PR 전공자라기보다는 경영이나 경제학 배경을 가진 경우가 대다수이다(Doan & McKie, 2017). 드물게 투자자 관계 연구를 진행한 PR 학자 도안과 맥키는 역사적으로 투자자 관계가 PR의 실무 영역으로서 시작되었으나 투자자들의 재무 정보에 대한 수요 증가로 인해 점차 IR로 분리되어 운영되어 왔다고 설명했다. 그러나 ESG 패러다임이 부상한 지금 금융 정보 위주였던 IR에서도 비재무적 요소에 대한 커뮤니케이션이 요구되어 PR 커뮤니케이션과 IR 영역 간의 융합 혹은 협업이 필요한 상황이다. 즉, PR 학자들은 ESG 시대의 투자자 관계 관리 이론과 실무에 대해 관심을 갖고 재무, 경영ㆍ경제 학자들과의 협업을 도모해야 할 것이

4. ESG 시대의 PR 커뮤니케이션 키워드

다. 효율적인 ESG 커뮤니케이션 기획에 있어 PR 실무 담당자들은 IR 실무에 대한 이해도를 높여야 하며, IR 실무 담당자들은 비투자자 공중들을 대상으로 하는 PR 실무에 대한 이해도를 높여 나가야 한다.

6) 비재무적 요소의 평가

ESG 패러다임은 조직의 환경과 사회에 대한 영향, 조직 내 지배구조 현황 등에 대한 전방위적 진단과 평가를 요구하고 있다. 보다 구체적으로 ESG 공시 의무화로 인해 ESG 경영평가의 필요성이 증대되었으며, 자산운용사들은 비재무적 요소인 ESG를 투자 전략에 반영하는 방안에 대해 골몰하고 있다. ESG 패러다임이 제기하고 있는 핵심 이슈는 비재무적 요소 혹은 무형자산의 측정과 평가 방안 마련이다. 한편, ESG 경영에 있어 이해관계자들을 대상으로 하는 효과적인 커뮤니케이션은 필수적이며, 소통의 성과에 대한 구체화된 평가 체계의 필요성이 강조되고 있다. 즉, PR 영역은 구체적인 ESG 커뮤니케이션 진단과 평가 방안을 제공할 것을 요구받고 있다.

제2장의 저자들은 ESG 커뮤니케이션을 '기업이 주요 이해관계자인 내부 공중, 외부 공중들과 기업의 비재무적 요소인 환경, 사회, 지배구조에 대한 정보를 교환하고 의미를 공유하며 교감을 구축하는 일련의 활동 및 과정'으로 정의한 바 있다. 그들은 공중 대상 ESG 인식 설문 조사와 기업 ESG 활동에 대한 반응을 AI 빅데이터 분석으로 살펴 성과지수를 구조화할 수 있음을 설명하였다. 또한 후속 장에 제시된 사례들에서도 기업들이 구체적인 데이터 수집과 분석

을 기반으로 ESG 커뮤니케이션을 관리하고 있음을 확인할 수 있다.

PR은 이미지, 평판, 조직-공중의 관계성 등 무형자산의 성과 변인에 대해 탐구하고 지식 자산을 축적해 온 학문 영역이다(이유나, 2015). ESG 시대에 요구되는 무형자산 혹은 비재무적 요소의 평가와 측정은 PR 전문가들에게 낯선 영역이 아니라고 할 수 있다. 향후 ESG 커뮤니케이션 평가 척도의 개발과 체계화는 다양한 영역에서 가장 중요한 연구 및 실무 과제가 될 것이며, PR 분야에 이미 축적된 개념과 도구들의 적극적인 활용, 재해석 및 확장이 필요한 때이다.

7) 기업 정체성 스토리텔링(Corporate Identity Storytelling: CIS)

이 책의 저자들은 ESG 패러다임이 기업들로 하여금 자신의 정체성을 뒤돌아보게 하고 있음을 공통적으로 지적하고 있다. 즉, 재무재표를 가장 중요시하던 투자자 자본주의 시대의 가치관을 근본적으로 재고하도록 만드는 것이다. 경제적 성과에 더해 환경적·사회적 가치를 균형적으로 추구하며, 올바른 지배구조를 갖춘 기업의 정체성을 소속 산업군의 특성에 맞춰 정립해 내는 일은 오늘날의 기업들이 직면한 도전적인 과제이다.

PR 커뮤니케이터들은 ESG 시대 속에서 기업의 철학과 정체성을 재해석하고 형성하며, 내외부에 스토리텔링하는 역할을 담당하게 되는 것이다. PR 실무 담당자들은 ESG 커뮤니케이션 기획에 있어 피상적인 기업의 이미지를 단기적으로 관리하는 차원을 벗어나서 이미지의 근간이 되는 기업의 정체성에 대해 고민해야 한다. 개념적으로 볼 때, 기업의 정체성은 두 가지 유형으로 구분해 볼 수 있다. 첫째는 타자 부여 정체성(ascribed identity)으로, 기업의 계획이나 의지와는 상관없이 기업의 물리적·통계적·사회적 활동에 기반해서 조직 외부의 타자가 부여하는 정체성이다. 두 번째 유형은 자기 부여 정체성(avowed identity)으로, 기업이 자사 고유의 비전이나 시대 상황에 따라 변화하는 가치를 반영하여 스스로가 부여하는 정체성이다([그림 9-2] 참조).

과거 전통 매체 시장을 중심으로 구동되던 PR은 언론의 중개 보도를 통한 '제3자 인증 효과'를 추구하면서 타자 부여 정체성의 형성과 관리에 집중해 왔다고 볼 수 있다. 그러나 온라인 매체 중심으로 재편된 현 상황에서는 기업이 1인칭 시점에서 직접 공중을 대상으

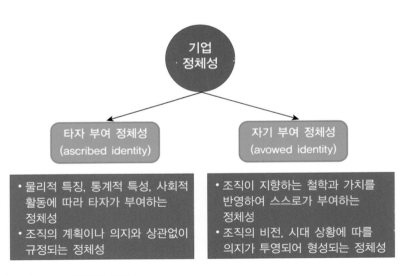

출처: Collier (1997) 재구성.

로 하는 주관적 커뮤니케이션을 펼칠 수 있어야 한다. 즉, 공중들에게 우리가 어떤 기업인지를 남을 통하지 않고 직접 이야기해 주는 자기 부여 정체성에 대한 스토리텔링을 해내야 한다. 이 책에서 다뤄진 기업의 사례들은 이러한 상황을 잘 보여 주고 있다. PR 전문가들은 기업의 자기 부여 ESG 정체성과 타자 부여 ESG 정체성 간 격차를 줄이는 것에 ESG 스토리텔링의 목표를 두어야 한다. 만일 두 정체성 사이의 격차가 벌어질 경우, 조직은 그린워싱에 대한 비판을 피하기 어렵게 될 것이기 때문이다.

⑤ ⋯ ESG와 PR 커뮤니케이션의 미래

PR 우수이론(Excellence Theory)에서는 줄곧 PR 책임자가 주요 의사결정진 안에 포함되어 있어야 함을 주장해 왔다(Grunig, 2001). 그래야 한 조직의 전략 커뮤니케이션 효과가 극대화될 가능성이 커지기 때문이다. PR 책임자가 조직 의사결정진에 참여하여 역할을 제대로 수행하기 위해서는 조직을 둘러싼 정치 사회적인 환경의 변화 조류를 파악하고 이를 조직 경영에 반영할 수 있어야 한다. PR 책임자의 ESG 리터러시 수준이 높을 때 조직이 ESG 패러다임을 체화하고, 내외부 공중들을 대상으로 조직의 ESG 경영활동을 명확하게 소통하며, 공중들의 참여를 촉진시키는 역할을 PR이 담당하게 될 것이다. 전략과 전술을 담당할 PR 실무 담당자 또한 ESG 패러다임을 제대로 이해하고, 데이터를 기반으로 한 전략적 ESG 커뮤니케이션을 기획 및 실행할 수 있어야 한다.

본서는 주로 ESG 시대 속 사내 PR의 역할을 다뤘지만, PR 커뮤니케이션 기업들의 ESG 경영 가치 구현 문제도 간과해서는 안 된다. 제1장에서 적시하고 있는 것처럼, 현재 우리나라 PR 현장에서의 ESG 패러다임 적용은 주로 클라이언트를 위한 커뮤니케이션 프로그램의 기획과 제안에 집중되어 있다. PR 기업도 엄연한 사회적 책임이 있는 조직으로서 어떻게 ESG 요소를 반영해 지속가능성을 확보해 나갈 것인가를 표명할 시점이다. 현재 국내외의 대형 광고 기업들은 기업경영에 있어 ESG 패러다임을 어떻게 도입하고 있는가를 공표하고 있으나, PR 기업의 경우에는 적극성이 다소 떨어지는 상황이다. 클라이언트를 위한 ESG 프로그램 기획을 하는 데 있어 PR 기업 스스로가 ESG에 대해 어떻게 고민하고 실천하고 있는가를 보여 줄 수 없다면 설득력이 떨어질 수밖에 없다.

무엇보다 PR 학자들은 ESG 패러다임을 PR 커뮤니케이션에 접목시키는 데 있어 필요한 개념적인 틀과 구체화된 측정 지표들을 개발하는 노력을 경주할 필요가 있다. ESG 패러다임과 기존의 PR 이론들과의 융합 혹은 확장을 시도하고 학문적 영역으로서의 지속가능성을 기하는 것은 PR 학자들이 짊어져야 할 책임과 역할이라고 할 수 있다. 또한 PR 학자들은 대학에서 미래의 전략 커뮤니케이터들을 양성하는 역할을 맡고 있다는 점에서 학생들이 ESG 리터러시를 기를 수 있도록 PR 교육 내용을 설계할 필요가 있다. PR 커뮤니케이션 관련 학회와 협회들은 전문가들이 다양한 ESG 연구와 사례를 공유하고, 함께 토론하면서 발전 방안을 모색할 수 있는 공론장을 마련해 주어야 할 것이다.

참고문헌

박성현, 김유경(2014). 브랜드 진정성 측정을 위한 척도개발에 관한 연구. 한국 광고홍보학보, 16(2), 46-86.

윤여전, 이유나(2014). PR 실무자의 역할 및 PR 가치인식 유형에 따른 윤리인식 연구 윤리적 딜레마 경험과 윤리강령을 중심으로. 홍보학연구, 18(4), 84-118.

이유나(2015). 전략커뮤니케이션(PR: 공중관계). 커뮤니케이션과학의 지평 (이준웅, 박종민, 백혜진 편저). 나남, 405-445.

Collier, M. J. (1997). Cultural identity and intercultural communication. In L. A. Samover & R. E. Porter (eds.), *Intercultural communication: A reader*, (8th ed., pp. 36-44). Belmont, CA: Wadsworth Press.

Doan, M. A., & McKie, D. (2017). Financial investigations: Auditing research accounts of communication in business, investor relations, and public relations (1994-2016). *Public Relations Review*, *43*(2), 306-313.

Grunig, J. (2001). Two-way symmetrical public relations: Past, present, and future. In R. Heath (Ed.), *Handbook of public relations* (pp. 11-30). Thousand Oaks: Sage.

Grunig, J. E., & Grunig, L. A. (1996). *Implications of symmetry for a theory of ethics and social responsibility in public relations*. Paper Presented to the Public Relations Interest Group International Communication Association, Chicago.

Grunig, J., & Hunt, T. (1994). 현대PR의 이론과 실재 (최윤희, 박정순, 박기순 역). 탐구당. (원저는 1984년에 출판).

Kuhn, T. (1996). *The Scientific Revolution* (3rd ed). University of Chicago Press.

PwC. (2023). Beyond compliance: Consumers and employees want business to do more on ESG. (https://www.pwc.com/us/en/services/consulting/library/consumer intelligence consumer-and-employee-esg-series/expectations.html, 2023년 10월 접속).

Sciarelli, M., Cosimato, S., Landi, G., & Iandolo, F. (2021). Socially responsible investment strategies for the transition towards sustainable development: The importance of integrating and communicating ESG. *The TQM Journal*, *33*(7), 39-56.

찾아보기

저자 소개

이유나(Rhee Yunna) ────────────────

현재 한국외국어대학교 미디어커뮤니케이션학부 교수로 재직 중이다. 이화여자대학교를 졸업하고, 미국 메릴랜드 대학교에서 언론학 석사, 커뮤니케이션학 박사를 받았다. 한국PR학회 제20대 회장, 한국외대 홍보실장, 국제교류처장, 정치행정언론대학원장을 지냈다. 구성원 커뮤니케이션, 정부-정책 PR, 국가브랜드, 공공외교 연구를 〈Journal of Public Relations Research〉, 〈Journal of Mass Communication Quarterly〉, 〈Korea Observer〉, 〈PR 연구〉, 〈광고학 연구〉 등의 국내외 학술지에 게재하였다. 공저로는 『디지털 시대의 PR학 신론』(학지사, 2021), 『100개의 키워드로 읽는 광고와 PR』(한울아카데미, 2017), 『디지털 사회와 PR 윤리』(커뮤니케이션북스, 2014) 등이 있다.
이메일: yunna.rhee@gmail.com

김주호(Kim Joo Ho) ────────────────

현재 KPR 사장으로 한국PR협회 회장을 맡고 있다. 경희대학교 영문과를 졸업하고 제일기획 마스터, 2018 평창동계올림픽조직위 부위원장 등을 역임했다. 서강대학교, 숙명여자대학교, 건국대학교, 경희대학교 등에서 대우교수/겸임교수로 강의를 하기도 했다. PR을 중심으로 스포츠마케팅, 이벤트, 프로모션, 디지털 업무 등을 종합 커뮤니케이션 관점에서 현장에서 일해 왔고, 이를 기반으로 한 컬래버레이션에 관심이 많다. 저서로는 『PR의 힘』(커뮤니케이션북스, 2013), 『이기는 홍보 성공하는 PR』(사계절, 1997), 『세계 10대 메가 스포츠 이벤트와 스폰서십』(커뮤니케이션북스, 2015) 등이 있고, 올림픽 훈장, 패럴림픽 훈장, 체육포장, 올해의 PR인상 등을 받았다. 네이버 블로그 '김주호의 PR의 힘'(htts://blog.naver.com/jhkim1909)을 운영하고 있다.
이메일: jhkim@kpr.co.kr

김덕희(Kim Deok Hee) ————————————————

금강기획, 제일기획, WPP 그룹 광고 대행사 및 미디어 대행사에서 재직하며 국내외 주요 기업의 광고, 미디어 업무를 수행하였고, 이후 프레인글로벌 대표이사로 취임하여 국내외 굴지의 기업에 PR 중심의 전방위적인 마케팅 커뮤니케이션 서비스를 제공한 30년 경력의 글로벌 마케팅 커뮤니케이션 전문가이다. 성균관대학교 경영대학 산업심리학과를 졸업하고, 동 대학 대학원에서 교육학 석사, 경영학 박사 학위를 취득하였으며, 한국광고학회 정회원으로 활동하고 있다.

이메일: deokhee.kim@dentsu.com

이상우(Lee Sang Woo) ————————————————

현재 프레인글로벌의 커뮤니케이션 전략연구소인 프레인앤리 연구소장 겸 대표이사로 재직하고 있다. 서울대학교 공과대학을 졸업하고 섬유고분자공학 학사를 받았다. 제27대 한국PR협회 교육이사를 맡고 있다. 커뮤니케이션 컨설팅 회사 마콜컨설팅그룹과 WPP 그룹 시너지힐앤놀튼에 재직하면서 국내외 주요 기업의 공공문제 관리(Public Affairs), 이슈 및 위기 관리, 주요 이해관계자 및 전문가 그룹 컨설팅 등 커뮤니케이션 컨설팅 전반에 걸친 컨설팅 전문가로 역량을 키웠다. 현재 프레인앤리에서 ESG 커뮤니케이션 컨설팅, 공공부문 정책홍보 컨설팅, 이슈 및 위기 관리 등 다양한 프로젝트를 이끌고 있다.

이메일: sangwoo.lee@prain.com

윤용희(Yoon Yong Hee)

율촌 파트너 변호사이자 ESG, 환경에너지, 공정거래 분야의 전문가이다. 서울대학교(법학사 및 환경법 석사)와 Stanford Law School(LL.M. in Environmental Law and Policy)에서 수학하였다. 한양대학교 겸임교수, 국민연금공단 ESG경영위원회 위원, 한국환경법학회 이사 등으로 활동하고 있고, 「The Impacts and Implications of CERCLA on the Soil Environmental Conservation Act of the Republic of Korea」, 「미국 독점금지법의 역외적용」 등 다양한 글을 발표하였다. 풍부한 실무 지식·경험과 고객의 긍정적인 평가에 힘입어 2022년 대한민국 로펌 평가(법률신문)에서 ESG 분야 최고 변호사로, 2023년 변호사평가(중앙일보·한국사내변호사회)에서 ESG·준법경영 분야 라이징스타로 각각 선정되었다.
이메일: yhyoon@yulchon.com

한상만(Han Sang Man)

현재 성균관대학교 대학원장으로 재직하고 있다. 서울대학교를 졸업하고, 미국 스탠포드 대학교에서 MBA와 통계학 석사를 받았고, 미국 컬럼비아 대학교에서 경영학 박사를 받았다. 한국복잡계학회 회장, 한국소비자학회 회장, 한국마케팅학회 회장, 한국경영학회 회장을 지냈고, 성균관대학교에서 경영연구소 소장, 경영대학 학장 겸 원장을 지냈다. 주요 활동으로 한국씨티은행 사외이사, 에이블씨엔씨 사외이사를 지냈고, 현재 하나투어 사외이사, 동반성장위원회 위원으로 활동하고 있다. 주요 저서로 『이해관계자 중심 경영: 이해관계자 자본주의 시대의 ESG 경영』(공저, 박영사, 2023)이 있고, 주요 논문들을 〈경영학연구〉, 〈마케팅연구〉, 〈소비자학연구〉 등 국내 저널과 〈Journal of Marketing Research〉, 〈Journal of Marketing〉, 〈Journal of Retailing〉, 〈Journal of Business Research〉, 〈Journal of Services Marketing〉, 〈Asian Marketing Journal〉 등 해외 저널에 다수 게재하였다.
이메일: smhan@skku.edu

김수연(Kim Soo Yeon) ———————————————

현재 서강대학교 지식융합미디어대학 신문방송학 전공 교수로 재직하고
있다. 이화여자대학교에서 신문방송학을 전공하였고, 미국 조지아 대학
교(UGA)에서 PR학 전공으로 석사학위를, 플로리다 대학교(UF)에서 PR
학 전공으로 박사학위를 취득하였다. 최근의 주요 연구 관심 분야는 기
업의 사회적 책임(CSR), 위기커뮤니케이션, ESG, 그린워싱 등이다. 한국
PR학회의 『PR연구』의 편집위원을 역임하고 있으며, 주요 논문은 〈Public
Relations Review〉, 〈Journal of Business Ethics〉, 〈한국언론학보〉, 〈PR 연
구〉, 〈광고홍보학보〉, 〈광고PR실학 연구〉 등에 게재되었다.
이메일: sooyk@sogang.ac.kr

박정석(Park Jung Seok) ———————————————

서울대학교에서 공학(에너지자원공학) 박사학위를 받았다. 포스코경영연
구원에서 철강, 에너지 산업 트렌드 분석 업무를 거쳐 현재 포스코 기
업시민실 ESG그룹에서 근무하고 있다. 기업시민보고서, 기후행동보고서
발간 등 투자자/고객사 등 대외 ESG 커뮤니케이션 업무와 함께 ESG
전략 수립, 성과 관리 등의 업무를 수행하고 있다.
이메일: jspark2050@posco.com

문병걸(Moon Byung Gul)

포스코 커뮤니케이션실에서 광고, 홍보영화, 브랜드, 사내그룹 소통채널을 담당하며 아이디어를 모으고 새롭게 조합하는 일을 즐겨 왔다. 현재는 뉴미디어그룹에서 사내방송, 소셜미디어 채널 운영 및 콘텐츠를 기획하는 업무를 수행 중이다. 〈LOMOGRAPHY〉 에디터, 〈육군지〉 필진, 네이버 인플루언서, 유튜버 등 부캐로 활동하며 다양한 분야에서 실험적인 콘텐츠를 제작하고 있다.

이메일: benmoon@posco.com

박현섭(Park Hyeonseob)

현재 SK이노베이션 Value Creation Center에서 ESG를 담당하고 있다. SK이노베이션 CSR의 핵심 추진 체계인 사회적 기업 육성, 지속 가능한 환경, 그리고 지역사회 상생에 대한 전략을 수립하고 사회적 가치를 확대해 나가고 있다. 본원적인 사회문제 해결을 위한 스타 사회적 기업 육성, 기후 대응과 생물다양성 보존을 위한 맹그로브숲 복원사업, 발달장애인의 성장과 자립을 지원하는 전국 발달장애인 음악축제(Great Music Festival), 플로깅 기반의 전국적 환경실천운동인 범국민 산해진미 캠페인 등 대표적인 프로그램을 개발하였다.

이메일: paegi@sk.com

임유진(Lim Yujin) ━━━━━━━━━━━━━━━━━━━━━━━ 001

숭실대학교 경영대학원 겸임교수이자 한국PR협회 사무국장이다. 이화여자대학교에서 언론홍보학 박사학위를 받고 이화여자대학교 사회과학대학 연구교수, 노스웨스턴 대학교 메딜스쿨에서 방문학자를 역임했다. 20편 이상의 헬스컴, 디지털, 명성 관리, 위기 관리, 갈등 관리 PR 연구 논문을 SSCI, Scopus, KCI 등 주요 학술지에 게재했다. 실무로는 1999년부터 뉴스커뮤니케이션즈, 한솔인티큐브 IT 홍보팀, KPR 디지털커뮤니케이션연구소 수석컨설턴트, 국토교통부 장관정책보좌관(3급 상당) 등 PR 에이전시와 인하우스, 정부기관의 PR을 경험했다. 외교부, 보건복지부, 국토부 등 정부기관을 비롯해 삼성전자, SK 계열사 등 주요 기업들의 PR과 디지털 커뮤니케이션 컨설팅, 평가 프로젝트를 다수 수행했다. PR 커뮤니케이션 컨설팅 회사 (주) 진커뮤니케이션 대표로도 활동하고 있다.
이메일: yjlim@ssu.ac.kr / yujinlim1207@gmail.com

강함수(Kang Ham Su) ━━━━━━━━━━━━━━━━━━━━

현재 전략 커뮤니케이션 컨설팅 회사인 '에스코토스컨설팅(주)' 대표이사로 재직하고 있다. 홍익대학교 전기제어학을 전공하고 성균관대학교 일반대학원 신문방송 전공으로 석사와 박사를 수료했다. 대기업과 정부부처를 대상으로 명성 관리, 위기 관리, 조직커뮤니케이션 컨설팅 및 자문 서비스를 연간 300시간 이상 제공하고 있다. 전략적 리서치 방법론을 바탕으로 PR 및 전략 커뮤니케이션 프로젝트를 400건 이상 수행했다. 삼성전자인력개발원, LG인화원, 삼성인력개발원, 중앙공무원교육원, 흑자경영연구소, 전국경제인연합회, 한국언론재단, 한국광고교육원, 한겨레문화센터, 한국외국어대학교, 건국대학교 언론정보대학원, 성균관대학교 미디어융합문화대학원 등에서 강의했다. 환경부, 농림부, 경기도교육청, 보건복지부, 고용노동부에서 홍보자문위원으로 활동했다.
이메일: hskang@scotoss.com

ESG × 커뮤니케이션

법학, 경영학, 커뮤니케이션학 관점과 국내 기업 사례

2023년 12월 20일 1판 1쇄 인쇄
2023년 12월 30일 1판 1쇄 발행

지은이 • 이유나 · 김주호 · 김덕희 · 이상우 · 윤용희 · 한상만
　　　　　김수연 · 박정석 · 문병걸 · 박현섭 · 임유진 · 강함수

펴낸이 • 김진환

펴낸곳 • (주) **학지사비즈**

　　　　　04031 서울특별시 마포구 양화로 15길 20 마인드월드빌딩

대표전화 • 02)330-5114　　　　　팩스 • 02)324-2345

등록번호 • 제313-2006-000265호

홈페이지 • http://www.hakjisa.co.kr

인스타그램 • https://www.instagram.com/hakjisabook

ISBN 979-11-984792-1-1 03320

정가 17,000원

출판미디어기업 **학지사**

간호보건의학출판 **학지사메디컬** www.hakjisamd.co.kr
심리검사연구소 **인싸이트** www.inpsyt.co.kr
학술논문서비스 **뉴논문** www.newnonmun.com
교육연수원 **카운피아** www.counpia.com